JN437358

개정판 교육행정 및 교육경영

개정판

손영환 · 신수균 공저

교육행정 및 교육경영

Educational Administration and Management 2nd

동 문 사

PREFACE 머리말

늦은 개정판이 되었다. 정권이 바뀔 때마다 정신차릴 수 없을 정도로 교육정책과 교육조직의 체계가 춤을 춰왔다. 정보화사회로 본격 진입하면서 하루에 쏟아져 나오는 지식과 정보가 정신을 차릴 수 없을 정도가 되었다. 기존의 산업체계 패러다임의 변화가 눈에 띄게 빨라지고, 미래산업을 예측하고 이의 선점을 위한 각국의 각축전이 교육에도 영향을 미치고 있기 때문이리라.

하지만 교육부처의 이름만 변화시키고, 하는 일에 대한 혼란만 가중시켰다는 비판도 피하기 어려워 보인다. 미래사회에 대비한 교육의 수월성 추구는 일관성 있게 추진되어야 하며, 유치원교육부터 대학교육까지 각자 맡은 바 소임을 다할 수 있도록 선도하면서도 뒷받침해주는 것이 국가의 의무이자 책임이기 때문이다.

교육행정의 개론서라 규정지으며, 대학에서 교육행정을 처음 접하는 학생부터 교육학 임용고시를 준비하는 학도들의 참고서가 되도록 집필한 저서라 바뀐 교육조직과 변천에 대해 간략히 설명하는 데 개정판의 초점을 맞추었다.

아직도 아쉬운 부분들이 없잖아 있어 보이기도 한다. 부족한 부분이나 오류에 대한 진심어린 충고를 바라며, 보다 더 쉽게 풀어쓰지 못한 부분에 대한 지적도 아울러 희망한다.

이 책이 교육행정학을 처음 접하는 학도들에게 작은 보탬이 되길 바라며, 이 책의 개정판을 오래전부터 원해왔던 이중수 동문사 사장님과 특히 유재영 상무님께 미안함과 감사함을 함께 표한다. 졸고의 검토와 편집에 열과 성을 다해 주신 후배 교수님과 동문사 직원께도 감사드린다.

2018년 2월

저자 일동

CONTENTS 차례

CONTENTS
차례

교육행정의 개념과 성격

제1절 교육행정의 개념
제2절 교육행정의 원리
제3절 교육행정의 영역과 자질
제4절 교육행정의 역사와 성격

Section 01 교육행정의 개념

01 교육행정을 보는 관점

교육행정(educational administration)은 교육과 행정의 복합어이다. 교육행정의 개념을 어떻게 파악하느냐의 문제는 교육행정학을 규정하는 내용이 된다. 교육은 바람직한 인간형성을 그리고 행정은 국민의 복지증진을 그 근본적 이념으로 한다. 그러므로 교육행정은 이 두 개념을 복합적으로 갖는다고 할 수 있다. 교육행정의 개념을 규정짓는 2가지 대립되는 견해는 다음과 같다.

1) 공권력의 작용으로서 교육행정(공권설)

교육에 관한 행정으로서의 교육행정을 지칭하는 개념이다. 교육행정은 공교육을 중심으로 전개되는 행정작용임은 재론할 여지가 없다. 이 입장은 국가주의적 견지에서 교육행정을 국가통치권의 한 작용으로 본다. 교육행정은 중앙정부의 많은 행정부서 중에서도 교육을 관할하는 부서의 행정으로 분류된다. 따라서 이 입장은 행정의 이념을 중시하는 입장으로, 교육행정은 교육에 관한 법규나 교육정책을 교육분야에서 실현하는 과정으로 정의된다. 교육행정의 공권적 해석(公權的解釋) 또는 공법학적 해석(公法學的解釋)의 입장으로 볼 수 있다.

법규해석적이고 국가공권력 지배적인 이 이론은 '교육에 관한 행정'으로서 교육의 본질적 이념이 경시될 가능성과 교육의 자주성 및 중립성이 인정되지 않고, 교육행정의 특수성과 전문성을 소홀히 취급하는 교육행정론이라 하겠다.

2) 교육조건정비로서의 교육행정(기능설)

교육행정을 교육조건의 정비로 파악하는 이 입장은 교육행정의 기능적 측면을 강조하는 교육행정관(教育行政觀)이다. 미국의 교육행정학자 몰멘(Moehlman)으로 대표되는 이 견해는 교수–학습이 학교의 중핵목적이며, 교육행정을 이 목적을 달성하기 위한 수단으로 본다. 교육행정은 교육과정의 기본적 목표인 교수–학습을 효과적으로 실현시키는 지원작용으로 규정한다. 따라서 교육행정은 '교육을 위한 행정'으로 정의할 수 있으며, 교육행정가는 질 높은 수업을 위한 교사들의 요구를 만족시키면서 교수–학습과정의 효과를 증진시키기 위한 입장에서 효율적인 지원을 아끼지 말아야 한다. 이러한 기능주의적 교육행정관은 미국에서 발달한 것으로, 미국의 교육행정(administrational education)은 학교행정(school administration)과 거의 동의어로 쓰여지고 있다.

우리나라에서는 일제시대인 8·15 광복 전까지는 공권설적 교육행정관이 지배해 오다가 광복 이후 미국의 교육사조에 큰 영향을 받게 되어 교육조건정비의 교육행정관이 강하게 도입되었다. 이러한 과정은 종래의 법규해석적 교육행정연구에 새로운 시야를 열어 주었고, 교육행정관 변화의 계기가 되었다는 점에서 그 의의가 크다. 광복 이후 1980년대까지 이러한 양극적인 교육행정관이 우리의 교육계에 병존하고 있었으며, 교육행정관의 갈등 및 혼란을 빚고 있었다. 이러한 현상은 교육행정의 행정이념에 치중하느냐, 교육의 본질적 이념에 치중하느냐의 두 가지 가치지향성이 혼존하였다.

1990년대 이후 교원들의 의사를 대변할 각종 전문적인 교원단체들의 활동이 증대되면서 일선 교사들의 의견이 교육정책에 적극 반영될 수 있는 교육의 민주화 바람이 거세졌다. 이에 따라 교육행정에 대한 개념도 '교육에 관한 행정'의 시각에서 '교육을 위한 행정'의 시각으로 자리매김하게 되었다.

따라서 현대 교육행정은 공권설보다는 기능설을 지지하는, 즉 「교육의 목적을 달성하기 위하여 공권력에 의해 교육조건 정비를 지원하는 행정작용」으로 규정될 수 있다.

02 현대교육행정의 개념

앞서 살펴본 교육행정의 개념은 관점에 따라 명확한 특징으로 설명되었다. 여기에 교육행정을 포괄적이고 보편적으로 보충 설명하기 위해, 교육행정을 교육과 행정의 두 측면에서 살펴보면 다음과 같다.

교육은 본래 사회적 목표를 지향하는 계획적 인간형성 작용으로서, 현대사회에서는 사회적, 공공적, 조직적 활동으로 발전하게 되었다(김종철, 1982). 여기서 '교육이 사회적'이라 함은 교육의 목적, 조직, 내용, 방법 등이 사회적으로 규정되며, 교육이 사회적 현상과 밀접한 관계를 가지고 있다는 뜻이다. '교육이 공공적'이라 함은 국가나 지방자치단체가 주도하여 이끄는 것이라는 뜻이며, 교육의 기회균등이라는 이념에 입각하여 학습자 개개인의 학습권 보장을 위한 교육재정의 확보와 배분 및 운영, 교원인사관리, 교육과정관리, 교육시설의 정비 등 여러 가지 노력을 기울여야 한다. 즉, 교육은 공권력과 법률주의에 의한 교육행정의 영향 하에 있으며, 학교설립(국립, 공립, 사립)을 막론하고 공(公)적인 성격을 띠고 있다. '교육이 조직적'이라 함은 교육활동의 내용과 규모가 복잡하고도 방대하므로 그 운영에 있어서 계획적이고 합목적적으로 여러 사람의 공동목표를 지향하여 협동적 행위를 하는 것을 의미한다.

행정의 의미 역시 관점에 따라 여러 가지로 생각될 수 있다. 행정법학자들은 삼권분립주의 사상에 더하여 국가의 통치작용을 입법, 사법, 행정의 세 분야로 구분하여 입법과 사법을 제외한 나머지를 행정이라 하였다. 정치학자들은 정책의 수립과 집행을 구분하여 전자를 정치로, 후자를 행정으로 구분하였다. 복지국가를 지향하는 현재 행정의 의미는 보다 적극적이고 광범위한 개념으로 파악할 수 있다. 이러한 현재의 행정을 광의(廣義)의 행정이라고 할 수 있으며,

조직적 협동행위 또는 공동목표를 달성하기 위한 협동적 단체행동이라고 정의할 수 있다(김윤태, 2003). 따라서 행정이라는 용어를 경영관리라는 용어와 동일시하며, 공공행정, 기업행정, 학교행정, 병원행정 등에 적용하고, 모든 종류의 조직에서 공동목표를 달성하기 위한 협동적 단체행동을 이룩하게 하는 작용을 행정이라고 한다.

이상과 같이 교육행정을 교육과 행정의 두 측면으로 나누어 접근해 볼 때, 광의와 협의의 두 가지 의미로 현대교육행정의 개념을 규정할 수 있다.

먼저 광의(廣義)의 교육행정이란 사회적, 공공적, 조직적 활동으로서 교육에 관하여 공동목표를 설정하고, 그 목표달성에 필요한 교육프로그램 및 인적·물적 조건을 정비·확립하고, 목표달성을 위한 활동을 지도·감독하는 것을 포함하는 일련의 봉사활동을 말한다(김종철, 전게서). 여기서 지도·감독이란 법률이 정하는 바에 따라 이루어지는 것을 말하며, 봉사활동이란 교육활동의 핵심이라 할 교수-학습활동과 학생지도활동을 위하여 지원·조성하는 것을 말한다. 이 광의의 개념은 국가수준 교육행정이나 지방자치단체, 학교를 막론하고 광범위하게 사용될 수 있다.

협의(俠義)의 교육행정이란 국가수준과 지방자치단체수준의 교육행정과 학교행정을 나누어 생각하는 것을 말한다. 국가수준과 지방자치단체 수준에서의 교육행정은 '교육활동에 관한 계획이나 정책을 수립하고 이를 달성함에 있어서 필요한 인적·물적조건을 정비·확립하고 교육정책을 합법적·효율적·협동적으로 집행하고 평가하는 일련의 활동과정'이며, 단위 학교수준의 교육행정은 국가수준 및 지방자치단체수준의 교육적 필요를 기초로 교육목표를 설정하고, 그 목표달성을 위하여 인적, 시설적, 복지후생적 자원을 확보·배분·제공하고, 교육과정의 운영, 학부모 및 지역사회와의 대외관계 등의 교육활동이 효율적으로 진행되도록 조정, 지도, 지원하는 활동을 일컫는다. 교육행정을 학교경영과 동일한 개념으로 파악하고자 하는 입장은 바로 이 협의의 학교행정 개념과 동일하다고 하겠다.

이상과 같은 개념 정립과 더불어 복지구현사회와 정보화사회로 규정되는 현대교육행정은 다음과 같은 특징을 갖는다.

첫째, 현대교육행정은 '행정력의 강화'를 하나의 특징으로 한다. 이것은 비단 교육행정에 국한된 것이 아니고 현대행정의 일반적인 특징이라고 볼 수 있다. 행정부가 준입법(準立法)적 기능과 준사법(準司法)적 기능까지 수행하게 된 일반적 추세를 따르는 것이다.

둘째, 현대교육행정은 그 '직무의 전문화'를 특징으로 한다. 교육활동이 더욱 방대해지고 그 내용이 복잡해짐에 따라서 그 업무수행을 위해 고도의 기술성을 요하게 됨을 말하는 것이다.

셋째, 현대교육행정의 일대 특징은 '합리화의 촉진'에 있다. 교육행정활동에 있어서도 경제성의 원리가 중시되고 효율적인 목표달성이 강조되고 있음을 의미한다.

넷째, 현대교육행정은 대다수의 국가에 있어서 '민주화가 촉진'되고 있음을 그 특징으로 한다. 이러한 현상은 그동안 우리나라에서도 전문적 교원단체활동의 보장, 교육자치제의 정착화, 각종 공개토론의 기회 마련, 위원회제도의 활용, 교육감 선거제, 학교운영위원회 등이 그 예이다.

다섯째, 현대교육행정은 일부 특수국가를 제외하고는 그 '중립화'를 특징으로 한다. 교육행정의 중립화란 교육의 특수성에 비추어 정치적, 종교적으로 자유로워야 됨을 의미한다. 교육행정을 일반행정으로부터 분리·독립시키고 교육인사, 재정 등을 독립적, 자주적으로 운영함을 의미한다.

여섯째, 현대교육행정은 학교교육뿐만 아니라 사회교육에 대해서도 점차 그 관심을 넓혀가고 있으며, 이른바 평생교육체제에 박차를 가함을 하나의 특징으로 하고 있다.

3. 교육행정과 유사개념

교육행정의 개념을 보다 명확히 하기 위해서 그 유사개념과의 관계를 분명히 할 필요가 있다. 사실, 교육행정학자들 간에도 의견의 통일을 보지 못하는 개념정의가 있는 실정이다. 교육경영, 학교행정, 학교경영, 학과관리 등 교육행

정과 유사개념이 많으나, 이들 용어가 각각 어떻게 쓰이는지 교육행정과의 관계를 밝힘으로써 교육행정의 개념을 보다 분명히 하고자 한다.

1) 교육행정과 교육경영

교육행정과 교육경영의 뜻도 광범위하게 혼용되고 있다. 행정과 경영은 다같이 어떤 목표달성을 위한 수단으로서 대규모조직체와 관료제적 성격을 지니고 있는 까닭이다. 그러나 양자가 차이가 있게 되는 근본적 원인은 행정이 지니고 있는 정치성에 있다(박동서, 1984).

첫째, 목표에 있어서 사기업 경영의 경우는 이윤의 극대화를 추구하는 데 반하여 행정은 공익을 추구한다는 데 있다. 그러나 사기업이 규모가 커지면서 사회적 책임 또는 공익성도 고려하게 되며, 행정도 특히 신생국에서는 행정권자의 사적 이해가 깊이 개입되기도 한다. 따라서 사기업 경영의 경우 목표가 분명하고 단일성을 지녔는데 비하여, 행정은 목표가 불분명하고 복수성을 띠게 된다. 그러나 이것도 상대적인 관점이다.

둘째, 권력성에 있어서 경영은 정치권력을 지니고 있지 않은 데 대하여 행정은 이를 내포하고 있어서 강제성을 지닌다. 그러나 사기업의 경영도 규모나 재력이 커지면 정치권력과 결탁하는 데 비하여, 행정의 경우 형식적으로는 권력이 부여되어 있지만 이것이 항상 효율적으로 행사되는 것이 아니다.

셋째, 행정은 성격상 독점성을 지니고 있어 경쟁력이 없거나 극히 제한되어 있다. 비능률적이며 봉사의 질이 저하되기 쉬우나 경영은 독점성을 지니기 어려워 경쟁성이 높다. 따라서 능률적이며 봉사의 질이 높다. 그러나 사기업의 경우도 언제나 경쟁성이 높은 것은 아니며, 독점성이 있어 봉사의 질이나 가격이 비싸게 정해지기도 한다.

넷째, 행정은 특히 민주국가에서 법령의 제약을 엄격하게 받는다. 그러나 책임정치가 특히 고도로 발전하지 못한 국가에서는 경영을 대표하는 사기업이 오히려 심한 법적 제약을 받는가 하면, 행정은 반대로 그 특권성으로 인해 법적 제약을 심하게 받지 않는 것을 볼 수 있다.

다섯째, 민주국가의 행정은 이념상 고도의 합법성을 요청하며, 또한 법 앞의 평등을 요청하는 데 대하여, 사기업의 경우는 이러한 원칙의 적용을 받지 않는다. 그러나 행정의 경우도 실제로는 평등의 원칙이 완벽하게 적용될 수 없으며, 더구나 민주화와 정치·행정의 정도가 낮은 곳에서는 불평등성이 적지 않게 지배하고 있음을 볼 수 있다.

이상의 시각은 주로 미국의 관점이다. 미국은 양자의 차이를 인정하면서도 정도상의 차이가 있는 것으로 보는 견해이다. 대체로 조직의 상위계층으로 갈수록 양자 간의 차이가 커진다고 본다. 그리고 그 차이는 양적인 성질의 것이지 질적인 것으로 볼 수 없다. 이같은 견해는 정치·행정이 우리에 비해 더 발달되고 행정의 권력성과 독점성이 통제되며 사기업의 규모가 큰 선진사회의 일이고, 아직 이에 비해 기업의 규모가 작고 행정이 내포하고 있는 권력과 독점성에 대한 통제가 약한 우리나라와 같은 사회에서는 미국의 이론을 그대로 받아들이기 어렵다. 미국에서는 경영이 먼저 발달한 후에 행정에 이것이 적용된 역사를 가지고 있어 행정도 경영으로 보는 경향이 강하다(박동서, 전게서).

이러한 행정과 경영의 인식토대 위에 한국적인 상황에서 이 두 개념을 더 엄밀하게 구별하자면 교육행정(educational)은 고도의 확실성과 구성(構成)화되고 기획화된 결정을 달성하기 위한 하나의 경영관리의 과정이며, 교육경영(educational management)은 이와는 달리 고도로 불확실하며, 구성화되어 있지 않고 기획도 되어있지 않은 하나의 결론을 매듭지어 나가는 경영관리과정이라고 할 수 있다. 즉, 전자는 비교적 객관적 강제성을 띠고 있는 반면에, 후자는 비교적 주관적 융통성을 내포하고 있다고 하겠다. 그러나 실제에 있어서는 교육행정이나 학교행정에서도 사회와의 관련성을 동태적으로 파악하여 학교의 목표를 정립하고 사회의 필요를 충족시키는 데 역점을 두고 있다는 점에서 교육경영 내지는 학교경영과 동일한 개념으로 사용하는 경향이 있다.

2) 교육행정과 학교행정

학교행정은 단위학교교육을 위한 행정이라고 할 수 있고, 또 고등교육기관을 제외한 중등 이하의 공식적 교육기관의 교육을 위한 행정이라고 생각할 수도 있다. 이렇게 학교행정을 초·중·고등학교를 중심으로 하는 단위학교의 행정으로 본다면 이는 사회 전체의 교육을 위한 '교육행정'의 한 부분이 된다. 따라서 교육행정은 포괄적으로 학교교육은 물론 학교 외 교육까지도 포함한 일체의 교육을 위한 행정이라고 하겠다. 그러나 학교행정의 개념을 모든 교육적 조직과 관계되는 법규, 재정, 제도, 환경, 행정조직, 정책 등에서 확대하여 다루게 될 때는 엄격하게 차이를 찾기가 어려워진다.

Section

02 교육행정의 원리

1. 법제면에서 본 기본 원리

① 합법성의 원리: 모든 행정이 법에 의거하고 법이 정하는 범위 내에서 이루어지는 것을 원칙으로 하는 원리이다.

② 기회균등의 원리: 헌법 제31조에서 모든 국민은 능력에 따라 균등하게 교육을 받을 권리를 가진다.

③ 자율성의 원리: 각종 교육기관이나 지방교육행정기구가 자주적으로 운영되는 것을 말한다. 학교나 지방교육행정기관이 그 조직의 관리·운영에 관하여 필요한 기준을 자주적으로 설정·집행하며, 조직발전에 필요한 제반정책을 독자적으로 결정하는 것을 의미한다. 교육행정의 자주성과 독립성을 확립하고 존중하여야 한다는 원리이며 교육자치의 성격을 제시하고 있다.

④ 적도집권의 원리: 집권주의와 분권주의 간에 균형점을 발견하려고 하는 원리이다. 대체로 집권주의는 현대사회에 있어서 행정의 능률을 올리는 데 필요한 제도적 보장이 되며, 분권주의는 권한의 위임과 참여의 기회를 보장하는 지표가 된다고 할 수 있다.

2. 운영면에서의 기본 원리

① 합목적성(타당성)의 원리: 교육행정활동이 바람직한 교육계획을 세우고 그것을 운영해 나가는 데 있어서 타당하고 올바른 행정활동이 되어야 한다는 원리이다. 목적과 수단 사이에 괴리(乖離)가 있어서는 아니되며, 교육행정이 그 자체의 목적을 가지고 있다기보다는 교육목표달성을 위한 수단적 활동이며 바람직한 교수–학습을 이루게 하고 그 성과를 높이는 데 목적이 있다. 합목적성의 원리는 교육행정의 관료화현상의 병리현상에서 벗어나 교육목적에 맞고 그 목적에 비추어 타당한 행정활동이 되어야 한다는 것이다.

② 민주성의 원리: 교육행정실천에 있어서 주로 독단과 편견을 배제하고 교육정책수립과 집행에 있어서 광범위한 참여를 통해서 공정한 민의를 반영하며, 권한을 위임하려는 원리를 말한다. 교육행정기관의 장들이 정책자문회, 각종 심의회 또는 위원회, 협의회, 연구회, 직원회 등을 두고 의사소통의 길을 열고 일방적인 명령이나 지시보다는 협조와 이해를 기초로 업무를 집행해 가는 것은 모두 민주성의 원리에 의한 것이다.

③ 효율성의 원리: 경제적 원리라고 할 수 있는데, 교육활동에 있어서 최소한의 노력과 경비를 투입하고 최대한의 효과를 얻고자 하는 원리이다. 교육행정이 효율적이고도 효과적으로 집행되어야 함을 말하는 것으로, 교육활동에 최소한의 인적, 물적자원과 시간을 투입하여 최대의 교육적 성과를 가져오는 것이다.

④ 적응성의 원리: 새로운 사태에 대하여 신축성 있게 대처해 나감으로써 조화적 관계와 능률적 성과를 계속 확보하여 나가는 것을 의미한다. 이 원리는 정보화 및 개방사회에서 새로운 적응을 위해서는 다양성과 창의성이 존중되고, 환경과 여건변화에 신축성 있게 대응할 수 있는 능동적 행정체제를 구축하자는 주장이다. 이것은 시공을 초월한 유비쿼터스적인 변이에 적응함으로써 교육행정의 역할을 극대화하자는 것이다.

⑤ 안정성의 원리: 적응성의 원리에 대응하는 원리로, 교육활동에 대하여 지속성·안정성을 주기 위해서는 좋은 의미의 보수주의가 필요하다는 원리이다. 일단 결정된 교육정책이나 그 집행을 일정 기간 시행함으로써 행정시책의 일관성을 유지할 필요가 있다. 또는 전통적 활동 가운데서 좋은 부분은 계승하고 강화·발전시키려는 노력이 필요하다. 충분한 연구와 관련 정책변인을 신중하게 고려함 없이 급격한 변화를 초래함으로써 야기되는 혼란과 부작용은 오히려 교육의 역기능을 조장한다. 농사는 일년지대계(一年之大計)이나 교육은 백년지대계(百年之大計)이다. 백년 앞을 내다봐야 할 교육이 일관성을 잃어서는 안 될 것이다.

⑥ 균형성의 원리: 교육행정 운영면의 제 원리들, 즉 효율성과 민주성, 적응성과 안전성 등 모든 원리들이 균형을 이룰 때 비로소 효과가 극대화된다.

Section 03 교육행정의 영역과 자질

교육행정가라는 개념은 그다지 명확한 것이라 할 수 없으나 일반적으로 교육에 관한 조직체, 특히 교육행정기관과 교육기관(학교)의 상급관리층을 지칭하는 것으로 해석하기로 한다. 구체적으로 중앙교육행정기관의 장관과 차관, 국장, 과장 및 장학관과 지방교육행정기관의 교육감, 교육장, 장학관 그리고 각급 학교의 장 등을 지칭하는 것이다.

교육행정가가 수행해야 하는 직무는 그 구성요소가 복잡하고 다면적 성격을 띠고 있어, 어느 일면만으로 그 직무를 설명하기는 어렵다. 이에 교육행정직을 구조적으로 파악할 필요가 있으며, 이러한 직무는 적어도 교육행정의 영역, 행정가의 책임, 행정가의 자질 또는 행정기술 등 세 가지 측면에서 구조적으로 파악해야 할 것이다.

1. 교육행정의 영역

교육행정의 영역은 법규면과 업무내용면으로 나누어 생각해 볼 수 있다(김종철, 1982).

법규면으로 볼 때 교육행정의 영역은 우리나라 중앙정부의 행정관청 중 교육부장관의 관할 밑에 있는 행정활동의 영역과 타 부서의 교육과 관련된 행정

영역을 포함한다.

교육행정은 유치원, 초등학교, 중등학교, 대학교육행정 등의 정규 학교교육 행정과 각종 사회교육, 평생교육원 등의 평생교육행정으로 나눌 수 있다.

학교교육행정은 그 기능에 따라서 관리행정과 지도행정의 2대 영역으로 나눌 수 있고, 학교교육기관의 등급에 따라서 초등교육행정과 중등교육행정, 고등교육행정으로 구분하거나, 더 세분하여 유아, 초등, 중등, 산업, 대학, 교원, 특수교육, 해외교육, 평생교육행정으로 나눌 수 있다.

교육행정의 영역을 업무내용면에서 고찰한다면, 기획행정, 조직행정, 교육내용의 행정, 장학행정, 학생행정, 교직원 인사행정, 재무행정, 시설행정, 사무관리행정과 연구·평가 및 홍보에 관한 행정 등으로 구분할 수 있다.

교육행정의 영역을 논함에 있어서 한 가지 유의해야 할 점은 교육행정의 단계에 따라서 그 활동영역도 달라진다는 사실이다. 교육행정은 크게 중앙, 지방 및 학교단위의 3단계로 나누어 생각할 수 있으며, 지방교육행정은 시·도와 시·군의 2단계로 다시 세분할 수 있다. 이와 같이 단계를 달리함에 따라서 교육행정활동의 범위가 달라질 뿐 아니라, 그 중점도 또한 이동하는 것이다. 이른바 교육행정의 다층구조 속에서 상층의 시책이 하층의 활동을 규제하게 됨은 물론이지만, 자유재량의 여지도 많아서 교육행정의 실효를 거두기 위해서는 각 단계의 활동이 모두 중요한 역할을 하게 된다는 점을 잊어서는 안 된다.

남정걸(1997)은 교육행정의 영역을 구조면, 기능면, 대상면, 업무내용면에서 구분하고 있다. 구조면에서 교육행정은 중앙교육행정, 지방교육행정, 학교단위 교육행정의 3단계로 나눌 수 있다. 기능면에서 보면 학문행정과 관리행정의 두 영역으로 나눌 수 있는데, 전자는 주로 유아교육, 초등교육, 중등교육, 사회교육에 대한 전문적 지도와 관리를 맡고 있으며, 후자는 교육의 시설, 설비의 정비확충과 재정 등의 관리업무를 맡는다는 것이다. 교육행정의 대상인 교육기관별로는 초등, 중등, 고등, 사회교육행정으로 나누고, 그 외에 유아교육행정, 재외국민교육행정, 직업기술교육행정, 사학행정 등 특수영역의 행정으로 구분하였으며, 업무내용면에서는 기획·장학·편수·인사·재무 등으로 구분하였다.

한편, 윤정일(1995) 등은 교육행정의 영역을 행정단위별, 행정기능별, 교육대상별 등 세 가지로 구분하였다. 우선 행정단위별로는 중앙교육행정, 지방교육행정, 학교교육행정 등 3단계로 구분하였다. 지방교육행정을 다시 시·도와 시·군·구의 두 가지로 나누었으며, 이들 각각은 교육자치의 광역자치단체와 기초자치단체를 말한다. 행정기능별로 보면 교육행정은 기획, 조직, 교육내용 및 장학, 학생, 인사, 재정, 시설, 사무관리, 연구평가의 9가지로 구분하였다. 그리고 교육대상별로는 유아교육, 초등교육, 중등교육, 고등교육, 사회교육, 사학교육, 특수교육의 7가지로 구분될 수 있다.

2. 교육행정가의 자질

교육행정활동의 주체가 되는 것은 교육행정가이다. 교육행정가의 바람직한 자질로서 일반적 자질, 즉 교육행정가의 개인적인 속성인 인성의 특성과 전문가로서의 자질을 갖추어야 할 것이다. 갖추어야 할 바람직한 자질을 소개하면 다음과 같다.

1) 일반적 자질

첫째, 교육행정가의 가치관이 그 행동을 좌우하는 요인으로서 중요시된다. 가치관이란 행동의 목적, 수단, 방법 등에 관하여 바람직하게 생각하는 것이 무엇인가를 말한다. 교육조직은 교육행정가의 가치관에 따라 권한의 위임과 참여의 허용유형이 다양한 형태로 나타나게 되는 것이므로, 교육행정가로서의 바람직한 가치관을 지니고 있는 것이 무엇보다도 중요하다 하겠다.

둘째, 교육행정가의 역할에 대한 인식 또는 지각이 중요시되어야 한다는 것이다. 교육행정가는 구체적인 환경과 문제상황에서 어떻게 행동할 것인지에 관하여 역할인지를 분명히 하고 있어야 높은 지도성을 발휘할 수 있다.

셋째, 교육행정가의 지도성에 대하여 인화의 조성이 중요한 요인으로 강조되고 있다. 이것은 민주주의적 가치관의 강조와 더불어 현대에 있어서 행동과학의 발달에 자극된 것이라 할 수 있다.

2) 전문적 자질

교육행정가는 자신의 직무에 맞는 전문적 기술을 갖추어야 한다. 캇츠(R. L. Kartz)는 성공적 행정수행기술로서 실무적 기술(technical skill), 인화적 기술(human skill), 통합적 기술(conceptual skill) 등 세 가지 기본 기술을 들고 있다. 즉, 하위층 교육행정가는 실무적 기술을, 중간층은 인화적 기술을, 최고위층은 통합적 기술을 요구한다고 하겠다. 제3장 교육행정가의 기술에서 보다 자세히 언급된다.

Section

04 교육행정의 역사와 성격

교육학은 최근에 이르기까지 국가학이나 정치학과는 별로 관련을 갖지 않고, 개인과 개인의 관계를 중시하는 개인주의적 교육학으로서 철학적 사변으로 연구되어 왔다. 20세기에 들어와서 교육사상을 사회적 관점에서 실증적으로 연구하는 경향이 나타나기 시작하였다. 종래 철학과의 관련 내지 응용으로서 교육학의 성격이 심리학과 사회학의 발달과 관련하여 교육심리학이나 교육사회학이 발달한 것과 같이, 교육행정학은 국가학, 행정학 및 경영학의 발달과 함께 발달하게 되었다.

독일의 스텐리(Steinly)는 '행정학'의 범주에 교육행정을 포함시킨 최초의 사람이며, 스프랑거(Spranger)는 '교육법규학 및 교육정책학의 과학적 기초(Die wissenschaftlichen Grundlagen der Schulverfassungslehre und Schulpolitik, 1928)'에서 교육행정학의 과학성을 부여한 공로자이다.

미국에서는 1910년대에 커벌리(Cubberley)에 의하여 교육행정연구의 단서가 열려졌고, 그 후 경영학의 영향을 받아 과학적 관리나 인간관계를 중시하는 교육행정의 실제적 연구가 있어 왔다. 근년에는 그리피스(Griffith)의 '행정이론(administration theory)' 외에 핼핀(Halpin)이나 겟젤스(Getzels)에 의하여 행태론을 중심으로 한 여러 이론적 연구가 주종을 이루어 왔고, 최근에는 체제분석(system analysis) 및 O.R.(operations research), 교육경제학(economics of education), 교육정치학(politics of education), O.D.(organizational development) 등의 발달로 통합적 연구(interdisciplinary approach)가 활발해지고 있다.

근대국가가 성립되면서 차츰 교육기능의 중요성이 정치적으로 크게 인식되어졌고, 공공적 성격으로 부각되면서 교육행정은 국가통치권 안으로 흡수되어 일반행정에 속하게 되었다. 이때부터 교육과 교육행정은 분화의 단계로 전환되었으나, 일반 행정가에 의한 교육의 통제형태로 되어 교육행정의 전문성은 여전히 인식되지 않았다. 따라서 교육행정학의 성립은 있을 수 없었다. 다만 행정학이나 경영학의 이론을 적용하는 단계에 머물렀었다.

20세기에 접어들면서 교육의 정치적, 종교적 중립성에 대한 목소리가 높아지자, 교육조직(학교 등)의 조직적 특성이 일반 행정학이나 경영학의 이론으로는 미흡함이 밝혀지기 시작하였다. 따라서 교육행정의 특수성과 전문성이 차츰 크게 인식되어 교육행정에 있어 독자적, 학문적 영역의 필요성이 드러나게 되었다.

이와 같은 현대교육행정이 기본적으로 지니고 있는 교육행정의 성격과 그 특징은 다음과 같이 정리된다.

① 장기적 성격: 교육의 효과는 장기적으로 나타나므로 교육은 그 계획을 세움에 있어 장기적인 관점에서 고려되어야 한다.
② 조장적 성격: 교육이 사회공동의 복지증진에 기여하므로 교육행정은 조장적 복지행정의 성격을 띠어야 한다.
③ 수단적·기술적 성격: 교육행정은 교육목적을 달성하기 위한 수단적·기술적 성격을 갖고 있다.
④ 전문적 성격: 교육행정은 특수행정으로서 그 전문성이 요구된다.
⑤ 적극적·봉사적 성격: 교육행정은 그 활동이 적극적이고 봉사적이라야 한다.
⑥ 정치적 성격: 교육행정을 포함한 모든 행정은 정치의 하위요소이다.
⑦ 중립적 성격: 교육행정은 정치적 파당적, 종교적, 개인적 편견으로부터 중립적이어야 한다.

교육행정 이론의 발달

교육행정은 사회과학의 발달과 변화에 영향을 받아왔으며, 교육행정학도 사회과학의 연구분야 중의 하나로서 사회과학의 연구동향과 사상에 영향을 받아왔다. 교육학, 행정학, 정치학, 경영학, 사회학 등의 발달은 교육행정학의 발달에 큰 영향을 주었다. 한국의 교육행정학은 미국의 영향을 많이 받았다. 미국에서는 교육행정학이 주로 ① 조직의 능률과 합리성을 강조하는 과학적 관리론(1900~1930), ② 인간의 심리적·사회적 속성을 강조하는 인간관계론(1930~1950), ③ 인간의 행동을 과학적으로 탐구하려는 행동과학론(1950~1970) 그리고 ④ 문제를 조직의 전체적인 입장에서 파악하려는 체제이론(1960 이후) 등 제이론의 각축시대를 거치면서 발전해왔다. 이러한 이론들은 시대나 사회적 상황에 따라 전성기에는 지배적 이론으로 그 영향력이 크게 나타났으나, 새로운 이론이 대두되면서 점차 그 지배력이 약화되는 경향을 나타내고 있다.

여기서는 교육행정이론의 발달과정을 살펴보고 각 이론들이 강조하고 있는 내용과 이론의 제한점을 밝히고, 그 이론이 실제 교육행정에 어떻게 적용되었는가를 기술한다.

Section 01 고전이론

행정의 합리성을 중심으로 보편적인 이론과 원리를 추구한 초기의 이론들을 고전이론이라 한다. 여기서는 행정발전에 기여한 과학적 관리론과 행정과정론 그리고 관료제를 설명하기도 한다. 이들 주요 세 이론은 산업사회는 물론 정보화사회인 오늘날까지도 조직을 관리하는 기초 이론으로 작용하고 있다.

1. 과학적 관리론

과학적 관리론은 19세기 말에서 20세기 초에 이르기까지 미국에서 산업의 공급능력이 시장의 수요능력을 초과하는 불경기에 직면하여 기업경영의 합리화와 생산성 증대를 위해 발생한 이론이다. 이 이론의 주 관심사는 능률과 절약이었으며 인간을 생산을 위한 기계와 같이 보는 면에 특색이 있다. 오늘날에도 모든 조직이 능률과 생산성을 추구하고 있는 것을 보아 아직도 이 이론은 큰 영향력을 미치고 있음을 알 수 있다.

과학적 관리운동을 최초로 시도한 사람은 테일러(Frederick W. Taylor, 1856~1917)이다. 그는 생산작업에 관한 체계적 연구와 분석을 통하여 관리와 경영문제에 대한 보다 나은 해결책, 즉 과학적 관리의 제원리(Principles of Scientific Management, 1911)를 제안했다. 그는 노동자의 작업현장을 분석,

관찰해 보고 대부분의 노동자의 작업이 인습적이고 주먹구구식 방법에 방치되어 많은 동작과 시간이 낭비되고 있음을 발견하고, 이 같은 낡은 방법 대신에 작업능률을 향상시킬 수 있는 과학적 작업도구나 작업방법의 개선을 연구하였다. 그는 과업을 수행하는데는 하나의 최선의 방법(one best way)이 있으며, 이를 찾기 위하여 관리자는 작업을 과학적으로 연구해야 한다고 주장하였다. 테일러는 과학적 관리의 목적은 고용인과 고용주 모두에게 최대의 번영을 보장하며, 모든 부서가 번영의 상태로 발전되어 나갈 수 있도록 작업을 최고 수준에서 능률적으로 수행할 수 있도록 하는 것임을 밝혔다.

1) 테일러의 과학적 관리 원리

테일러가 주장한 과학적 관리의 원리를 소개하면 다음과 같다(Taylor, 1911).

① 과학적 과업관리: 최고의 효율성을 얻기 위하여 과업수행에 있어 낡은 방식 대신에 관찰과 분석에 기초한 과학적 방법을 적용해야 한다.

② 과학적 선발과 훈련: 직원을 과학적으로 선발하고 과업과 그 과업에 있어서 따라야 할 절차에 관하여 철저히 훈련시켜야 한다.

③ 관리자와 작업자 간의 진정한 협동: 작업이 설정된 절차와 표준에 따라 수행될 수 있도록 관리자와 작업자가 한 마음으로 협조(Rapport 형성을 중요시)해야 한다.

④ 노사 간의 화합: 관리자는 작업을 계획하며 준비하고 감독하는 일을 책임지며, 작업자는 관리자에 의해 계획된 작업절차에 따라 작업을 수행하도록 해야 한다.

이와 같이 과학적 관리는 시간과 동작연구를 통하여 과학적으로 연구된 표준에 따라 작업을 실시하며, 직원을 과학적으로 선발하여 능력을 발전시키며, 전문화된 직원들의 협력을 유도하고, 노사 간의 긴밀한 협조를 통하여 성과를 향상시켜야 함을 강조하였다.

테일러는 고용주와 노동자들 간의 상호이익에 바탕을 둔 작업관리의 원리를 다음과 같이 제시하고 있다(Taylor, 1947).

① 일일작업 제시: 노동자에게 명확하게 규정된 1일 작업량을 제시한다.
② 표준화된 조건: 노동자가 과업을 성공적으로 수행하도록 작업조건을 표준화해 준다.
③ 성공에 대한 보상: 직무를 성공적으로 수행한 경우 높은 보상이 주어진다.
④ 실패에 대한 손해: 과업을 성공적으로 달성하지 못할 경우 실패에 대한 손해를 감수하도록 한다.
⑤ 과업수행의 숙련: 노동자에게 주어지는 과업은 일류노동자들이 달성할 수 있는 어려운 것이어야 한다.

2) 과학적 관리론에 대한 비판

과학적 관리론이 능률화 운동으로 최소의 노동과 비용으로 최대의 효과를 올리는 일에 크게 공헌한 것은 사실이지만, 생산과정에서 인간적인 측면을 완전히 배제하고 인간의 생산적 측면을 기계적으로 취급했다는 점에서 노동자들의 심각한 반발을 받았다.

인간의 창의력과 판단력이 기계의 자동화에 흡수되어 인간소외현상을 유발하게 되었으며, 기계의 대용품으로서의 단조로운 분업도 의욕저하를 가져 왔으며, 인간보다 과업을 중요시하는 점은 인간상호 간의 문제와 의사소통의 문제를 야기시켜 사기저하를 가져오게 되었다.

과학적 관리론에 대한 한계점을 살펴보면 다음과 같다.

① 인간의 경제적, 합리적 측면은 좋으나 나머지 비합리적 측면 사회·심리적·감정적 측면이 소홀히 되었다.
② 기계의 부속품으로 전락된 단조로운 분업은 의욕의 저하를 가져오게 되었다. 호이(W. K. Hoy)는 능률중심관리를 '인간을 기계와 같이(man-as-machine)'

라는 개념으로 표현하고 있다.

③ 과학적 관리론에서 노동자는 수동적 존재로서 경제적 유인에 의하여 동기화되고, 상세한 지시와 명백한 임무한계를 주어야 한다고 봄으로써 인간을 비개성적·비자율적 존재로 파악한다.

④ 조직목적이 정해져 있고 과업은 반복적이며, 조직은 폐쇄적인 것으로 봄으로써, 행정에 영향을 미치는 상황변수나 환경적 요소를 등한시 하였다.

⑤ 인간보다 과업과 생산을 더 중요시함으로써 비인간화와 인간소외현상을 낳게 되었다.

3) 과학적 관리의 교육행정에 적용

테일러의 과학적 관리론을 교육행정에 적용한 사람은 보빗(Bobbit)이다. 그는 「교육에서의 낭비의 추방」이라는 논문에서 과학적 관리이론을 학교관리와 장학행정에 적용할 것을 강력히 주장하였다. 그는 논문에서 가능한 모든 시간에 모든 교육시설을 적절히 활용하고, 교직원의 작업능률을 최대로 유지하며 교직원수를 감축하고, 교육활동 중 낭비를 최대한 제거하며 교직원들에게 학교행정을 맡기기보다 학생들을 가르치는 데 최대한 활용하라고 주장하였다.

그는 교육에서도 기업에서와 같이 생산품(학생)이 표준화되어야 하며, 생산방법(교육방법), 생산자(교원)의 자격과 훈련에 과학적 방법을 활용해야 하고, 특히 생산자에게 작업의 성격, 달성해야 할 목표, 목표달성을 위한 방법채택, 활용해야 할 시설에 관한 상세한 지시를 주어야 한다고 주장하였다(J. Franklin Bobbit, 1913).

① 가능한 모든 시간에 모든 시설을 활용한다.

② 교직원의 작업능률을 최대로 유지하며 교직원의 수를 최소로 감축한다.

③ 교육에서 낭비를 최대한 제거한다.

④ 교원에게 행정적·사무적 일을 맡기기보다 학생을 가르치는 일에 전력하게 한다.

그는 의사결정, 과업배경, 급여결정, 교수방법 결정, 교사선발 훈련, 시설 선정에 과학적 관리의 원칙을 따를 것을 강조하였다.

스폴딩(Spaulding)은 미국교육연합회(NEA)에서 행해진 「과학적 관리법을 통한 학교체제의 개선」(1913)이라는 연설에서 교육행정에 과학적 관리론을 적용할 것을 주장하였다. 교육사업의 취약점을 비판하고 기업운영의 원리에 입각한 교육행정을 주장하면서 학교행정에 민중통제의 원칙과 능률의 원칙을 제시하였다(1913).

그는 과학적 관리의 본질을 ① 성과의 측정과 비교, ② 성과를 달성할 수 있는 조건, 특히 수단과 시간의 분석과 비교, ③ 성과에 의하여 정당화될 수 있는 수단의 계속적 채택과 이용을 주장하였다.

이외에도 테일러의 이론은 다른 고전이론인 페이욜(Fayol)의 행정과정이론과 베버(Weber)의 관료제 이론에도 영향을 미쳤다.

2. 행정과정론

1) 행정과정론의 특징

고전이론의 두 번째 관점은 테일러가 미국에서 공장경영을 중심으로 과학적 관리론을 발전시킬 때 유럽에서 태동한 프랑스의 엔지니어 페이욜(H. Fayol)의 행정과정론이다.

행정의 과정은 행정의 업무를 수행하기 위하여 목표로 도달해 나가는 경로, 즉 절차를 말한다. 행정가는 효과적인 업무수행을 위하여 행정과정에 대한 이해와 이의 적절한 적용이 필요하다.

페이욜은 모든 관리자들이 수행하여야 할 다섯 가지 기본적인 행정기능으로 ① 기획(planning), ② 조직(organizing), ③ 지휘(commanding), ④ 조정(coordinating), ⑤ 통제(controlling)를 제시하였다.

① 기획(planning): 미래를 예측하고 실행계획을 수립하는 것이다.
② 조직(organizing): 조직 내의 인적·물적자원을 확보하고 이를 구조화하는 것이다.
③ 지휘(commanding): 조직구성원으로 하여금 부과된 과업을 수행하도록 명령하는 것이다.
④ 조정(coordinating): 각 활동을 조절하고 통합하는 것이다.
⑤ 통제(controlling): 모든 활동이 이미 정해진 규칙이나 지시에 따라 수행되고 있는가를 감독하는 것이다.

그는 이 다섯 가지 조직의 행정기능이 조직의 관리에서 지속적으로 일어나는 과정으로 보았다.

이어서 미국의 귤릭(Gulick)과 어윅(Urwick)은 페이욜(Fayol)의 다섯 가지 행정기능을 더욱 발전시켜 최고행정가의 직무를 POSDCoRB의 7가지 과정으로 발전시켰다. POSDCoRB는 ① 기획(planning), ② 조직(organizing), ③ 배치(staffing), ④ 지시(directing), ⑤ 조정(coordinating), ⑥ 보고(reporting), ⑦ 예산편성(budgeting)을 일컫는다.

① 기획(planning): 조직의 목적을 달성하기 위하여 해야 할 일과 그것을 이행하는 데 필요한 방법을 포괄적으로 작성하는 것이다.
② 조직(organizing): 소정의 목적을 위하여 작업의 분야를 마련하고 규정 및 조정을 하며, 각 분야별로 권한과 책무를 밝히는 직제적 기구를 세우는 것이다.
③ 인사배치(staffing): 직원의 채용과 훈련 그리고 좋은 작업조건을 유지해 주는 등 모든 인사에 관한 것이다.
④ 지휘(directing): 계속적으로 결정을 내리며 그 결정을 구현하기 위하여 계속 지도해 나가는 것이다.
⑤ 조정(coordinating): 다양한 업무를 서로 관련시키고 조절해 나가는 것이다.
⑥ 보고(reporting): 최고 행정집행자가 일의 진보상황을 하위직원들에게 알

리는 것으로, 여기에서는 상황의 기록이나 조사연구 및 감독을 통하여 그 집행자가 부하직원들에게 알리는 것이다.

⑦ 예산편성(budgeting): 재정계획, 회계 및 재정통제 등을 포함한다.

행정과정론은 조직의 기능을 대별하여 관리자가 취할 적절한 조직관리의 방향을 알려주고, 해야 할 일을 제시해준다는 점에서 유용하여 교육조직에서도 많이 이용되었다.

2) 행정과정론의 비판과 교육행정에의 적용

과학적 관리론과 같이 행정관리론도 공식적 조직에만 관심을 두어 분업, 권한의 배분, 각 지위의 권한과 책임의 명료화에 관심을 가졌을 뿐 개인의 특성과 집단구성원 간의 사회적 역동성에 대하여는 관심을 두지 않았다. 따라서 고전적 조직이론은 하나의 기계모형(machine model)으로 명명될 수 있는 것이다(노종회, 1992).

페이욜의 행정과정을 처음으로 교육행정에 적용한 사람은 시어스(J. B. Sears)이다. 시어스는 행정학의 과정연구 성과를 교육에 도입한 초창기의 학자이다. 그는 교육행정의 과정으로 계획(planning), 조직(organizing), 지시(directing), 조정(coordinating), 통제(controlling)의 5단계를 제시하였는데, 이는 페이욜의 행정과정과 거의 일치한다.

그래그(R. T. Gregg)는 교육행정에 행정과정을 보다 혁신적으로 적용시켰다. 그는 의사결정(decision-making), 기획(planning), 조직(organizing), 교신(communication), 영향(influencing), 조정(coordinating), 평가(evalu- ating) 등 7단계로 구분하였다. 그래그(Gregg)가 제시한 교육행정과정을 살펴보면 일반 행정과정과는 달리 의사결정과 의사소통의 두 요인을 첨가하였고, 지시나 통제 대신에 영향과 평가의 용어를 사용한 데 특색이 있다. 명령이나 지시 등의 용어보다 의사소통, 영향주지 등의 용어를 사용함으로써 교육조직의 인간관계 특성을 반영하고 있다는 점에서 그 의의가 인정되고 있다.

여기서 현재 교육행정과정에서 많이 활용되는 교육행정과정을 그래그 교수 등 여러 학자의 것을 참고하여 종합하면 다음과 같다.

① 기 획

행정의 모든 활동은 기획하는 일로부터 시작한다. 교육의 목표를 설정하고 목표달성에 필요한 최선의 방법과 절차를 마련하는 사전준비 과정을 기획이라고 할 수 있다. 기획은 미래에 대한 지적활동이기 때문에 불확실한 미래를 정확하게 예측하는 일이 중요하다. 철저하고 정확한 기획을 하고 이를 실천한다면 목표달성의 가능성은 그만큼 높아진다.

② 의사결정

행정의 핵은 곧 의사결정(Simon, 1958)이라고 할 수 있을만큼 행정에 있어서 의사결정은 중요하다. 행정현상에서 소위 결재라고 하는 것이 바로 의사결정이다. 의사결정은 곧 가치의 선택이라고 할 수 있다. 여러 가지 갈림길, 대안들 중에서 가장 가치 있다고 생각되는 최선안을 선택하는 일이 의사결정이라고 할 수 있다.

③ 조 직

기획에 의하여 목표가 설정되었으면 이 목표를 달성하기 위한 기구를 조직하고, 사람을 배정하여 책임을 분담하고 시설과 재정을 배정하는 인적·물적·재정적 조직을 해야 한다. 행정에서 조직력은 가장 중요하며 조직 없이 행정을 수행할 수는 없다.

④ 의사소통

조직 내에서 원활한 의사소통이 이루어질 때 행정은 효과적으로 이루어져 목적 달성이 용이해진다. 의사소통이란 송신자와 수신자 사이에 메시지 또는 정보가 전달되어 공유적 관계가 형성되는 것을 의미한다. 언어, 문자, 공문, 게시판 등이 모두 의사소통의 수단이다. 최근에는 신체언어(body language)의 중요성도 강조되고 있다. 조직구성원 사이에 의사소통이 제대로 이루어져야 공동의 목표달성을 위해서 최선의 노력을 경주하게 된다. 그래서 의사소통은 행정의 과정에서 중요한 요소로 부각되고 있다. 의사소통은 인체에서 신경계통, 혈맥과 같은 기능을 하고 있다. 행정가에게 있어 의사소통기술은 중요한 필수적 기술이 된다.

⑤ 지도력

행정의 전체 과정에서 행정가는 조직구성원에게 지도력을 발휘해야 한다. 지도력이란 조직구성원으로 하여금 조직의 목표달성을 위하여 노력하도록 영향력을 발휘하는 것이라고 말할 수 있다. 조직구성원을 자극하고 동기유발시켜 조직을 위하여 헌신하도록 하는 일이 행정에서 중요하다. 다른 학자들이 지시나 지휘라고 표현한 것이 여기에 포함된다.

⑥ 조 정

조정은 여러 부서 간의 활동을 통합하고 조절하는 행위를 말한다. 학교의 경우 교무과, 연구과, 학생과 등의 각 부서에서 하겠다는 일을 때로는 통합하고, 때로는 우선순위에 따라 조절해야 학교행정이 원활하게 돌아갈 수 있을 것이다.

⑦ 평 가

가치판단을 하는 일을 평가라고 한다. 행정활동을 시작하기 전에 실시하는 진단평가, 행정활동이 진행되는 도중에 실시하는 형성평가, 행정과정의 최종단계에서 실시하는 총괄평가를 통하여 기획과 목표달성의 정도를 확인하고, 이를 피드백함으로써 행정의 성과를 극대화하기 위한 행정행위가 평가이다.

진단·형성·총괄평가라는 말을 투입평가·과정평가·산출평가라는 말로 바꾸어도 좋을 것이다. 성장하고 발전하려면 자신이 하는 일을 계속 반성하고 평가하여 수정·보완해 나가야 한다.

지금까지 행정과정의 일곱 가지 요소를 제시하였는데, 계획하고 이 계획을 실천하고 계획과 실천을 평가하여 새로운 행정에 반영하는 순환적 과정이라고 말할 수 있다.

3. 관료제론

19세기 후반부터 일어나기 시작한 산업화는 20세기 초에 와서는 거대한 산업조직을 탄생시켰고, 이와 마찬가지로 정부나 기타 사회조직들도 그 규모가 커지면서 조직적 사회(organizational society)가 되고 있었다. 이 무렵 독일의 베버(M. Weber)는 대규모 조직의 구조와 운영의 공시화가 필요함을 예측하고, 우선 관료주의를 분석하고 관료제의 가장 특징적 요소를 추출함으로써, 이를 순수한 이상적 관료제(Ideal Bureaucracy)로 발전시켜 행정사상 가장 유용하고 지속적인 업적을 이룩하였다. 베버는 이상적 관료제가 효율성과 능률, 합리화를 극대화하기 위한 것으로 보고, 관료제가 대규모 조직을 능률적으로 움직일 수 있는 조직모형이라고 하며, 이상적 조직을 이루는 6가지 기본 요소를 다음과 같이 제시하였다(Weber, 1947).

1) 관료제의 특징

① 계서제(階序制; hierarchy): 고위직에 있는 관리는 하위직에 있는 부하를 통제, 감독한다. 계층에 따라 권한과 책임이 뚜렷하게 구분되어 상하 간 통솔의 복종관계가 성립된다.

② 분업(分業; specialization): 직원은 전문적 기술, 자격에 의해 임명되고 전문성에 따른 과업을 수행한다. 전문화된 직무내용을 중심으로 객관적 능력과 자격에 의하여 고용계약이나 승진이 이루어진다.

③ 규정 및 절차(rule and regulation): 직원은 업무수행에서 엄격하고 체계적인 규칙에 의해 통제를 받으며, 그 적용은 일률적이고 획일적이다. 따라서 개인의 임의적인 의사결정을 방지하고 공정하고 일관성 있는 조직경영이 이루어지도록 한다.

④ 몰인정성(impersonality): 모든 구성원은 개인적 감정을 드러냄이 없이 형식주의적 비인간적인 정신에 입각하여 임무를 수행한다.

⑤ 문서주의(documentation): 조직목적상의 정규활동이나 행정행위결정 등은 공식화되고 정책결정의 근거를 제공하기 위하여 기록되어진다.

⑥ 직원의 보수(salaried personnel): 직원의 보수는 계서제의 직위에 따라 책정, 지급되며 승진은 상위자의 판단에 의하되 경력이나 실력에 의해 결정된다. 연공서열을 기본으로 하고 실력이나 실적을 가미한 형태이다.

베버의 관료제는 합리성과 능률을 높일 수 있는 조직으로 인간의 물리적 힘을 활용하며 생산을 극대화하는 데는 적합한 구조이다. 관료제는 정확성(precision), 안정성(stability), 기강의 엄정성(stringency), 집권성(centralization) 등에서 다른 조직형태보다 우수성을 가지고 있는 것이 사실이다. 오웬스(Owens)는 관료제는 효율적이며 예측이 가능하고, 객관적이며 신속하다고 지적하고 있다(1970).

그러나 관료제의 이상적 특징인 합리성과 능률을 극대화시키는 과정에서 부작용으로 역기능이 나타나고 있음을 간과할 수 없다. 관료제의 역기능으로 나타나는 병리현상은 동조과잉(over conformity), 목표전치(displacement of goals and means), 관료적 형식주의(red tape), 전문화로 인한 무능화(trained incapacity), 무사안일, 변화에 대한 저항 등을 들 수 있다.

2) 관료제와 교육조직

학교조직이 대부분 베버의 관료제적 특성을 가지고 있다고 에보트(Abbott, 1969)는 지적하고 있다.

비드웰(Charles Bidwell)은 학교는 순수형의 관료제는 아니지만, 노동의 기능적 분업, 직원역할의 규정, 직무의 계층적 배열, 절차와 규칙에 따른 일방적 방식으로 업무수행 등 적어도 기본적 형식에 있어서 관료제적 특성을 나타내는 것으로 보았다.

학교조직은 확실히 전문성에 따라 과업이 배분되며, 명확한 권위의 계층을 형성하고 있고, 과업수행에 통일성을 기하기 위한 규정이 있으며, 몰인정적 원리는 폭넓게 적용하고 있고, 진급은 연공 순이나 성취도에 의해 이루어진다.

교육행정에 있어서 관료제의 역효과에 대한 비판도 끊임없이 제기되고 있는데, 코윈(R. Corwin)은 학교조직에서 관료적 요소와 전문적 규범 사이에 갈등이 존재하고 있으며, 행정가들이 전문성이 높고 유능한 교사들을 통제하거나 평가해야 할 때는 문제가 발생한다고 지적하였다.

베버의 관료제는 고전적 이론의 효율적 적용범위에 대한 연구를 촉진시켰으며, 복잡한 조직으로서의 학교에 대한 연구의 틀을 제공하고 있다.

이상에서 고전이론으로서의 과학적 관리론, 인간관계론, 관료제론을 살펴보았다. 고전이론은 그 합리성과 효율성은 지금도 높은 평가를 받고 있지만, 다음과 같은 비판과 더불어 인간관계론의 등장을 부추긴다.

① 인간을 단순히 기계적, 비인간적 도구로 취급하고 관리함으로써 자발적 생산성을 저하시켰다.
② 인간의 심리·사회적 측면을 도외시하고 기계적·물리적·생리적 측면만을 고려하였다.
③ 작업의 경제적 동기를 지나치게 중시한 결과 비경제적 동기를 외면하였다는 비판을 받는다.

Section 02 인간관계론

20세기 초부터 연구가 시작된 과학적 관리론을 비롯한 고전이론은 1930년대까지 행정에 많은 영향을 주었다. 그러나 고전이론의 능률숭배(cult of efficiency)와 조직의 경직된 관료화 지향성은 개인의 사기와 자발성을 떨어뜨렸다. 고전이론 이후 생활수준의 향상으로 생리적 욕구가 충족됨으로써 더 높은 차원의 사회적 욕구가 중요시되었으며, 또한 교육수준의 향상과 민주주의 의식의 발달은 인간의 사회, 심리적인 면에 대한 인식에 관심을 가지도록 자극하는 계기가 되었다. 인간관계론의 발전에 공헌한 폴렛(M. P. Follett)과 호손(Hawthorne) 연구를 수행한 메이요(E. Mayo)와 그의 동료들의 이론을 소개하면 다음과 같다.

1. 폴렛의 인간관계론적 접근

인간관계론을 최초로 펼친 사람은 폴렛(Follett)이고, 이 이론이 성립 발전하게 된 것은 메이요(Mayo)가 미국의 시카고 서부 교외의 전기회사인 호손(Hawthorne) 공장에서 행한 호손실험 연구를 통해서이다.

행정에서 인간관계의 중요성을 처음으로 주장한 사람은 폴렛(M. Parker Follett)이다. 그녀는 경직된 과학적 관리원칙과 정체적인 조직원리에 역동적, 창의적, 민주적 정신을 불어넣었다. 그녀는 모든 조직의 기본문제는 역동적이고 조화로운 인간관계 형성과 유지이며, 협동, 대화, 참여, 이해를 통하여 과업이 추진되어야 한다고 주장하였다. 또한 그녀는 조직관리의 사회적 측면을 강조하여 조직을 하나의 관리체제로, 관리를 사회적 과정으로 보고 권위의 수용, 비지시적 조정의 중시, 조직구성원의 통합, 역동적 행정과정을 강조하였다. 그녀의 본질적 과업은 개인과 사회적 작업집단 간의 조화와 협력을 조성, 유지시키는 것이었으며, 이와 같은 인간중심사상은 인간관계론의 성립배경이 된 호손연구(Hawthorne Study)에 직접적인 계기가 되었다.

2. 메이요 등의 호손실험

행정에서 인간관계운동의 시초로서 자주 언급되는 호손공장에서 하버드대학 경영학 교수인 메이요와 뢰슬리스버거(Roethlisberger)를 중심으로 하는 연구팀이 1924년부터 1932년에 걸쳐 수행한 일련의 실험연구이다.

이 연구는 테일러가 주장한 과학적 관리론의 성과를 규명하기 위하여 작업장의 조명수준, 휴식기간, 노동시간, 급료와 같은 물리적 요인과 생산성과의 상호관계를 검증하려고 시도된 것이었다.

작업장의 물리적 환경과 생산성과의 상호관계를 검증하는 데 기본 목적이 있었다. 즉, 작업환경을 표준화하고 동작연구를 통하여 최선의 작업방법을 설정하고 그대로 작업을 수행함으로써 생산성을 극대화할 수 있다는 과학적 관리법의 원리가 실제로 유효한지를 연구하려고 하였다. 그들은 조명, 작업시간, 휴식시간, 성과급 등 여러 가지 작업의 환경조건과 보상제도를 변경시키면서 이에 따른 생산성의 변화를 조사하였다. 예를 들어, 조명실험은 작업현장의 조명도와 노동자의 작업능률 간의 관계를 분석하기 위한 실험으로써 작업장의 조명도를 높여주면 작업능률도 따라서 올라갈 것이라는 가설을 검증하는 데 목적이 있었다.

이 실험에서 여자노동자들을 통제집단과 실험집단으로 나누고, 통제집단에서는 일정한 조명 하에서 작업을 시키고, 실험집단에서는 짜여진 계획에 따라 조명도를 변화시킨 결과 조명도를 높여갔을 때도 작업능률이 향상되었고, 반대로 조명도를 낮추었을 때도 생산량이 증가되고 있음이 밝혀져 결과적으로 연구의 가정이 부정되었다. 따라서 작업장의 조명도와 작업과는 별로 상관이 없으며, 생산량은 조명도 이외의 어떤 다른 요인에 의해 좌우되고 있음이 분석되었다.

조사결과, 작업조건과 생산성 사이에 뚜렷한 연관관계를 발견하지 못하고 작업조건보다는 오히려 작업집단에 관련된 인간적 요소가 생산성에 더 밀접하게 관련되어 있다는 것을 발견하게 되었다.

메이요와 뢰슬리스버거는 연구 후반에 호손실험의 연구 초점을 작업환경으로부터 집단행동에 맞추어 연구를 계속하게 되었다. 그리하여 2만여 명의 구성원을 면접하여 그들의 집무만족감과 관리자에 대한 만족감 등 그들의 행동과 생산성에 작용하는 요인에 대하여 집중적으로 연구하였다. 그 결과 조직의 생산성은 작업집단의 구성원들 사이에서 형성되는 상호관계와 그들 사이의 상호작용에 의하여 크게 영향을 받고 있다는 것을 알게 되었다. 이와 같이 호손실험은 공식적인 직무구조와 권한체계보다도 자연발생적인 비공식조직과 집단구성원들 간의 상호관계 그리고 집단구성원이 자기직무와 관리자 그리고 다른 구성원에 대하여 어떻게 생각하고 있는지가 생산성에 매우 큰 영향을 주는 요소로 작용한다는 결론을 내리게 되었다.

호손실험 연구를 통해 발견된 주요 결론은 다음과 같다.

① 생산성향상에 영향을 미치는 중요한 요소는 보수나 작업조건 같은 물리적인 작업조건이 아니라 조직구성원의 심리적인 조건이다.
② 형식적 조직의 내부에 자생하는 비공식조직의 성격에 따라서 생산능률이 크게 달라진다. 즉, 조직 내의 비공식집단이 회사의 경영진과 일체감을 가질 때 생산성이 향상될 수 있다.
③ 작업집단의 전문화가 반드시 가장 능률적인 조직화를 이루는 것은 아니었다.
④ 구성원은 자신을 보호하는 수단으로 비공식조직을 이용한다.
⑤ 개인은 수동적인 기계의 톱니바퀴가 아닌 적극적인 인간의 존재이다.

3. 인간관계론에 대한 비판

인간관계론은 과학적 관리론에 대한 반발로 대두되어서 행정의 민주화와 인간화에 크게 기여한 것은 사실이지만, 인간관계의 생각은 조직원의 성취나 책임에 대한 필요성을 희생하면서까지 인간의 사회적 요구를 지나치게 강조한다는 비판을 받고 있다.

① 인간적 측면을 강조한 나머지 경제적 측면이 무시되고 있다. 인간은 만족하면 생산이 높아질 것이라는 가정에 과학적 타당성이 없다.
② 과학적 관리론의 기계적 인간관에 대한 반발로 대두된 인간관계론 역시 보다 높은 능률을 올리기 위해 관리자가 구성원을 조종하는 이론이다. 인간관계를 조작적·인위적인 것으로 봄으로써 자연스러움을 상실하였다.
③ 과학적 관리론과 같이 조직을 환경과 단절된 폐쇄체제로 브았다.
④ 과학적 관리론과 같이 인간을 외재적으로 동기가 부여되는 존재로 보고 있으며, 자기실현, 성취감 등 내재적 동기부여의 측면을 간과하고 있다.
⑤ 집단의 중요성 때문에 전체 조직의 맥락이 소홀하게 취급된다.
⑥ 인간 간의 원만한 관계를 지나치게 강조함으로써 갈등과 경쟁 등의 긍정적이고 건설적인 면을 간과하고 있다.

4. 인간관계론의 교육행정에의 적용

인간관계론의 교육행정에 미친 영향은 크게 보아서 교육행정의 민주화, 인간화라고 할 수 있다. 학교경영에서 교장과 교사, 교사와 교사 상호간의 원만한 인간관계를 수립하여 자발적 협동과 자유로운 의사소통이 원활하게 이루어지도록 하는 것이 교육행정이 추진해야 할 과제가 되었다. 구성원들과 초연한 위

치에서 지시하고 감독하는 전제적 교육행정가는 교육계에 더 이상 남아있을 수 없게 되었고, 구성원들과 더불어 함께 일하는 민주적 지도자상이 요청되기에 이르렀다. 학생들도 전인적인 존재로 인정되어 이전보다 훨씬 더 인격적인 대우를 받고 자유를 누리게 되었으며, 학교는 교수하고 학습하는 즐거운 교육의 장이 되었다.

인간관계론이 교육행정에 영향을 준 것은 1938년 레윈(K. Lewin) 등에 의해 실시되었던 지도성에 대한 실험연구이다. 그들은 지도성을 민주형, 전제형, 자유방임형으로 나누고, 구성원을 의사결정에 참여시킨 민주적 지도성과 민주적 분위기는 전제적 지도성이나 통제적 집단분위기보다 구성원의 만족과 조직의 성과 양면에서 더 생산적이라는 결론을 얻었다. 자유방임적 지도성 아래에서는 작업의 양과 질이 모두 떨어지는 것으로 나타났다.

교육에서 인간관계운동이 적극적으로 도입된 것은 1950년대에 결정을 이룬 생활적응 교육관에 그 연유를 두고 있다. 민주교육의 방향을 제시한 대표적 저서로는 듀이(J. Dewey)의 『민주주의와 교육』을 들 수 있다. 듀이는 이상적인 학교를 사회의 축소판으로 보고, 따라서 학생들을 학교의 민주주의적인 분위기 속에서 생활하게 함으로써 사회에 나가서 민주적 생활을 훌륭히 영위할 수 있도록 대비시켜야 한다고 주장하였다. 또 학교의 조직이나 경영에 민주주의 원리가 반영되어야 하며, 무엇보다도 개성을 존중하고 학생과 교원의 자유를 증진시켜야 한다고 주장하였다.

1940년대 교육행정의 민주화에 크게 영향을 끼친 학자는 몰맨(A. B. Moehlman)이다. 몰맨은 교육행정이 교수의 필요에 의해 발생되는 것이므로, 행정은 교수의 목표를 달성하기 위한 수단이라고 보았다. 또 행정은 본질적으로 교육과정(educational process)의 기본 목표를 보다 충분하고 효과적으로 실현하기 위한 봉사활동이라고 하였다. 몰맨은 교육행정을 교수를 위한 수단임을 강조하는데, 이는 행정과정에서 권력적·전제적·강압적 요소가 배제된 민주적·기술적·봉사적 요소만을 중요시한 것으로 볼 수 있다.

리더(W. G. Reeder)도 몰맨과 같은 입장에서 교육행정을 이해하고 있다. 학교행정은 그 자체가 목적이 될 수는 없다는 것이다. 따라서 학교행정은 가르치는 교사와 배우는 학생을 돕기 위한 것이며, 교육행정의 효능은 그것이 교수-학습에 얼마나 기여했느냐로 측정되어야 한다고 주장하였다.

인간관계론이 교육행정에 미친 영향을 간략하게 소개하면 다음과 같다.

① 교사의 사기앙양과 만족감 중시: 교육행정가는 교사가 자신들의 권리를 가진 전인(whole personality)으로 관심 있게 봄으로써 교사의 사기를 고취하고 만족감을 넣어 주려고 노력하였다. 교사가 만족감을 가지게 되면 더욱 열심히 일하게 되고, 지도와 통제가 용이할 것이라는 가정을 가지고 교사들과의 개인적 감정(personality feeling)과 부드러운 관계성(comfortable relationship)을 형성하기 위하여 노력하였다.

② 민주적 지도성: 구성원의 주체성·자율성이 인정되어 자발적 동기부여를 위한 민주적 행정관리가 요청되었으며, 전제적·강압적 요소는 배제되게 되었다.

③ 의사소통의 중시: 구성원들의 자발적 협동과 사회·심리적 욕구를 충족시키기 위하여 상·하·횡적인 의사소통이 중요시 되게 되었다.

④ 행정기능의 수단화 강조: 교육행정이 교수-학습활동을 돕는 수단적 봉사활동으로 보는 민주적 발상이 일어나게 되었다. 교육행정은 목적이나 주체가 아닌 교육의 수단이므로, 교육행정은 정부기관의 감독과 통제에서 벗어나 자유롭고 창의적인 교육을 전개해야 한다는 인식이 비로소 자리잡게 되었다.

⑤ 비공식조직의 중시: 조직 내 비공식적 자생집단의 기능과 비중을 인식하고 이를 중시하게 되었다.

여러 가지 비판에도 불구하고 인간관계론은 민주적·참여적 행정발전에 크게 기여한 것은 사실이다. 인간관계론은 민주적 지도성, 조직원의 동기와 직무만족, 소속감과 사기, 상호신뢰와 존중, 봉사와 조력 등에 새로운 관심을 가지게 만들어서 교육행정의 민주적 발전을 기하는 데 크게 공헌하였다고 보아야 한다.

Section 03 행동과학론

교육행정학이론의 발달과정에서 과학적 관리론은 조직을 닫힌 개념으로 보아 외부환경을 고려하지 않아 사회적 관계를 무시하고 조직에서의 인간관계를 경시하는 경향을 띠었다. 인간관계론은 인간의 심리·사회적 문제에 지나치게 집착하여 비공식조직을 지나치게 강조하여 공식조직이 무력화되는 일방적인 접근을 시도하는 문제점을 도출하였다. 이를 극복하기 위해 시도된 접근이 행동과학적 방법이다. 행동과학론은 고전적 조직이론과 인간관계론의 갈등을 지적하거나 조화시키려고 하였다.

행동과학론(behavioral science theory)이란 인간의 행동을 과학적으로 연구하기 위한 학문으로 사회적 현상을 연구함에 있어서 개인이나 집단의 행동에 초점을 두는 연구방법을 말한다. 행동과학은 원래 심리학 본연의 연구가 인간의 내면적 의식에 치우쳐 사변적으로 흐르는 데 반대하여 객관적으로 관찰 가능한 외면적 행동을 연구의 중심으로 삼아야 한다는 데서 출발했다. 대표적인 학자로는 버나드(Barnard)와 사이몬(Simon)을 들 수 있다. 이들은 동물실험을 한 손다이크의 시행착오설과 마찬가지로 인간의 경우도 자극을 주고 그 반응을 관찰·분석함으로써 일관성 있는 행위규칙을 발견할 수 있고, 나아가서 집단의 형태에 관련된 복잡한 인간관계를 객관적이고 실증적으로 규명할 수 있다는 것이다.

행동과학은 이제까지의 경험주의, 상식주의, 설명 위주에서 탈피하여 조직 속에서 사람들이 어떻게 행동하는가(the way people behave in the organization)를 적절하게, 신중하게, 쓸모 있게 연구하여 조직 내 인간행위를 분석적·체계적으로 기술하려는 이론화 운동을 전개되었다.

1. 버나드와 사이몬의 공헌

행정에 대한 행동과학적 접근을 처음 시도한 사람은 버나드(Barnard)인데, 그는『경영자의 기능』이라는 저서에서 조직생활을 분석하였다. 조직을 사회적 협동체로 보고, 조직의 요소로서 의사소통, 협동, 공동의 목적 등을 제시하였고, 조직 내 비공식 조직의 중요성과 공식조직과의 피할 수 없는 상호작용이 있음을 증명하였다. 그는 조직을 구조적 개념과 역동적 개념으로 분류하고 있는데, 중요한 구조적 개념은 개인, 협동적 체제, 공식적 조직 그리고 비공식 조직이며, 중요한 역동적 개념은 자유의지, 협동, 의사소통, 권위, 의사결정과정 그리고 역동적 균형 등이다.

사이몬(Simon)은 그의 박사학위 논문을 기초로 출간한「행정행위」에서 버나드의 이론을 확대하고 작업동기에 관한 공식적 이론에 초점을 두어 조직의 균형에 관한 개념을 사용했다. 버나드의 기본 개념인 균형론, 의사결정, 의사소통, 권한이론 등을 더욱 발전시킨 사이몬은 조직과 관리의 중심을 의사결정으로 보고 합리적 의사결정과정이 곧 행정이라고 하였다. 그는 논리적 실증주의(logical positivism)에 따라 행정에서 가치와 사실을 엄격하게 구별하고, 과학화를 지향하는 행정연구에서는 가치의 문제는 연구대상에서 제외되어야 하며, 사실의 문제만을 연구의 대상으로 삼아야 한다고 주장하였다.

버나드와 사이몬 이래 많은 사회과학자와 행동과학자들은 행정에 관심을 가지고 이론화 운동을 전개하였다.

이론은 '사회현상을 가장 잘 설명하는 원리', '조직 내 인간행위를 체계적으로 기술하고 설명하는 일련의 상호 관련된 개념, 전제, 일반화들' 등으로 정의되고 있다. 이러한 정의들이 시사하는 점은 이론은 과학적 방법에 의해 실증된 일반화된 원리로서, 이론의 기능은 ① 조직 내 인간행위를 설명·예측하는 것

이고, ② 이 이론들은 앞으로의 지식개발을 자극하고 이끌어 주며, ③ 이론은 행정의 본질에 대한 설명을 제공해 주고, ④ 이론은 행동의 결과를 예측케 함으로써 행정가가 행동할 때 지침이 되며, ⑤ 이론은 교육행정 업무를 효율적으로 수행하도록 도우며, 여러 문제를 해결하는 데 지침이 될 수 있다.

2. 행동과학론의 공헌

행동과학론은 조직과 조직구성원의 기계적 측면과 인간적 측면의 한쪽 면만을 지나치게 강조함으로써 궁극적으로 생산성 저하는 물론 갖가지 불합리를 초래한 고전이론과 인간관계론의 균형점을 찾아 조직과 구성원 모두에게 합리적인 길을 탐색케 해주었다는 데 그 공헌이 있다.

행동과학론자들은 인간을 단순히 기계적·합리적 존재로만 보던 재래의 인간관과는 달리 인간행동을 변화시킬 수 있다는 신념과 함께 인간의 성격연구를 통하여, 사기, 감수성, 심리적 안정 등과 같은 정적 측면 및 기업심리면에 관심을 갖게 되었고, 조직과 구성원 간의 긴장과 갈등을 효율적으로 관리하고, 인간의 성장욕구와 자기실현에 대한 기대와 함께 종래 강제력에 의해 뒷받침되던 권력을 합의와 협력관계로 조정하였다.

그러나 인간관계론이 고전이론에 적응하려 노력한 반면에 행동과학론은 인간관계론의 연장으로서 인간의 심리적 측면을 고찰하면서도 고전이론과는 무관하게 이론을 전개하고 있다는 비난을 받았다.

행동과학론이 받은 비판은 다음과 같다.

첫째, 행정학이 가치문제, 윤리문제를 다루지 못하여 행정에 대한 방향제시나 처방이 불가능하기 때문에 문제해결에 도움이 안 된다.

둘째, 논리성과 이론적인 면을 강조함으로써 이론과 실제가 분리되어 형식논리에 빠지기 쉽다.

셋째, 연구방법의 정확성, 신뢰성에 치중하다 보니 연구대상을 이론적 중요성보다 방법적 편의성에 따라 선택하는 경향이 높다.

3. 행동과학의 교육행정에 적용

교육행정은 사회체계 속에서 일어나는 사회과정이기 때문에 사회과학 내지 행동과학의 발달은 교육행정학의 이론적 기반을 형성하게 된다. 교육행정에서 이와 같은 이론화를 강조한 학자들의 공통된 강조점은 다음과 같다.

① 교육행정을 연구하는데 이론의 역할이 중요함을 인정하고, 이론에 근거한 가설-연역적 연구방법(hypothetical-deductive research)을 택하여야 한다는 점
② 교육행정을 일반행정인 기업행정 등과 다르게 보려는 편협한 관점을 버리고, 행정 앞의 한정사와는 관계 없이 행정은 그 자체로서 과학적인 연구주제가 될 수 있다는 점
③ 교육기관은 사회체제로서 가장 잘 이해될 수 있는 것이기 때문에, 교육행정의 연구는 행동과학적인 접근방법에 크게 의존하지 않을 수 없다는 점

교육행정 분야에서의 이러한 신운동(new movement)은 1950년 이전까지의 ① 실무적인 접근을 지양하고 분석적·체계적 접근을 시도하게 하였고, ② 교육현장의 경험 위주 행정에서 학문중심의 연구로 전환시켰으며, ③ 교육행정 문제연구에 이론의 중요성을 인정하게 되었으며, ④ 단일 학문의 테두리에서 인접학문 간의 협동적 접근방법으로 바뀌게 되었으며, ⑤ 그 결과로 조직이론, 역할이론, 지도성이론, 의사결정이론, 조직행위이론 등에 대한 활발한 연구가 대두되게 되었다. 1960년 이후에는 교육행정분야에서 이론을 도출하기 위한 연구가 현저하게 증가하였으며, 이러한 연구들은 행정관리의 현상을 파악하는 데 크게 도움을 주고 있는 것이 사실이다.

Section 04

체제이론

고전이론의 과학적 관리론과 인간관계론 및 행동과학론만으로는 복잡 미묘한 조직의 동태를 설명하기 어렵다는 것이 밝혀짐에 따라 조직의 관리과정에 대한 통합적 접근으로서 체제이론이 1960년대부터 등장하기 시작하였다. 체제이론은 연구의 대상을 체제의 관점에서 관찰·분석하는 접근법으로서 지금까지 인과관계를 중요시하여 단순하게 현상을 보려는 제약에서 벗어나 전체를 포괄적이고 구체적으로 파악하려는 입장을 말한다.

고전적 조직이론과 인간관계론이 조직을 폐쇄적으로 보고 조직을 환경과 고립시켜 이해하였으며, 조직원의 행위에 대한 환경이나 외부세력의 영향에 대하여 거의 주의를 기울이지 않았다. 그러나 행동과학자들은 조직을 폐쇄적 체제로부터 개방적 체제로 변화시키기 시작했으며, 조직이 환경의 영향을 받고 있음을 강조하기 시작하였고, 이러한 변화는 체제이론의 발전에 많은 영향을 미쳤다.

1. 체제의 개념

체제의 개념은 생물학자인 버타란피(Bertalanffy)에 의하여 제시된 것인데, 이것이 사회과학에 적용되어 일반체제이론으로 발전되었다. 버타란피는 '체제는 상호작용관계에 있는 요소들의 복합'이라고 했으며, 이는 체제란 독립된 요소들의 집합체로서 공동의 목표를 달성하기 위하여 상호 유기적으로 작용하는 것이라고 할 수 있다.

체제는 상호 관련된 많은 하위체제로 구성되어 있으며, 대부분은 상위체제를 가진다. 체제는 다른 체제 및 환경과 경계(boundary)에 의해 구별되며, 이들과 유기적인 상호작용을 한다. 체제는 환경으로부터 일정한 투입을 필요로 하며 이것은 전환과정 혹은 처리과정을 통해서 산출로 변화된다.

현상을 구성하고 있는 요소들은 다른 요소들과 직·간접으로 상호의존적 관련을 가지고 있을 뿐만 아니라 그를 둘러싸고 있는 외부환경으로부터 투입이 있어야 생존할 수 있다는 것이 체제이론의 중심을 이룬다.

체계라는 용어의 정의는 학자에 따라 다양하게 나타나고 있다. 그리피스(Griffiths)는 "체제 간 상호작용하는 요소들의 집합체"라 하였고, 버타란피(Bertalanffy)는 "체제는 상호작용 관계에 있는 요소들의 복합"이라 했으며, 배랜(Barrien)은 "체계란 상호작용하는 요소들의 집합체로서 외부의 것을 받아들이고, 또 외부로 내보내는 것들의 종류와 적정물을 조정하는 속성을 가진 경계를 가진다"고 하였다. 이러한 정의들을 종합하면 체제란 독립된 요소들의 집합체로서 공동의 목표를 달성하기 위하여 상호 유기적 작용을 하는 것이라고 할 수 있겠다. 이상의 정의에서 알 수 있듯이 모든 체제는 구성요소들로 이루어지며 외부환경과 구별되는 경계가 있어서 환경에서 받아들이기도 하고 환경으로 내보내기도 한다.

체제의 개념을 중심으로 그 속성을 정리하면 다음과 같다.

① 체제는 기계체제, 생물체제 등의 실체(entity)로서의 체제와 사회체제(예: 학교)와 같이 추상적 개념의 연결로 된 체제도 있다.

② 체제의 각 구성요소를 상위체제(supra system) 속의 하위체제(sub system)로 표현된다. 예를 들어, 학교는 학급의 상위체제가 된다.

③ 체제는 환경 → 투입 → 전환 → 산출 → 환류의 구조를 가진다. 체제는 환경으로부터 투입을 받아 자체의 전환메커니즘을 거친 산출물을 환경으로

배출하며 그 결과를 다시 체제로 환류한다.

④ 구성요소(components): 조직의 목적달성을 위하여 상호작용하는 부분을 말한다. 학교체제는 인사, 시설, 재정, 교육과정 등의 단위들로 나누어지고, 인사는 다시 행정가, 교사, 학생, 사무직원 등으로 나누어진다.

⑤ 경계(boundary): 체제를 환경으로부터 구분하고 투입과 산출을 여과하는 요소이다.

⑥ 개방체제(open-system): 외부의 영향을 쉽게 받아들이는 유연한 경계를 가진 체제로써 환경으로부터 신속하고 다양한 투입을 받아들인다.

⑦ 폐쇄체제(closed-system): 상대적으로 견고한 담 같은 경계를 가진 체제로서 외부의 영향을 쉽게 받아들이지 못하는 체제이다.

⑧ 투입(inputs): 경계를 거쳐 들어오는 인적·물적자원, 에너지, 정보 등을 말한다.

⑨ 산출(outputs): 체제가 환경으로 방출하는 인적·물적자원, 에너지와 정보를 의미한다.

⑩ 평형(equilibrium): 평형은 체제 내로 들어오는 투입의 균형 및 안정된 상태를 의미하며, 구성요소들이 투입된 것을 안정적으로 처리해 나가는 상태를 뜻한다. 균형은 동적균형(dynamic equilibrium)과 정적균형(static equilibrium)이 있는데, 환경의 변화에 대하여 동적인 상호작용을 하면 동적균형이 이루어지지만, 정적균형 상태에 있으면 폐쇄체제가 된다. 개방체제는 혼란이 일어날 수 있지만 이것은 잠정적이고 애초의 균형상태로 돌아가려고 하는데, 이것을 균형유지성(homeostasis)이라 한다.

⑪ 환류(feed back): 체제로부터 환경에 배출된 결과가 처음 목적하는 바와 차이가 날 때 목적과 결과의 차이를 없애기 위하여 투입을 수정하게 하는 기능을 말한다.

2. 체제론의 한계

체제론은 행정현상을 체계적으로 분석·설명할 수 있게 해주며, 다른 행정체제나 동일 행정체제 내의 여러 단위들을 비교·분석하는 데 공동의 기준을 마련해준다는 면에서 그 유용성이 인정된다. 그러나 체제론적 접근은 인간에 대한 기계론적 견해에 입각해 있고, 인간이나 사회현상을 자연현상과 동일시함으로써 인간적 요인에 의한 변화과정을 포착할 수 없는 한계를 가지고 있다.

체제론은 다음 몇 가지 문제에 대하여 한계성을 보이고 있다.

① 체제론은 균형이론에 치중하여 정태적, 현상유지적 성격을 띠고 있어 변화나 발전에 대하여 충분히 설명할 수 없다. 내적조정을 위한 체제유지와 통합에 관심이 집중되어 변화를 일으키는 힘과 갈등관계를 무시하게 된다.

② 전체로서의 국면을 중요시한 나머지 구체적 행정현상인 리더십, 권력, 개성, 능률성 등을 다루는 데는 미약하다. 체제는 종합적·체계적 사고를 특징으로 하고 있어, 기계적 합리성이 지나치게 강조되어 탄력성과 융통성을 상실할 가능성이 항상 존재한다.

③ 구성요소 간의 상호의존적 역할과 기계론적 역할을 중요시하다 보니 각 요소들의 독립적 역할과 인간적 차원이 경시될 가능성이 크다.

3. 체제론의 교육행정 적용

체제론은 교육행정에 영향을 미쳐서 교육행정가가 체계적 안목에서 문제를 분석하고, 계획을 입안하고, 문제해결 방법을 모색하고, 평가된 결과를 활용하여 발전적 방향을 모색하려는 노력이 증대되게 되었다.

카프만(Kaufman)은 체제접근을 교육분야의 문제해결의 도구로 보고, 체제접근을 다시 체제분석(system analysis)과 체제종합(system synthesis)으로 분류하였다. 체제분석은 ① 문제의 확인, ② 문제의 분석과 목표설정을 포함하고, 체제종합은 ① 해결전략의 선택, ② 해결전략 실시, ③ 성취효과의 결정을 포함하고 있다. 카프만이 제시한 체제설계모형은 그림 2-1과 같다.

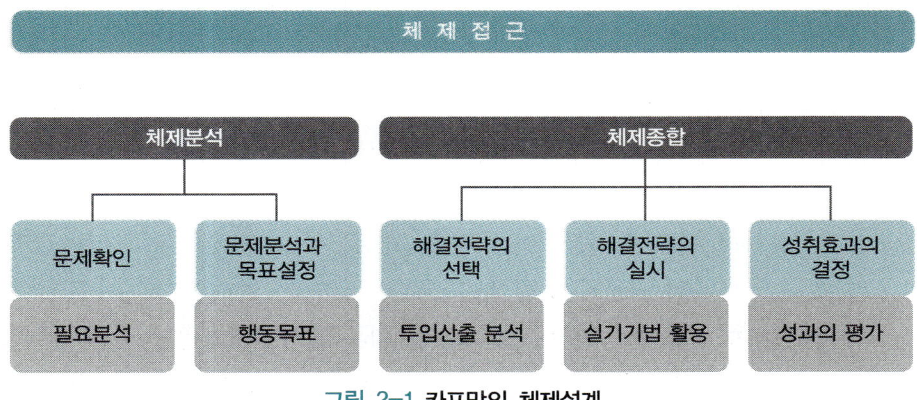

그림 2-1 카프만의 체제설계

- 문제확인: 현재의 상태와 미래의 상태를 분석함으로써 문제를 분명히 확인한다.
- 문제분석과 목표설정: 문제의 본질을 파악하고 해결해야 할 목표와 과업을 밝힌다.
- 해결전략 선택: 설정된 목표를 성취하기 위한 가능한 여러 방안을 설정한다.
- 선택된 전략의 실시: 결정된 해결방안을 실제에 적용한다.
- 성취효과 결정: 정해진 목표에 대한 실행성과를 측정한다.
- 전략의 수정 재실행: 환류의 단계로 평가의 결과를 토대로 문제점을 수정, 보완하여 다시 실행하는 데 정보를 제공한다.

오웬스는 학교를 투입 → 과정 → 산출체제로 보고 체제로서의 학교모형을 제시하였다. 환경에서 투입되는 것은 지식, 가치, 목적, 금전이고, 이 투입요인들을 교육적 과정인 조직의 구조, 사람, 기술, 과업을 통하여 목적을 달성하기 위한 과정을 밟게 되고, 그 결과 개인의 변화와 성장이라는 산출물이 나타나게 된다.

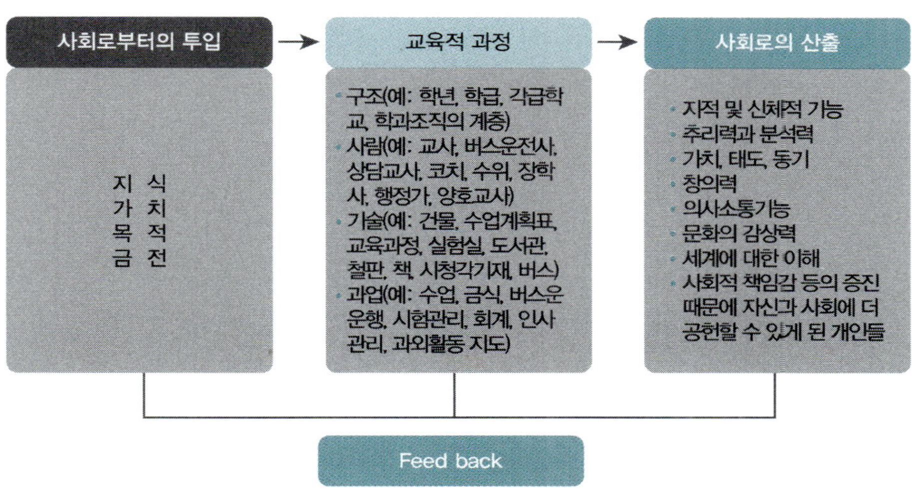

그림 2-2 **투입 → 과정 → 산출체제로서의 학교**

교육행정의 과업과 기술

Section 01 교육행정의 과업

1. 교육행정가의 과업

교육행정가는 교수학습의 현장인 학교에서 일어나는 전반적인 행정행위의 책임자로서 여러 가지 일을 집행한다. 특히 교육목적을 효율적으로 달성하기 위하여 교육행정가가 어떤 과업을 수행해야 하며, 이 과업수행을 위하여 어떤 자질과 능력이 요청되고 있는지를 규명하는 일은 매우 중요하다. 과업은 교육행정가들이 수행해야 할 일련의 공통적인 일로서 행정가가 하는 일의 내용을 의미한다.

우선, 교육이 있는 곳에 행정이 있다는 점을 생각하면 교육의 대상에 따라 유아교육행정, 초등교육행정, 중등교육행정, 고등교육행정, 교원교육행정, 특수교육행정, 사회교육행정, 해외교육행정 등으로 나누어 볼 수 있다.

행정이 어떤 내용을 다루느냐에 따라 나누어 보면 첫째, 교육목표를 설정하고 교육과정과 프로그램을 선정·조직하며, 교육자료와 교육방법을 결정하는 교육내용을 다루는 일을 해야 한다. 둘째, 이런 일을 해낼 수 있는 사람, 즉 인적자원을 확보하고 배분·조직하는 교직원 인사에 관한 일을 해야 한다. 셋째, 교육의 대상인 학생을 어떻게 조직하고 복지와 후생, 상벌 등을 어떻게 할 것인가에 관한 학생인사에 관한 일을 해야 한다. 넷째, 교육에 관한 여건을 조성해 주고 지원해 주는 교육시설에 관한 일을 하지 않으면 안 된다. 교육시설은 다른 시설과 달라야 교육의 효과를 올릴 수 있을 것이다. 다섯째, 사람이 되었든 시설이 되었든 돈이 있어야 교육을 할 수 있기 때문에 이를 확보하고 배분하며 회계하는 교육재정에 관한 일을 해야 한다. 여섯째, 교육내용, 교직원 인사, 학생인사, 교육시설, 교육재정에 관한 일을 하는데, 이를 기록하고 정리·보관하는 사무와 정보관리도 행정의 주요 과업에 속할 것이라고 쉽게 짐작할 수 있을 것이다. 일곱째, 어떤 교육기관이나 교육행정조직이 되었든 대외관계와 홍보에 관한 일이 행정의 한 가지 과업으로서 중시된다. 여덟째, 교육내용에서 별도로 분리하여 교육의 질 향상을 위하여 집중 노력하는 장학과 지도에 관한 것을 강조할 수 있다. 아홉째, 교육과 교육행정에 관한 연구와 평가에 관한 일도 별도로 떼어 강조할 수 있다.

그러면 여기서 먼저 교육행정의 과업에 대한 연구 중에서 대표적인 것을 먼저 알아보자.

리팜과 호이(Lipham & Hoeh, 1976)는 교장의 책임을 교육 프로그램, 직원인사 서비스, 학생인사 서비스, 재정과 시설, 학교와 지역사회 관계로 나누고 있다.

1) 교육프로그램 개선

- 프로그램 적합성 평가
- 프로그램 개선의 계획
- 프로그램 개선을 위한 계획 실행
- 프로그램 변화의 평가

2) 직원인사 서비스

- 새 직원의 확보
- 새 직원 오리엔테이션
- 직원배치
- 직원개발
- 직원평가

3) 학생인사 서비스

- 학생의 가치파악
- 학생참여
- 학생지도 서비스

4) 재정과 시설

- 재정자원
- 학교시설물 자원

5) 학교와 지역사회 관계

- 지역사회 분석
- 지역사회와 인사교류
- 지역사회 지원활용

서지오바니(Sergiovanni, 1980) 등은 행정과업이 왜 논의되어야 하는가 하는 이유를 첫째, 사람들이 가치롭다고 생각하는 것과 실제 행동하는 것과를 연관시킬 소지를 제공하며, 둘째, 행정가 양성과정에서 무엇을 가르쳐야 할 것인가를 결정하는 데 중요하기 때문이라고 하였다. 이와 같은 입장에서 그들은 교육행정의 과업을 다음과 같이 8가지로 요약하였다.

① 학교와 지역사회와의 관계	② 학생의 인사
③ 교육과정과 수업	④ 교직원의 인사
⑤ 물리적 시설	⑥ 서무관리
⑦ 교직원의 발전	⑧ 평가

서지오바니가 제시한 처음에 6가지의 과업은 일반 교육행정학 문헌에 흔히 나타나는 것들이지만, 교직원의 발전과 평가과업을 따로 분리시킨 것은 직원

계발과 평가의 분야가 교육행정의 중요과업으로 새로이 등장하고 있음을 의미한다.

교수학습을 지원하는 것이 교육행정의 기본기능이라고 보는 캠벨(Campbell, 1966) 등은 교육행정의 과업을 6가지로 분류하고 있다.

① 학교와 지역사회 관계　　② 교육과정과 수업
③ 학생인사　　④ 교직원 인사
⑤ 물리적 시설　　⑥ 재정과 서무관리

교육행정은 본질적으로 교육활동을 조성하거나 통제하는 것이므로, 교육행정 과업은 교육활동의 제기능의 분류에 크게 영향을 받고 있다는 점을 강조하면서 김종철은 4가지 과업영역을 다음과 같이 제시하고 있다.

1) 교육내용 행정과 장학

① 교육목표의 행정　　② 교육과정과 교재에 관한 행정
③ 장학행정

2) 인적조건의 정비행정

① 교직원 인사행정　　② 학생행정

3) 물적조건의 정비행정

① 시설행정　　② 재정
③ 사무관리행정

4) 연구와 홍보행정

① 연구행정　　② 홍보행정

교육내용은 교육 프로그램을 총칭하는 것으로 교육목표, 교육과정, 교육자료, 교과서 등과 장학의 업무, 장학방법이 포함된다.

인적조건 정비행정은 교원과 사무직원에 대한 인사와 학생에 대한 인사를 말하며, 교직원 행정은 자격, 신분, 임명, 보수, 후생, 복무부담, 신분보장, 사기, 능력개발이 포함된다. 학생행정은 학생신분, 생활지도, 복지, 병사, 보건, 취업 등이 포함된다. 교육시설은 교지, 교사, 내부시설, 부속시설 등의 기준, 계획, 건축, 관리, 활용 등을 포함하는 여러 문제를 가지고 있다. 재정은 수입재원, 경비지출, 회계관리, 감사 및 이에 관련되는 예산운용과 단위교육비 등 여러 가지 문제를 포함한다. 사무관리는 사무실관리와 문서관리의 문제를 포함한다.

홍보는 광범위한 뜻에서의 지역사회 관계를 의미하며, 연구는 교내에서의 연구, 개발을 말한다.

좀 더 자세하게 주로 학교조직에서 수행되는 업무내용을 중심으로 교육행정의 영역을 종합적으로 구분하고 이에 대한 설명을 간단히 덧붙이고자 한다.

① 교육과정 및 교수행정: 학교조직의 궁극적 목적은 효과적인 교수학습활동에 있기 때문에 교육과정 및 교수행정은 교육행정의 가장 중심이 되는 영역이라고 할 수 있다. 교육과정 및 교수행정이란 교육목적의 수립, 교육내용의 선정과 조직, 학습지도 및 평가의 전 교육활동과정을 지도하고 지원하는 일련의 행정활동을 말한다.

② 인사행정: 학교조직에서의 인사행정은 교육주체인 교원뿐만 아니라 교육활동에 대한 지원업무를 담당하는 교육전문직원과 일반직원을 포함하는 교직원을 확보하고 관리하는 제반 행정활동을 말한다. 즉, 인사행정은 교직원의 모집, 선발, 임용, 근무, 승진, 징계, 신분보장, 능력발전 등 광범위한 활동을 포함한다.

③ 학생행정: 학교는 학생의 입학에서부터 졸업에 이르기까지 학생신분에 관한 사항을 관장하며, 학생들이 건전하고 바람직한 학교생활을 영위하도록 각종 행정업무를 수행한다. 학생행정은 구체적으로 학생의 입학, 진급, 졸업, 전학, 휴학 등의 학생신분, 상담 및 생활지도와 같은 학생지도 그리

고 장학복지에 관한 사항을 포함한다.

④ 재무행정: 교육활동이 이루어지기 위해서는 필요한 재원을 마련하여야 하며, 그것을 합리적으로 배분하고 사용할 것이 요구된다. 이와 같이 돈과 관계되는 업무활동을 재무행정이라 하며, 예산의 편성, 심의, 집행, 결산, 감사 등을 포함한다.

⑤ 시설행정: 교육시설이라 함은 교육활동에 필요한 건물, 공작물, 설비, 교지 등을 말하며, 이러한 시설은 교육활동에 알맞게 갖추어져야 하고 또 그렇게 운영되지 않으면 안 된다. 시설행정은 시설의 설치, 유지, 관리, 운영을 포함하는 개념이다.

⑥ 사무관리: 사무관리는 문서의 작성, 활용 및 보존과 같은 문서업무, 사무분장, 사무실관리, 사무업무의 합리화를 포함하는 활동이다. 사무관리는 사무를 교직원의 역할이나 활동과 연결시켜 줄 뿐만 아니라 필요한 정보의 생산과 배포의 기능을 수행하기 때문에 이에 대한 관리의 중요성이 인식되고 있다.

⑦ 지역사회관계 행정: 학교는 지역사회에 존재하며 지역사회와 서로 영향을 주고받는 관계에 있기 때문에 학교가 지역사회와 관계를 잘 유지하는 일은 교육행정의 중요한 과업영역으로 새롭게 인식되고 있다. 지역사회관계 행정은 지역사회의 인사, 학부모 및 다른 기관과의 상호 이해와 협동관계 형성, 지역사회의 교육적 필요 인식과 충족, 지역사회 개선을 위한 봉사활동이나 프로그램 제공, 지역사회에 대한 홍보를 통하여 학교에 대해 좋은 태도를 갖도록 하는 일과 같은 행정활동을 포함한다.

Section

02 교육행정가의 기술

1. 교육행정가의 기술

교육행정의 과업과 과정을 효율적으로 수행해 나가기 위하여 교육행정가에게는 여러 가지 기술이 요청된다. 기술은 지식을 행동으로 옮기는 수단이라고 할 수 있으며, 이것은 타고난 것이 아니고 후천적으로 개발되는 것이므로 교육과 경험이 필요하다.

행정가는 행정조직과 기관을 책임지고 있기 때문에, 행정가가 어떤 사람이냐에 따라 목표달성과 행정효과성이 엄청난 차이가 나게 된다. 행정가는 단위조직이나 기관을 이끌고 나가기 때문에 행정가의 방향감과 철학·신념·소신 그리고 가치관은 아주 중요하다. 교육행정가의 '교육'이라는 말 속에는 이미 가치가 들어 있기 때문에 교육행정가의 철학은 아무리 강조해도 부족하다. 특히 비전을 제시하여 그 비전을 믿고 조직구성원이 기꺼이 조직을 위하여 헌신하도록 하여야 하기 때문에 교육행정가의 지도력이 중요하다.

또한 교육행정가의 윤리와 도덕성이 강조되고 있다. 교육행정가는 윤리의 실천자라고 할 수 있다. 지도자의 윤리와 도덕의 바탕이 제대로 확립되지 않은 상태에서 추종자들이 지도자를 신뢰하고 따르지 않기 때문이다. 신뢰를 잃은 사람은 더 이상 지도자이거나 행정가일 수 없다.

교육행정가는 교육행정에 관한 전문적 능력과 기술을 갖추고 있어야 한다.

소속 직원들은 좁은 범위의 일을 하기 때문에 전문성을 확보하기 쉬운 반면에, 이들을 이끌어 가야 할 행정가는 더 넓은 범위에서 능력과 기술을 발휘해야 하므로 어렵지만 그럴수록 더 많은 노력이 요구된다.

유능한 행정가가 필요로 하는 기술은 다양하게 논의될 수 있다. 캇츠(R. L. Katz)는 3가지 유형의 기술을 제시하고 있다.

사무 또는 실무를 처리하는 사무적 기술(technical skill), 인간과 접촉하고 인간을 다루는 인간관계 기술(human skill) 그리고 교육조직을 전체적 시야에서 파악하는 통합적 기술(conceptual skill)이 그것이다. 이 3가지 기술은 서로 상보적 속성을 가지고 있어서 이를 따로 분리해서 생각하기 어려운 측면도 있지만 각 기술의 특성을 살펴보면 다음과 같다.

1) 사무적(과업) 기술

사무적 기술이란 어떤 특정한 과업을 수행하는데 필요한 방법, 과정, 절차, 기술을 이해하고 처리하는 기능을 말한다. 이 기능은 전문적 지식, 분석능력 그리고 도구와 기법을 사용할 수 있는 능력을 포함한다. 교육행정에 있어서 사무적 기술이란 교수와 교육과정의 운영, 학생과 교직원의 인사, 교사와 시설, 학교재정과 서무 등을 말한다. 이들 기술은 성격에 따라 장기 또는 단기의 교육, 연수, 실무 실습을 통해 체득이 되는 것이다.

2) 인간관계(인화) 기술

인간관계 기술은 사람들과 더불어 효율적으로 일하는 능력을 말한다. 이 기술은 타인에 대한 배려와 자신이 스스로 남의 감정을 이해해 보려는 감정이입 뿐만 아니라 자신의 이해와 수용을 또한 요구한다. 그리고 그 지식의 기반은 성인의 동기유발, 태도의 형성과 발달, 집단역학, 인간의 욕구, 사기 및 인적자원의 개발 등에 관한 이해와 숙달로 되어 있다. 이 기술은 조직의 모든 계층을 통하여 행정 및 장학직 역할에 똑같이 중요하다. 지위에 관계 없이 모든 행정가는 타인을 통해서 일한다. 특히 학교행정가는 교육청, 학교의 교사 및 비전문직원, 학생 및 학부모, 지역사회, 교직단체, 주민 등과 바람직한 관계수립을 통하여 협력을 최대한 확보해야 한다.

행정가들이 고도로 개발된 인간관계 기술을 가질 때 다음과 같은 몇 가지의 특징을 가진다. 그들은 자기 자신의 장점과 단점을 잘 알며, 자신의 태도와 가치관도 인식하고, 내적 안정성을 가지고 있으며, 사람들에게 영향을 주고 변화를 일으킬 수 있다. 동시에 그들은 타인의 언행을 이해할 수 있는 능력을 가지고 있으며, 또 조직 내에 승인과 허용적 분위기를 조성할 수 있다.

3) 통합적 기술

통합적 기술은 조직을 하나의 전체로 파악할 수 있는 능력과 이해할 수 있는 능력이다. 이 기술은 조직을 체제적 관점에서 전체를 보는 능력으로, 각 부서나 개인 또는 집단의 상호의존성과 영향을 고려하여 문제를 해결하며 정책을 집행하고, 개선을 유도해 나감으로써 체제 전체의 복지를 증진시키며 장기적이고 통합적인 시야에서 문제를 다루는 기술을 말한다.

이 기술은 직위가 높을수록 많이 요구되는 기술로써 고위직에 있는 사람에게 필요한 기술이다.

통합적 기술은 학교조직의 모든 노력이 궁극적으로 교육목표에 모아지도록 결속시켜 주는 작용을 한다. 교육행정가는 학교교육의 목표달성을 위해 서로가 협력하여 상호 필요성을 보완해 나가고, 학교체제의 모든 구성요소들이 밀접하게 상호작용할 수 있도록 유도해 나가야 한다. 교육행정가는 수업환경 조성, 교사배치, 학급경영, 교육과정개발, 직원개발, 평가, 교사에 대한 지원, 연구개발의 노력들이 하나의 목표를 향하여 서로 연결되고 통합되도록 묶어주는 접착제의 기능을 수행하여야 한다. 또한 교육행정가는 교사의 요구와 조직의 목표를 연결시켜 주고, 교사 개인의 행동이 목표지향적, 능률적으로 이루어지도록 개인과 조직을 연결시켜 주는 역할을 효과적으로 수행해야 한다.

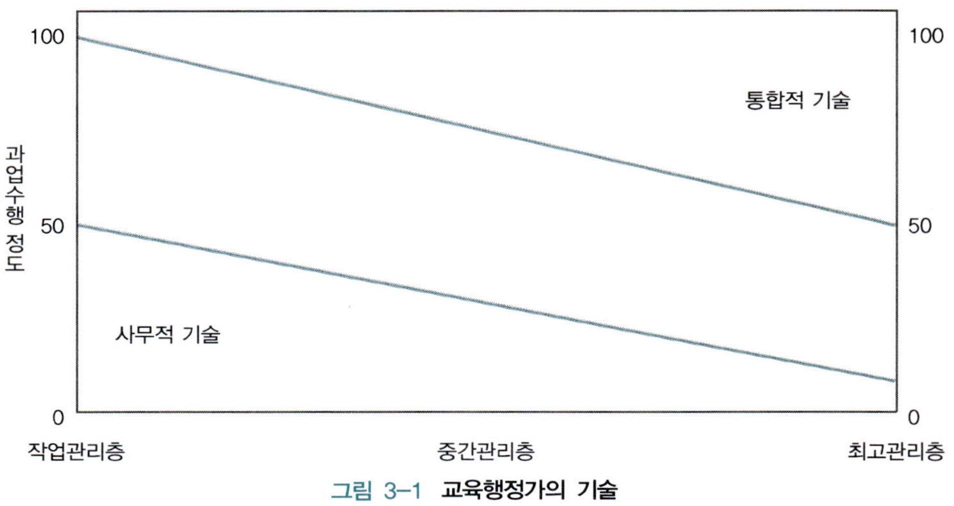

그림 3-1 **교육행정가의 기술**

그림 3-1에서 보는 바와 같이 실무적 기술은 사람보다 업무에 더 관심을 가지며 구체적인 전문지식을 필요로 한다. 예를 들어, 교사, 전문장학사, 서무과장 등에게는 실무적 기술이 가장 긴요하다.

인간관계 기술은 모든 사람에게 필요한 기술이지만, 특히 많은 사람들과 대면관계를 가지는 중간행정수준의 관리자인 교장, 장학사에게 매우 중요한 것이다. 반면에 통합적 기술은 규모가 큰 학교조직의 장이나 교육감과 같은 수준의 교육행정가에게 더 필요한 기술이 된다.

학교 교장의 직무를 수행하기 위하여는 이 3가지 기술을 모두 갖추고 있어야 할 것이다. 교장은 사람과 과정을 다룰 수 있는 인간적 기술이 있어야 하며, 정책을 만들고 이를 효과적으로 실현시킬 수 있는 경영적 기술이 있어야 한다.

수업지도자로서의 교장은 수립된 목적들이 교실수준에서 잘 이루어질 수 있도록 장학적 방법과 지식들을 활용해 나가야 한다.

교장은 수업장학을 통하여 교사의 여러 가지 수업상황을 면밀히 분석하며 평가하고, 교사에게 필요한 직접적 노력을 제공할 수 있는 실무적 기술이 있어야 한다. 관리자로서의 교장은 교직원을 적재적소에 배정하고 재정을 효과적으로 집행하며, 학교경영을 합리적, 과학적으로 해나갈 수 있는 전문지식과 기술을 익혀야 한다.

효과적인 교장은 구성원들의 욕구, 흥미, 필요에 민감해야 하며 그들의 헌신감과 충성심을 가지고 조직 목적달성에 참여하도록 동기를 유발시켜 주어야 한다. 또한 교장은 교수학습의 질 개선을 위하여 교사들과 협조하고, 도움말을 주며, 교수학습의 질에 대한 환류를 제공하고, 개선과 변화를 유도하고, 교사들과 상담활동을 원활하게 수행해 나가기 위하여 인간적 기술이 필요하다.

훌륭한 교장은 학교가 나가야 할 방향감각을 가지고 있어야 하며, 구성원들에게 발전방향을 확실하게 알려주어야 한다. 교장의 분명한 사명과 목적의식은 조직의 모든 활동에 기초가 되는 가치체제를 만들어 줌으로써 구성원의 의식을 통제하는 근거가 되고, 동기를 진작시키며, 구성원들을 하나로 묶어준다.

효과적인 학교가 되려면 학교가 추구하는 목적을 중심으로 자원과 노력이 집중되도록 통합적 기술을 발휘해야 한다. 나아가 교장은 교육구, 지역사회, 국가사회와 제세력과 학교와의 관계를 개념화하고 학교가 나갈 방향을 제시할 수 있도록 전체 파악적 기술을 넓혀나가야 한다.

교육제도 및 교육행정체제

교육법규에 의해 공적으로 인정되는 교육제도는 수준별 교육의 각 단계를 설정하고, 각 단계별 교육목표와 내용, 접속관계를 규정하며, 학교교육과 학교외 교육을 설정한다. 우리나라는 6-3-3-4제의 기본학제를 가지고 있으며, 복선형 요소를 다소 가미한 단선형제도로 규정할 수 있다.

우리나라의 교육행정체제는 중앙교육행정조직과 지방교육행정조직으로 구분된다. 중앙교육행정조직은 2017년 기준 10여 년 동안 교육인적자원부, 교육과학기술부, 교육부 등 여러 명칭으로 바뀌어 오면서 그 역할과 기능이 다소 확장·심화되기도 하고 축소되기도 하였지만, 정부조직 중 교육을 주로 관장하는 부서로서 역할을 수행해 왔다. 지방교육행정조직으로는 지방교육자치를 기본으로 하여 교육감, 교육위원회, 시·도교육청, 시·군·구교육청(교육지원청)이 기능을 담당하고 있다. 교육법, 교육제도 교육행정조직은 상호 관련되고 상호 영향을 주는 공적인 제도체제로 규정된다.

Section 01 교육법

교육법은 교육 또는 행정에 관한 법으로써 교육정책, 제도 및 그 운영에 관한 사항을 규정한 법을 통칭하는 것이며, 교육제도의 성립을 위한 기초 토대이다. 교육법은 헌법, 교육기본법, 유아교육법, 초중등교육법, 고등교육법, 지방교육자치에 관한 법률을 중심으로 구성된다.

1. 교육법의 개념과 법원

1) 교육법의 개념

교육법은 교육에 관한 법규를 통칭한다. 교육법은 인간의 성장을 다루는 교육과 사회질서를 유지하기 위한 규범으로서 법이 지닌 성격을 지니고 있다. 따라서 교육법은 다른 법규와는 달리 조장적 성격, 특별법이면서 일반법적인 요소, 특수법적인 요소, 윤리적 성격을 지니고 있다. 구체적으로 교육법은 다음과 같은 성격을 지닌다(윤정일 등, 1998).

첫째, 교육법은 교육에 관한 법률이기 때문에 지도조언하고 육성하는 전문적 기술을 필요로 하는 조장적인 성격을 지닌다.

둘째, 교육법규는 흔히 인격도야 또는 전인교육이라는 교육의 목표달성을 위한 합리적인 수단을 제시하는 것을 주안점으로 하기 때문에, 앞서 말한 조장적 성격과 함께 수단적인 성격을 가지고 있다고 볼 수 있다.

셋째, 개인 간의 관계를 규율하는 법을 사법이라고 하며, 국가나 지방공공단체와 개인과의 관계를 규율하는 법을 공법이라 한다. 그런데 교육법규는 국가나 지방공공단체가 행하는 작용이므로 교육행정의 주체와 객체 사이에 관계를 규율하는 것이 대부분이므로 원칙적으로 공법적 성격을 가진다고 할 수 있다.

넷째, 법의 효력범위에 따라 그 효력범위가 일반적·보편적 사항에 대한 것인가 또는 특수적인 것인가를 기준으로 분류할 때 전자를 일반법이라 하고, 후자를 특별법이라 한다. 특별법은 특수한 좁은 사항에 국한된 효력범위를 갖는 법을 말한다. 특별법은 일반법에 우선적으로 적용되며 이와 관련하여 특별법은 좁게 그리고 일반법은 넓게 해석하여야 한다는 원칙이 있다(홍석찬, 1995). 양자의 구별은 사람(민·형법−국가공무원법·교육공무원법), 장소(지방자치법−강원도 조례), 사항(지방자치법−지방교육자치에 관한 법률) 등의 기준에 따라서 분류된다. 따라서 교육법은 대체로 교육에 관계되는 사람과 교육장소 및 시설 그리고 기타 교육에 관한 사항에 대해 구체적이고 특별히 규정하고 있으므로 특별법적 성격을 가진다고 할 수 있다.

다섯째, 교육법규는 국가의 주권이 미치는 범위 내에서만 시행되므로 국제법과는 상이한 국내법적 성격을 가진다고 하겠다.

여섯째, 교육법은 윤리적인 특성이 강조된다.

2) 교육법의 법원

법원(法源)이란 법의 연원(淵源)을 줄인 말이며, 법이 성립하는 기초인 법의 타당성의 근거를 뜻하고, 형식적 의미에서는 법의 존재형식, 즉 법이 실제로 나타나는 형식과 종류의 뜻으로 사용된다.

교육법의 법원은 크게 성문법과 불문법으로 나뉜다. 성문법에는 헌법, 교육관계 법률(교육기본법, 초·중등교육법, 고등교육법, 지방교육자치에 관한 법률

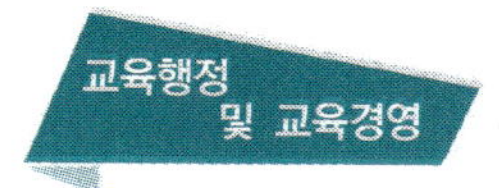

등), 조약 및 국제법규, 명령(대통령령, 총리령, 교육부령) 등이 있다. 이외에 지방자치단체가 법령의 범위 안에서 제정한 자치법규로서 조례와 규칙이 있다. 불문법원에는 법원의 판례, 관습, 조리 등의 불문법이 있다. 판례는 법원의 판결 이후에 동일한 사건에 대해 사실상 구속력을 갖게 된다. 교육법규는 성문법이 원칙이지만 성문법이 규정되지 않은 경우에 불문법도 법원이 된다.

2. 교육법의 기본 원리

헌법은 교육관계 법령의 근간을 이루고 있는 교육법의 기본원리이다. 교육기본법에서는 제1장 총칙에서 학습권, 교육의 기회균등, 교육의 자주성·전문성·중립성 의무교육 등에 관한 기본적인 방향을 설정하고 있다. 일반적으로 교육법의 기본 원리는 교육제도의 법정주의, 교육자주성의 원리, 교육권보장의 원리, 교육전문성의 원리, 교육기회균등의 원리, 교육중립성의 원리 등이 있다.

① 교육제도의 법정주의

교육제도는 법으로 정해져야 한다는 것을 가리킨다. 헌법 제31조는 교육에 관한 중요사항은 반드시 법률로 정하도록 하는 원칙을 규정하고 있다.

② 교육자주성의 원리

이는 민주교육의 원리 또는 지방교육자치의 원리와 통한다. 일반행정으로부터 교육의 자주성을 실현하기 위해서 시·도 교육위원회제도 등을 통해 지방교육자치제가 실시된다.

③ 교육권보장의 원리

이는 학습자의 교육에 대한 권리를 보장하기 위한 것이다. 초·중등교육법에서는 교육권을 보장하기 위해서 모든 아동의 보호자는 자녀의 교육을 받게 할 의무를 지우고 있으며, 무상의무교육을 규정하고 있다.

④ 교육전문성의 원리

헌법 제22조 1항에서는 교육의 전문성을 보장하기 위해서 교육의 자유 및 학문의 자유를 명시하고 있다.

⑤ 교육기회균등의 원리

헌법 제31조 1항에서는 모든 국민은 능력에 따라 균등하게 교육을 받을 권리를 가진다고 규정하고 있다. 교육기회균등의 원리에는 사회적 신분에 의한 차별을 금지하고, 의무교육의 무상원칙, 단선형 학교제도의 운영 등이 포함된다.

⑥ 교육중립성의 원리

교육중립성의 원리는 교육의 종교적 중립성과 정치적 중립성을 포함한다.

3. 교육법의 구조

1) 헌법상의 교육규정

우리나라 헌법은 1948년 7월 17일 제정된 이래 1987년 10월 29일까지 9차례의 개정으로 현재에 이르고 있다. 헌법상에 규정된 교육조항은 '직접 조항'과 '간접 조항'으로 구분할 수 있다. 교육에 관하여 직접적으로 규정하고 있는 조항은 헌법 제31조로서, 교육에 관하여 제1항에서 6항까지 규정하고 있다. 즉, 교육을 받을 권리, 의무교육의 무상과 보호자의 의무, 교육의 자주성, 전문성, 정치적 중립성 및 대학의 자율성 보장, 평생교육의 진흥, 교육제도의 법률주의 등이 그것이다. '간접 조항'은 교육에 관하여 직접적으로 규정하고 있지는 않으나 직·간접적으로 관계 있는 조항을 일컫는다. 예를 들어, 제6조(국제

조약과 국제법규), 제7조(공무원), 제10조(인권존중), 제11조(평등권), 제14조(거주·이전의 자유), 제19조(양심의 자유), 제20조(종교의 자유), 제21조(언론·출판의 자유), 제22조(학문·예술의 자유) 제23조(재산권), 제25조(공무담임권), 제26조(청원권), 제27조(재판을 받을 권리), 제29조(배상청구권), 제32조(근로권), 제33조(노동자의 노동3권), 제34조(생활보호), 제36조(혼인·모성의 보호·보건 등), 제37조(자유와 권리의 보호), 제94조(행정 각부의 장), 제95조(총리령, 부령 등), 제117조(지방자치단체), 제118조(지방의회) 등이 이에 해당된다.

여기서는 헌법에서 교육에 관하여 직접적으로 규정하고 있는 제31조에 관해 상술하고자 한다.

① 교육을 받을 권리: 헌법 제31조 1항에서는 "모든 국민은 능력에 따라 균등하게 교육을 받을 권리를 가진다"라고 규정하고 있다. 교육기본법 제3조에는 헌법상의 '교육받을 권리'에 따라 '학습권'을 새로이 규정하여 교육수요자나 지역사회의 요구뿐만 아니라 학생들이 능력과 적성에 따라 배울 수 있는 권리를 보장하도록 하였다.

- 능력에 따라 교육을 받을 권리–대한민국 국민으로서 교육을 받을 자를 ㉠ 인종, 신체적 조건, 신앙, 성별, 사회적 신분 등에 따라 차별을 받지 않고 교육을 받을 권리가 보장된다. ㉡ 교육법에 의해 심신장애아의 교육을 받을 권리에 대해서도 그의 능력에 따라 필요한 지식, 기능을 가르칠 수 있도록 특수학교를 설치하고 있다. ㉢ 권리보장의 범위는 학교교육의 가장 중요한 것이며, 사회교육, 가정교육, 공민교육도 평생교육으로 국가에 진흥의무가 있다.
- 균등한 교육을 받을 권리–이 권리는 헌법 제10조의 '인간의 존엄과 가치 및 행복추구권', 헌법 제11조의 '법 앞의 평등' 원칙을 교육적 측면에서 규정한 것이다. 균등하게 교육을 받을 권리는 교육에 있어서의 차별대우의 금지라는 소극적인 것이 아니고, 국가가 모든 국민에게 균등한 교육을 받게 하도록 학교교육시설을 확장하고, 의무교육을 시행하되 초등학교를 무상으로 실시하고, 경제적 이유에 의하여 진학이 방해되지

않도록 장학정책 등을 시행하여야 한다는 것을 말한다. 특히 경제적 약자에게 평등교육을 받을 수 있도록 국가가 적극적 정책을 실현할 것을 요청한다. 따라서 교육을 받을 권리는 소극적인 차별대우의 금지가 아니라 보다 적극적인 권리로 이해하여야 한다.

② 교육을 받을 의무: 헌법 제31조 2항에서는 "모든 국민은 그가 보호하는 자녀에게 초등교육과 법률이 정하는 교육을 받게 할 의무를 진다"고 규정하여 균등하게 교육을 받을 권리를 최저한도에서 실효성있게 보장하기 위하여 그 의무성을 명문화하고 있다.
교육의무의 내용은 보호하는 자녀에게 일정한 학교에 취학시켜야 할 의무인데, 반드시 공립학교에 취학시켜야만 하는 의무는 아니며, 사립학교에 보내어도 무방하다. 이 의무교육의 대상은 현행 교육법에 의거 통상 6년의 초등교육과 3년의 중등교육을 받게 할 의무이다.

③ 의무교육의 무상: 헌법 제31조 3항에는 "의무교육은 무상으로 한다"고 규정하고 있다. 국가가 국민에게 교육의 의무를 부과한 이상 당연히 피교육자를 위하여 가능한 의무를 이행할 수 있는 조치를 취하여야 할 책임이 있다. 의무교육은 당사자인 아동의 보호자 의사와 관계 없이 국가 공권력에 의하여 집행되는 것이므로 당연히 무상으로 하여야 한다는 원칙이 따른다.
무상의 방향은 교육비의 직접부담에서 간접부담으로, 혹은 개인부담에서 공공부담으로 이행하고 있으므로 무상제는 공비부담의 확대로 발전하고 있다. '무상의 범위'에 관해서는 그 나라의 실정에 따라 상이하다. 우리나라의 경우는 수업료와 국정의 교과서에 한정하고 있어 엄격한 의미의 완전 무상이라고 보기는 어렵다. 국가에 따라서는 학용품비, 교통비, 급식비 등까지도 포함시키는 경우도 있다.

④ 교육의 자주성, 전문성, 정치적 중립성 및 대학의 자율성: 헌법 제31조 4항에서는 교육의 자주성, 전문성, 정치적 중립성 및 대학의 자율성의 보장에

관한 내용을 규정하고 있다.

교육의 자주성은 교육조직과 교육내용이 교육자에 의하여 자주적으로 결정되고 행정권력에 의한 통제가 배제되어야 한다는 의미이다. 교육의 전문성이라 함은 교육정책의 수립이나 그 집행은 가급적 교육전문가가 담당하거나 적어도 그들의 참여 하에 이루어져야 한다는 것이다.

교육의 정치적 중립성이란 복수의 여러 정치이념 및 상황 중에서 어떤 하나만을 강제하지 않는다는 것으로 볼 수 있다. 또 대학은 근본적으로 자율을 전제로 하는 기관으로 개정 헌법에서 대학의 자율성을 추가한 것은 커다란 의미의 하나이다. 대학의 자율성은 대학의 자치와 연계되는 개념으로 임무를 달성하는 데 필요한 사항들을 외부의 간섭을 받지 않고 대학 스스로 결정·수행하는 것을 말한다. 그런데 이 대학의 자율성 내용에 대해서는 헌법에 구체적으로 규정하고 있지 않은 까닭에 대학의 자율성을 보장하는 취지에 따라 해석하되, 대학의 연혁, 경제적·사회적 여건, 대학에 대한 국가·사회의 신뢰도 등에 따라 탄력성있게 인정되어야 할 것이다.

⑤ 평생교육의 진흥: 헌법 제31조 5항의 "국가는 평생교육을 진흥하여야 한다"는 규정은 오늘날 급격한 사회변화에 능동적으로 대처하기 위해서는 평생교육체제의 구축이 필연적이라는 입법취지이다. 우리 헌법에서도 1980년 헌법개정에서 최초로 이를 헌법조항에 삽입하여 국가가 평생교육을 진흥하는 데 힘써야 한다고 하였다.

국가의 평생교육 진흥의무를 규정하고 있는 이유는, 오늘날 세계적으로 정규의 학교교육과 병행하여 또는 그 전후에 걸쳐 사회교육, 성인교육, 직업교육 등 다양한 형태의 교육을 평생동안 실시하고 있는 추세에 비추어 위와 같은 규정을 두게 된 것이라 하겠다.

⑥ 교육제도·운영·재정 및 교원의 지위 등의 법률주의: 헌법 제31조 6항에서는 "학교교육 및 평생교육을 포함한 교육제도와 그 운영, 교육재정 및 교원의 지위에 관한 기본적인 사항은 법률로 정한다"라고 규정하여 교육의

자주성 보장을 뒷받침하고 있다. 여기에서 교육제도란 교육의 이념, 기본 방침, 내용, 교육행정의 조직, 학제 등을 포함한다.

주권이 국민에게 있는 국민주권주의 헌법에서 교육의 기본적 사항은 의회입법으로 하여 법률로 제정하도록 규정하고 있다. 또한 사회적 기본권이라는 점에서 국민의 생명, 자유, 행복추구권이 공공복지에 반하지 않는 한, 입법 기타 국정에서 최대한 존중되어야 한다. 따라서 국가는 이 권리를 헌법의 이념으로서 혹은 구체적·준헌법적 성격의 교육법 이념으로서 실천해야 할 의무를 진다. 이에 따라 제정된 것이 교육법·교육공무원법·사립학교법 등의 법률이다. 국가가 교육제도의 법률주의를 채택하게 된 것은 일시적인 정치세력에 좌우되거나 집권자의 자의에 의해 수시로 변경되는 것을 방지하고, 일관성 있는 교육을 위하여 입법권을 가진 국회의 감시 하에 두고자 한 데 있다고 하겠다.

2) 교육기본법

교육 및 교육제도에 관한 기본적 사항을 정한 법률이다. 교육에 관한 국민의 권리·의무와 국가 및 지방자치단체의 책임을 정하고 교육제도와 그 운영에 관한 기본적 사항을 규정함을 목적으로 하는 법률이다(1997. 12. 13, 법률 제5437호). "교육기본법", "초·중등교육법", "고등교육법"으로 분리되었으나, 초·중등교육법에 포함되었던 유아교육이 2004년 유아교육법이 시행되면서 교육법은 교육기본법, 유아교육법, 초·중등교육법, 고등교육법으로 분리되었다.

종전의 교육법을 폐지하고 대체된 법률이며 3장 29조와 부칙으로 되어 있다. 교육은 홍익인간의 이념 아래 모든 국민으로 하여금 인격을 도야하고 자주적 생활능력과 민주시민으로서 필요한 자질을 갖추게 하여 인간다운 삶을 영위하게 하고, 민주국가의 발전과 인류 공영의 이상을 실현하는 데 이바지하게 함을 목적으로 한다는 것을 교육 이념으로 한다. 그리고 모든 국민은 평생에 걸쳐 학습하고 능력과 적성에 따라 교육받을 권리를 가지며, 성별·종교·신념·사회적 신분·경제적 지위 또는 신체적 조건 등을 이유로 교육에 있어서 차별을 받지 않는다.

교육의 자주성과 중립성이 보장되며, 교육 재정의 확보와 의무교육·학교교육·사회교육이 마련된다. 교육당사자로서 학습자·보호자·교원·학교 등의 설립 또는 경영자·국가 및 지방자치단체가 규율된다. 국가는 교육의 진흥을 위하여 특수교육, 영재교육, 유아교육, 직업교육, 과학 및 기술교육, 교육의 정보화, 학술 문화의 진흥, 평가 및 인증제도, 보건 및 복지의 증진, 장학제도에 필요한 시책을 수립·실시한다.

국가는 사립학교를 지원·육성한다. 그리고 국가는 국민이 국제사회의 일원으로서 갖추어야 할 소양과 능력을 기를 수 있도록 하고, 외국에 거주하는 동포에게 필요한 교육과 국외 유학에 관한 시책을 강구하며, 국외에서의 우리나라에 대한 이해와 우리 문화의 정체성 확립을 위한 교육·연구활동을 지원하며, 외국 정부 및 국제기구 등과의 교육 협력에 필요한 시책을 강구한다.

3) 유아교육법

2004년 1월 29일 법률 제7120호에 의해 제정되었으며, 2005년 1월 30일부터 시행에 들어갔다. 제정 이래 6차례의 개정을 거쳤다. 마지막 개정은 2010년 3월 24일에 법률 제10176호로 이뤄졌다(2010년 3월 24일 시행).

주요 내용은 다음과 같다.

유아교육진흥법을 폐지하고 제정되었으며, 기존 초·중등교육법에 포함되었던 내용을 분리하여 보완하였다. 유아란 만 3세부터 초등학교 취학 이전의 어린이로 정의한다. 유아교육 및 보육에 관한 기본계획 등에 관한 사항을 심의하기 위해 국무총리에 소속되는 유아교육·보육위원회를 둔다. 유아교육에 관한 정책 등에 관한 사항을 심의하기 위해 교육부에 중앙유아교육위원회를, 시·도 교육청에 시·도 유아교육위원회를 둔다. 국가와 지방자치단체는 유아교육에 관한 정보제공 등을 담당하는 유아교육진흥원을 설치하거나 해당 업무를 교육 관련 연구기관에 위탁할 수 있다.

유치원의 종류는 국립·공립·사립으로 구분한다. 유치원은 교육과정을 운영하고, 교육부장관이 정하는 기준에 따라 생활기록부를 작성·관리해야 한다. 교육부장관은 유치원의 운영실태 등에 대한 평가를 실시할 수 있다. 교직원의 정원과 배치기준, 강사 등의 종류·자격기준 등에 관해서는 대통령령으로 정한다.

초등학교 취학 직전 1년 동안의 유아교육은 무상으로 한다. 그 비용은 국가와 지방자치단체가 부담하여 보호자에게 지급한다. 유치원의 설립·경영자는 수업료 등 교육비용과 납부금을 받을 수 있다. 국가와 지방자치단체는 무상교육 대상이 아닌 유아 가운데 국민기초생활보장법에 따른 수급권자와 대통령령이 정하는 저소득층의 유아교육 비용을 부담하여 보호자에게 지급한다.

국가와 지방자치단체는 사립유치원의 설립 및 운영 경비를 보조한다. 보조금을 유치원 이외의 용도로 사용한 때에는 반환을 명할 수 있다. 종일제 또는 대통령령이 정한 수업일수를 초과하여 운영하는 유치원에 운영비를 보조할 수 있다. 관할청은 원장이나 설립·경영자가 고의 또는 중과실로 이 법 또는 이 법에 따른 명령을 위반한 경우 폐쇄를 명할 수 있다.

4) 초·중등교육법

초·중등교육법은 초등학교가 담당하는 초등교육과 중학교와 고등학교가 담당하는 중등교육에 관한 여러 가지 사항을 규정한 대한민국의 법률이다. 1997년 12월 13일에 처음 제정되어 33번의 개정이 있었다. 최근 개정은 2016년 2월 3일 이루어졌고, 학습부진아에 대한 의무 강화와 교육비 지원 절차를 일부 수정하였다(2016년 8월 4일 시행).

1997년 12월 제정 당시에는 유아교육에 관한 내용도 이 법에 포함되어 있었다. 그러나 2004년 1월에 「유아교육법」이 법률 제7120호로 별도 제정됨으로써 관련 내용이 전면 삭제되었다.

총 5장 68조로 구성되어 있으며, 제1장 총칙에서는 학교의 종류 등을 규정하고 있고, 우리나라의 학교를 초등학교와 공민학교, 중학교와 고등공민학교, 고등학교와 고등기술학교, 특수학교 그리고 각종 학교로 분류하고 있다. 제2장에서는 의무교육을 규정하고 있다. 의무교육과 관련된 국가와 지방자치단체의 의무, 학부모의 자녀 취학 의무 등이 명시되어 있다.

제3장에서는 학생과 교직원 관련 조항이 포함되어 있다. 학생의 자치활동과 인권 보장이 핵심 내용이다. 아울러 교직원의 임무와 자격 등도 언급하고 있으며, 교원의 자격은 별표에서 더 자세히 규정하고 있다. 제4장은 학교의 교육과정, 학생생활기록, 학교회계의 설치와 운영, 교육정보시스템의 구축 및 운영 등이 핵심 내용이다. 학교운영위원회의 설치와 운영에 관한 내용이 명시된다. 동시에 각급 학교별로 수업연한과 입학자격 등이 명시되어 있다. 제5장은 보칙과 벌칙에 관한 내용을 담고 있다.

5) 고등교육법

대학, 산업대학, 교육대학, 전문대학, 방송대학·통신대학·방송통신대학 및 사이버대학, 기술대학, 각종학교의 설립, 학칙, 수업료 및 기타 고등교육에 관련된 내용들을 규정하고 있다.

학교를 설립하고자 하는 자는 시설·설비 등 대통령령이 정하는 설립 기준을 갖추어야 한다. 학교를 설립하고자 하는 경우에는 교육부장관의 인가를 받아야 하고, 공·사립학교의 설립·경영자는 학교를 폐지하거나 대통령령이 정하는 중요사항을 변경하고자 하는 경우에는 교육부장관 인가를 받아야 한다.

학교의 장은 법령의 범위 안에서 학칙을 제정 또는 개정할 수 있는데, 학칙의 기재사항, 제정 및 개정절차, 보고 등에 관하여 필요한 사항은 대통령령으로 정한다. 교육재정을 위하여 국가 및 지방자치단체는 학교가 그 목적을 달성하는데 필요한 재원을 지원·보조할 수 있고, 학교는 교육부령이 정하는 바에 의하여 예산 및 결산을 공개하여야 한다. 학교의 설립·경영자는 교육부령이 수업료 기타 납부금의 징수 등에 관하여 필요한 사항을 정한 바에 따라 수업료와 기타 납부금을 받을 수 있다.

학생의 자치활동은 권장·보호되며, 학생을 징계하기 위해서는 적정한 절차를 거쳐야만 한다. 교원 및 조교가 될 수 있는 자의 자격기준 및 자격인정에 관한 사항은 대통령령으로 정한다. 학교에서 필요한 경우에는 겸임교원·명예

교수 및 시간강사 등을 둘 수 있다.

학교는 그 설립목적을 달성하기 위하여 대통령령이 정하는 범위 안에서 필요한 조직을 갖춰야만 하는데, 학교의 조직에 관한 기본적 사항은 국립학교의 경우에는 대통령령 및 학칙으로 정하고, 공립학교의 경우에는 당해 지방자치단체의 조례 및 학칙으로 정하며, 사립학교의 경우에는 당해 학교법인의 정관 및 학칙으로 정한다. 학교의 수업은 학칙이 정하는 바에 의하여 주간수업·야간수업·계절수업·방송·통신에 의한 수업 및 현장실습수업 등의 방법에 의하여 할 수 있다. 교과의 이수는 평점 및 학점제 등에 의하되, 학점당 필요한 이수시간 등은 대통령령으로 정한다. 학교의 수업은 학칙이 정하는 바에 의하여 주간수업·야간수업·계절수업·방송·통신에 의한 수업 및 현장 실습수업 등의 방법에 의하여 할 수 있다.

그 외 고등교육법에서는 산업대학, 교육대학, 전문대학, 방송대학·통신대학·방송통신대학 및 사이버대학, 기술대학, 각종학교에 대하여도 규정하고 있다. 산업대학은 산업사회에서 필요로 하는 학술 또는 전문적인 지식·기술의 연구와 연마를 위한 교육을 계속하여 받고자 하는 자에게 고등교육의 기회를 제공하여 국가와 사회의 발전에 기여할 산업인력을 양성함을 목적으로 하고, 교육대학은 초등학교의 교원을 양성함을 목적으로 한다. 전문대학은 사회 각 분야에 관한 전문적인 지식과 이론을 교수·연구하고 재능을 연마하여 국가사회의 발전에 필요한 전문직업인을 양성함을 목적으로 한다. 방송·통신 및 사이버대학은 국민에게 정보·통신매체를 통한 원격교육으로 고등교육을 받을 기회를 부여하여 국가와 사회가 필요로 하는 인재를 양성함과 동시에 열린 학습사회를 구현함으로써 평생교육의 발전에 이바지함을 목적으로 한다. 그리고 기술대학은 산업체 근로자가 산업현장에서 전문적인 지식·기술의 연구·연마를 위한 교육을 계속하여 받을 수 있도록 함으로써 이론과 실무능력을 고루 갖춘 전문인력을 양성함을 목적으로 한다.

6) 지방교육자치에 관한 법률

지방자치단체의 교육·과학·기술·체육과 그밖의 학예에 관한 사무를 관장하는 기관의 설치와 그 조직 및 운영 등에 관한 사항을 규정함으로써 지방교육 발전에 이바지하기 위해 제정한 법(1991. 3. 8, 법률 제4347호)이다. 1991년 제정된 뒤 최근 2017년 7월 26일 개정 법률로 시행되고 있다.

주요 내용은 다음과 같다.

지방자치단체의 교육·학예에 관한 사무는 특별시·광역시·도에서 관장한다. 시·도의 교육·학예에 관한 중요사항을 심의·의결하기 위해 시·도에 교육위원회를 둔다. 교육위원회는 7~15인의 교육위원으로 구성한다. 교육위원의 선거 규정은 교육위원의 선거구 단위로 선출한다.

시·도의 교육·학예에 관한 사무의 집행기관으로 시·도에 교육감을 둔다. 교육감은 교육위원회나 시·도 의회의 의결에 대해 재의(再議)를 요구할 수 있고, 의결이 지체되는 경우 등에는 선결처분할 수 있다. 시·도의 교육·학예에 관한 사무를 분장하기 위해 1개 또는 2개 이상의 시·군 및 자치구를 관할구역으로 하는 하급 교육행정기관인 교육청을 둔다. 교육청의 교육장은 장학관을 임명한다.

교육·학예에 관한 경비는 교육에 관한 특별부과금·수수료·사용료와 그밖의 교육·학예에 관한 재산수입, 지방교육재정교부금, 지방교육양여금 및 해당 지방자치단체의 일반회계로부터의 전입금과 그밖의 교육·학예에 속하는 수입으로 충당한다. 해당 지방자치단체에 교육비 특별회계를 두고, 국가는 시·도의 교육비를 보조한다.

교육부장관은 시·도의 교육·학예에 관한 사무에 대해 조언·권고·지도할 수 있고, 국가가 위임한 사무에 관해 교육감을 지휘·감독한다.

중앙선거관리위원회는 이 법에 특별한 규정이 있는 경우를 제외하고는 교육위원 및 교육감 선거의 사무를 통할·관리하며, 하급 선거관리위원회의 위법·부당한 처분을 취소하거나 변경할 수 있다. 교육위원과 교육감의 선거인단은 초·중등교육법의 학교운영위원회 설치 규정(31조)에 따른 학교운영위원회의 위원 전원으로 구성한다.

Section
02 교육제도

유엔교육과학문화기구(UNESCO)와 세계경제개발협력기구(OECD)는 세계 각국의 교육제도를 합리적 기준으로 비교하기 위하여 1997년부터 새로운 세계학제표준분류체제(ISCED: international standard classification of education)를 만들어 적용하고 있다. 종전까지는 7개 단계로 나누어 유치원(level 0), 초등교육(level 1), 전기중등교육(level 2), 후기중등교육(level 3), 초등고등교육(level 5), 정규고등교육(level 6), 전문고등교육(level 7)을 두었으나, 새방식에서는 각국마다 다양한 형태로 존재하는 후속중등교육(non-tietary post-secondary)을 level 4로 신설하고, level 7을 level 6에 통합하였다. 특히 각 단계별로 A, B, C 범주를 두어 인문교육과 직업교육을 세분화하였다.

그런데 이러한 분류체계는 그 명칭이나 개념에 있어서 각국마다 너무나 서로 다른 배경들을 가지고 있어서 통일적 기준을 마련하기가 거의 불가능한 상태에 있다. 우리나라의 경우 대학원 석사과정이 새 분류체제에 따르면 초급고등교육단계 A범주로 분류되어야 하는데, 과연 이러한 기준이 외국과의 비교에 있어서 적절한 준거인지는 논의가 더 이루어져야 한다. 또한 직업교육으로 분류되어 온 개방대학이 대학원까지 갖추고 있어서 이를 인문교육으로 분류하여야 하는지도 불분명하다. 사실상 이러한 논의는 한 나라의 교육제도가 형성되어온 역사적·사회적 배경을 이해하지 않으면 바른 결론에 도달하기가 어렵다.

1. 교육제도의 개념

교육제도는 한 나라의 교육이념을 달성하기 위한 기본적인 틀로서, 각 나라에서는 그 나라의 교육이념과 전통, 역사 속에서 교육제도를 발전시킨다. 교육제도를 통해서 학교교육의 각 단계를 설정하고 단계별 교육목표, 교육기간, 교육내용을 규정한다. 또한 학제는 학교 단계별 교육 간의 접속, 학교교육과 학교 외 교육을 연결시키는 제도적인 장치이다.

교육제도는 일반적으로 학교제도로 이해된다. 교육제도는 어떤 국가나 사회가 그 구성원의 교육을 공적제도를 통해서 실현시키려고 하는 제도이며, 결국 그것은 교육기관의 형태가 어떠해야 하며 교육기관과의 관계가 어떠한가에 대한 규칙이라고 할 수 있다. 인류사 이래 여러 형태의 교육기관이 존재해왔다.

2. 학교제도

일반적으로 학교제도는 학제라고 하며, 국가의 교육이념을 실현하기 위한 제도적인 장치이다. 학제의 운영은 국가의 사회이념을 반영하고 실천한다. 국가의 사회이념은 교육의 대상과 교육의 내용에 따라 구분된다. 교육을 받는 대상에 따라 소수 엘리트로 제한하는 경우와 일반 대중을 대상으로 하는 경우가 있다. 교육의 내용에 있어서 인격의 함양과 같은 일반적인 교육과 각 분야의 전문적인 지식을 가르치는 전문교육으로 구분될 수 있다.

첫째, 귀족주의 사회에서는 소수귀족계급 출신을 대상으로 사회의 지도자로서의 역할을 수행하기 위한 소수정예 일반교육을 시킨다.

둘째, 선발주의 사회에서는 사회의 지도자로서 수행할 개인들을 전문가로 양성시키고자 소수정예지향 전문교육을 실시한다.

셋째, 공리주의 사회에서는 일반 시민의 자녀들을 사회의 여러 직종에 적합한 사람으로 기르기 위한 대중지향 전문교육을 시킨다.

넷째, 민주주의 사회에서는 사회적 지위에 관계 없이 사회의 모든 구성원들을 대상으로 민주사회의 시민으로서 기본적인 소양을 갖출 수 있도록 일반시민교육을 실시한다.

학제의 구조는 수직적 계통성과 수평적 단계성에 따라 구성된다. 계통성은 어떤 교육을 하는가 또는 어떤 계층의 취학자를 대상으로 하는가를 나타내며, 단계성은 어떤 연령층을 대상으로 하는가 또는 어느 정도의 교육단계인가를 나타낸다. 따라서 각급 학교는 계통성과 단계성의 관계를 갖는 학제 속에서 한 위치를 갖게 된다. 학제는 국가의 교육이념을 실현하려는 제도적인 장치로서 학교교육을 단계별로 구분하고, 각 단계의 교육목적과 교육기관, 교육내용을 설정한다. 학제는 또한 수직적으로는 교육단계 간의 접속관계, 수평적으로는 학교교육과 학교 외 교육 간의 연결관계를 규정함으로써 국가의 교육운영을 제도적으로 규정한다.

3. 학교제도의 분류체계와 유형

1) 학교계통과 학교단계

학교계통은 학교제도에서 계열별로 구성된 수직적인 학교 종별, 즉 각종의 학교계열을 의미한다. 이는 계급사회의 복선형 학교계통과 평등사회의 단선형 학교계통으로 구분된다. 학교계열별로는 일반(인문)계 학교계통, 특성화(실업)계 학교계통, 특수교육 학교계통 등이 있다. 학교단계는 여러 가지 유형의 학교들을 수평적으로 구분하는 것을 나타낸다. 이는 학교에 다니고 있는 연령층을 대상으로 하거나 혹은 교육단계에 따라서 구분한다. 학교단계는 일반적으로 취학전 교육, 초등교육, 중등교육, 고등교육으로 구분한다.

2) 기본학제와 특별학제

기본학제는 학제의 주류를 이루는 초등학교, 중학교, 고등학교, 대학 및 대학원 등의 정규학교교육에 대한 제도를 가리키며, 기간학제라고도 불리운다. 특별학제는 기본학제의 보완적 기능을 수행하거나 사회교육의 성격을 지니고 정규학교의 교육과정에 준하는 교육을 실시하는 학교제도를 가리키며, 방계학제라고도 한다. 방계학제에는 방송고등학교, 방송통신대학교, 공민학교, 고등공민학교, 기술학교 등이 포함된다.

우리나라에서는 유아교육에 대한 중요성과 국민들의 관심이 대단히 증대되었으나, 유치원과 보육시설(어린이집)로 나눠지고 관할하는 중앙부서도 교육주무부서와 복지주무부서로 양분되어 오랜 기간 국민의 혈세를 낭비하고 유아교육의 효율성을 저해하고 있다(2017년 현재). 현재 국무총리 산하기구에서 5년간 통합을 논의하고 조율해왔으나, 소위 시간 때우기만 하고 있는 실정이다. 우리나라의 특수성에 비추어 볼 때 하루 빨리 통합을 이루어야 하고 기간학제에 포함되는 것이 바람직하다.

3) 복선제와 단선제 학제의 유형

① 복선제: 이는 상호 관련성을 갖지 않은 두 가지 이상의 학교계통이 병존하면서 학교계통 간의 이동을 인정하지 않는 학교제도이다. 여기서는 단계성보다 계통성이 중시되며, 사회계급과 계층을 재생산한다. 일반적으로 영국, 프랑스 등과 같은 유럽국가에서 발달해 왔다.

② 단선제: 이는 복선형에 반대되는 제도로서 학교계통이 하나뿐인 제도이다. 현실적으로는 순수한 단선형은 존재하지 않으며 공통의 기초학교 위에 수업연한이나 수료자격에 있어서 동등한 복수의 학교나 코스로 분화하는 형태를 취하는 경우가 많다. 여기서는 계통성보다 단계성이 중시된다. 단선형은 미국에서 발달되었다.

③ 분기형: 복선형과 단선형의 중간형태이다. 분기형은 기초학교 부분은 통일되어 전 국민에게 동일한 기초교육을 실시하고, 그 위에 동격이 아닌 복수의 학교계통이 병존하는 형태이다. 독일을 비롯한 서구유럽에서 볼 수 있다.

4. 학제의 주 요건

1) 교육이념의 구현

① 교육의 본질 추구

교육의 수단적인 가치보다는 본질적인 가치를 우선하려는 이념이다. 교육의 본질적인 목표를 실현하기 위해서 개개인이 지니고 있는 잠재적 능력과 적성을 최대한으로 발휘할 수 있도록 개인의 자아실현을 도와주는 것을 의미한다.

② 교육기회의 평등성

이는 교육의 기회와 여건의 평등성을 가리킨다. 즉, 성별, 연령별, 사회계층별, 지역별에 관계 없이 인생의 전 기간에 걸쳐서 교육기회와 여건 등을 균등하게 지속적으로 제공받는 것을 의미한다. 또한 평등교육은 평생교육의 개념과 연결된다. 교육받을 기회와 연한을 인생의 한 시기에 고정화하는 것이 아니고 인생의 전 기간을 통해서 받을 수 있도록 교육기회를 개방한다. 또한 교육이 보편화됨에 따라서 교육기회의 평등은 단지 차별의 금지란 소극적인 의미를 벗어나서 보다 적극적으로 교육에 대한 투입의 평등과 교육결과, 즉 성취도에 대한 평등도 포함된다.

③ 교육체제의 다양화

교육이 개인과 사회의 다양한 요구를 충족시켜 주기 위해서는 학교 프로그램이나 계열을 다양하게 제공해 주는 것을 가리킨다. 특히 진학과 취업을 위해 여러 가지 프로그램을 필요로 하는 중등교육단계에서 학제의 다양성이 중요하다.

④ 교육체제의 개방화

학생이 필요에 따라 언제라도 교육을 받을 수 있도록 평생교육체제를 확립하고, 학생들의 수직적·수평적인 이동을 자유롭게 허용하는 것을 가리킨다. 이러한 열린 학제가 구축되기 위해서는 학교단계 간의 수직적인 연결과 이동이

유연하게 이루어질 수 있어야 한다. 학교단계 간 이동은 학생의 선발제도와 관련된다. 또한 학교단계 내에서의 학교계열 간 이동이나 학교 간의 수평적인 이동인 전학과 전과 등이 자유롭게 이루어질 수 있어야 한다. 교육체제의 개방화는 학생들이 성장하면서 자신의 능력과 적성을 고려하여 학교와 계열을 자유롭게 선택할 수 있게 하며, 교육받는 시기도 학생들의 필요에 따라서 언제라도 가능할 수 있도록 배려하기 위한 것이다.

2) 인간발달과의 적합성

학생의 취학연령과 학교단계의 설정은 학생의 신체적, 인지적, 정서적, 도덕적인 발달수준 등과 적합하게 이루어져야 한다. 또한 아동에 따라 성장에 있어서 개인적인 차이가 나타날 수 있기 때문에 취학연령에 있어서 신축성을 부여할 수 있다. 인간발달이론에 따르면 아동이 성장할 때의 초기경험의 중요성을 강조하고 있다. 따라서 학제에서도 취학 전 교육과 조기교육에 대한 정책적인 배려의 필요성을 제기하고 있다.

3) 사회발전에 기여

① 사회체제와의 적합성

교육은 사회발전에 기여한다. 이는 학제가 사회의 정치, 경제, 사회, 문화 등 제분야의 발전에 적합하도록 제도화됨을 의미한다. 민주적 정치체제의 유지와 발전, 경제발전과 산업구조의 변화에 따른 인력배출과 지식 창출, 사회적 통합, 사고방식 및 생활양식의 질적 향상 등은 사회발전을 위한 교육의 기능이다.

② 사회체제와의 통합성

전통사회에서는 가정이 자녀교육의 중심이었다. 그러나 사회가 산업화되면서 가정 중심의 교육이 가정, 학교, 사회로 분산되었다. 교육의 효과를 가져오기 위해서는 이와 같이 교육의 기능을 담당하고 있는 여러 제도가 상호 협조하여 통합적인 교육을 실시하는 것이 바람직하다.

4) 교육체제의 효율성

이는 학제가 원래의 의도에 충실하여 교육투자의 효과를 제대로 가져오는가를 의미한다. 여기에는 내적 효율성으로서 학교교육에 투입한 자원을 효율적으로 활용하여 교육목적을 달성하고 있는가에 관한 것이고, 외적 효율성으로는 학교교육을 통해서 배출된 인력이 사회발전에 얼마나 기여하고 있는가를 가리킨다.

5. 현행학제의 구조와 문제

현행학제는 1950년대에 6－3－3－4제의 골격을 갖춘 이후 기본 구조는 지난 60여 년간 큰 변화 없이 유지되어 왔다.

1) 기본학제

우리나라의 기본학제는 유치원, 초등학교, 중학교, 고등학교, 대학으로 이어지는 정규학교 교육제도이다.

① 유치원

유치원은 취학 전 교육으로서 “유아를 교육하고 유아에게 알맞은 교육환경을 제공하여 심신의 조화로운 발달을 조장하는 것을 목적으로 한다.” 유치원에 취학할 수 있는 자격은 만 3세부터 초등학교 취학시기 전까지의 유아이다.

② 초등학교

초등학교는 “국민생활에 필요한 기초적인 초등교육을 하는 것을 목적”으로 하며, 기초학교인 동시에 의무교육기관으로서의 성격을 지닌다. 초등학교의 수업년한은 6년이다.

③ 중학교

중학교는 "초등학교에서 받은 교육의 기초 위에 중등교육을 하는 것을 목적"으로 한다. 중학교는 전기 중등교육기관으로서 현재 의무교육기관으로 규정되어 있다. 수업년한은 3년이다.

④ 고등학교

고등학교는 "중학교에서 받은 교육의 기초 위에 중등교육 및 기초적인 전문교육을 하는 것을 목적으로 한다." 고등학교는 중간학교로서의 고등보통교육과 종국학교로서의 전문교육을 실시하는 후기 중등교육기관으로서의 이중성격을 갖는다. 고등학교는 보통교육을 주로 담당하는 인문계 고등학교와 전문실업교육을 주로 담당하는 실업계 고등학교가 있다. 이 양자의 기능을 모두 담당하는 종합고등학교가 있다. 고등학교의 수업년한은 3년이다.

⑤ 고등교육기관

우리나라의 고등교육기관에는 대학교, 교육대학교, 전문대학, 산업대학, 방송대학교, 기술대학, 각종학교 등이 있다. 이 중에서 기본학제에 포함되는 고등교육기관은 대학교, 교육대학교, 전문대학이다. 대학은 "인격을 도야하고, 국가와 인류사회의 발전에 필요한 학술의 심오한 이론과 그 응용방법을 교수·연구하며, 국가와 인류사회에 공헌함을 목적"으로 설치 운영된다. 대학의 수업연한은 4년에서 6년이다. 대학에는 석·박사 학위과정을 제공하는 대학원이 설치 운영된다. 교육대학은 "초등학교의 교원을 양성함을 목적"으로 하며 사범대학은 "중등학교의 교원을 양성함을 목적"으로 설치 운영된다. 전문대학은 "사회 각 분야에 관한 전문적인 지식과 이론을 교수·연구하고 재능을 연마하며 국가사회의 발전에 필요한 중견 직업인을 양성함을 목적"으로 한다. 일반대학교와 전문대학교의 수업연한은 2년 내지 4년으로 수업연한에 의한 경계는 허물어졌으며, 산업대학교 역시 일반대학교와 구분이 애매모호해졌다.

2) 특별학제

특별학제는 기본학제의 보완적 기능을 수행하거나 사회교육의 성격을 지니고, 정규학교의 교육과정에 준하는 교육을 실시하는 학제를 가리킨다. 현행 특별학제에 속하는 학교로서는 초등학교과정으로 공민학교, 중학교 과정으로 고등공민학교와 근로청소년을 위한 특별학급이 있다. 고등학교 과정으로는 방송통신고등학교, 근로청소년을 위한 특별학급, 고등기술학교가 있다. 고등교육기관으로는 산업대학, 방송통신대학교, 기술대학이 있다. 이외에 특수학교가 설치되어 "신체적·정신적·지적장애 등으로 인하여 특수교육을 필요로 하는 자에게 유치원·초등학교·중학교 또는 고등학교에 준하는 교육과 실생활에 필요한 지식·기능 및 사회적응교육을 하는 것을 목적"으로 운영된다.

3) 학교 외 교육제도

앞에서 설명된 교육기관 외에 정부부처 산하에서 설치 운영하는 교육기관이 있다. 여기에는 한국과학기술원, 기능대학, 경찰대학, 세무대학, 삼군사관학교 등이 있다. 또한 정부 각 부처에서 실시하는 연수원, 훈련원이 설치 운영되고 있다. 이와 함께 각종 민간단체 및 기업체에서 실시하는 각종 사내교육 및 연수교육이 있다.

4) 현행학제의 문제

현행학제는 대학진학을 둘러싸고 과외의 확산과 사교육비의 증대가 주된 문제이다. 이 외에도 유치원교육의 보편화에 따라 취학 전 교육의 공교육화와 이에 따른 초등교육연한의 적절성 등의 문제도 새롭게 대두되고 있다. 현행학제의 주요 문제는 교육의 본질적인 목표달성 미흡, 경직성, 개방성 미흡, 다양화 미흡, 비효율성, 비연계성 등으로 요약된다(윤정일 등, 1998; 이원호·박병량·주철안, 1996).

① 교육의 본질적인 목표달성 미흡

우리나라 학제는 획일적인 교육운영 위주로 이루어져 왔으며, 학생 개개인의 능력계발을 소홀히 해왔다. 특히 대학진학을 목표로 하는 하급학교의 입시위주 교육은 교육의 황폐화를 촉진시켜 학생의 전인적인 능력의 함양보다는 지식위주의 교육에 치중되어 있다. 이로 인해 학생의 지적, 정서적, 도덕적 발달이 이루어지지 못하여 교육의 본질적인 목표달성을 어렵게 만들고 있다.

② 교육체제의 경직성

현행학제는 개인의 능력차에 따른 교육을 충분히 실시하지 못하고 있다. 학생의 진급과 관련해서는 우수한 영재학생을 위한 월반제도가 확립되어 있지 않다. 반면에 학습부진아를 위한 유급제도가 정착되어 있지 않고 모든 학생이 매년 일제히 진급하기 때문에 학습부진아들의 학습결손이 심화된다. 이외에도 학교 학년제의 고정으로 인해 농어촌 지역의 소규모 학교나 도시의 과대규모 학교에서 학생들에 대한 교수–학습활동에 있어서 효과적으로 대처하지 못한다. 교육내용과 방법면에서 선택교육과정, 진급, 졸업, 전학 등에서 탄력적으로 이루어져야 할 것이다.

③ 교육체제의 개방성 미흡

학생이 필요에 따라 자유롭게 종적으로 또는 횡적으로 이동하는 데 있어서 제도적인 장애가 아직도 많이 남아있다. 1990년대 중반 이후에 열린교육체제를 지향하여 학교 간의 편입학, 전학에 대해 긍정적으로 개선되고 있지만 아직도 학생의 수평적인 이동에는 어려움이 많다. 또한 기본학제와 특별학제 간의 기능적인 상호연결이 부족하여 특별학제에 소속된 학생들이 기본학제에 진입하기는 쉽지 않은 실정이다.

④ 교육체제의 다양화 미흡

사회의 다양화에 비추어 학생과 학부모들의 교육프로그램 및 교육내용에 대한 다양화가 증가되고 있다. 이에 따라 선진국에서도 후기 중등교육단계에서 학생의 흥미와 적성에 따라 다양한 교육과정을 제공할 수 있는 교육기관의 설립에 주력하고 있다. 우리나라에서도 실업계 고등학교의 경우 사회의 필요에 따라 새로운 학과의 신설이 탄력성 있게 이루어져야 할 것이다.

⑤ 교육체제의 비효율성

각급 학교의 교육적 요구에 따른 교육연한의 적절성에 대한 재검토가 필요하다. 특히 취학 전 교육과 초등교육 간의 연결을 통해 초등교육연한을 적절하게 단축할 수도 있다. 또한 대학에 진학하기 위한 입시준비에 따른 학부모들의 사교육비 부담이 과중하다. 이외에도 진로결정이 늦게 이루어지고 있으며 일반계 학생뿐 아니라 실업계 학생들도 고등교육기관에 진학하기를 희망하는 등의 이유로 약화된 실업계 고교의 기능을 강화하는 것이 우선적으로 이루어져야 할 것이다.

⑥ 사회체제와의 비연계성과 교육기관과의 협력 미흡

정규교육기관과 사회교육기관들과의 연계성이 부족하고 서로 단절되어 운영되기 때문에 지역사회 내에서 교육의 성과를 충분히 얻지 못하고 있다. 또한 학교 간 협력관계가 체계적으로 확립되어 있지 않기 때문에 대학 간 전학과 같은 학생이동이 불가능하다.

⑦ 근로청소년에 대한 교육체제 미흡

근로청소년들의 직업과 학업을 효과적으로 연결시킬 수 있는 교육제도가 결여되고 있다. 1990년대 중반에 들어서는 우리나라 학제의 이러한 문제점을 감안하여 열린학습사회를 지향하기 위해 독학학위제도, 학점누적제, 대학의 편입학제 개선 등 다양한 학제개선 방안들을 도입하고 있다.

우리나라의 교육제도는 해방 이후 기본구조가 큰 변화 없이 유지되어 왔다. 그러나 교육인구가 급격히 증가되고 국민들의 교육에 대한 다양한 욕구가 분출되며, 교육에 영향을 주는 정치, 경제, 사회 등 여러 측면에서 많은 변화와 발전이 이루어지고 있다. 이런 환경적 변화에 따라 우리나라의 학제도 발전되어야 한다.

Section 03 교육행정체제

대부분의 나라에서 교육행정의 체제는 크게 중앙교육행정조직과 지방교육행정조직으로 구성되어 있다. 이 중에서 중앙교육행정은 지방교육행정과 대조되는 개념으로 나라마다 차이는 있겠지만, 지방교육의 상위체계라고 할 수 있다. 우리나라의 교육행정조직 역시 중앙교육행정조직과 지방교육행정조직으로 구성된다. 우리나라의 중앙교육행정조직은 교육부를 중심기구로 하여 역할을 수행하고 있다. 지방교육행정조직으로는 지방교육자치를 기본으로 하여 교육위원회, 교육감, 시·도교육청, 시·군·구교육청이 중요한 기능을 담당하고 있다. 일반적으로 중앙의 교육행정기관은 교육관계 법규의 입안, 제반 교육정책과 예산의 결정, 교육과정과 교과서의 행정, 고등교육기관의 관장, 교육에 관한 전국적 최저 기준의 설정, 재정확보와 지원, 교육에 관한 조사·통계·분석 및 연구 등의 업무를 맡는다. 지방교육행정기관은 교육감의 책임 하에 시·도 교육·학예 사무와 교육장의 업무조정 및 고등학교를 관장하며, 교육장은 유치원·초·중학교를 관장한다.

1. 중앙교육행정조직

1) 중앙교육행정조직의 변천

중앙교육행정조직이란 중앙정부에서 교육행정을 담당하는 기관의 조직으로 지방교육행정조직이나 학교행정조직과 연계되는 개념이다. 중앙의 교육행정조직은 교육관련 부처가 중심이지만 대통령과 국무회의 및 국무총리도 포함시켜야 한다. 행정기구적인 측면에서 교육관련 부처는 헌법과 정부조직법에서 규정한 국가행정조직체제의 한 하위체제이기 때문이다. 따라서 교육행정에 관한 행정권은 대통령 → 국무총리 → 국무회의 → 교육관련 부처장관의 체계를 통하여 행사되고 있으므로, 중앙행정조직에서 대통령과 국무총리 및 국무회의를 먼저 고찰해야 한다.

① 대통령: 대통령은 부총리 겸 교육관련 부처장관을 지휘·감독하고, 교육에 관한 대통령령을 발포하며, 주요 교육공무원을 임명한다. 국무회의의 의장으로서 교육정책 수립과정에 영향력을 행사한다.

② 국무총리: 국무총리는 국무회의의 부의장으로서 국무회의를 통해서 교육관련 부처에 영향권을 행사할 수 있을 뿐만 아니라, 대통령을 보좌하고 행정에 관하여 대통령의 명을 받아 행정 각부를 통할하는 권한도 가지고 있다. 2017년 현재 국민적 관심사인 유치원과 보육시설의 통합을 위한 기구도 관장하고 있다.

③ 국무회의: 국무회의는 대통령·국무총리와 장관급 등 국무위원으로 구성된다. 의장은 대통령이며 부의장은 국무총리이다. 국무회의는 정부의 권한에 속하는 중요한 정책을 심의하는 기관으로 행정에 관한 최고심의기관이다.

④ 교육관련 부처: 중앙교육행정조직의 핵심은 교육관련 부처이며, 문교부로 시작된 부처의 이름은 최근 정권이 바뀔 때마다 교육부, 교육인적자원부, 교육과학기술부, 다시 교육부 등으로 명칭이 바뀌어 왔고, 정보산업기술의 발전에 따라 그 기능도 확장·심화되는 추세이다. 교육관련 부처는 교

육행정의 중추적 기능을 담당하며 교육관계 법령과 대통령의 지시·명령 및 국무회의의 결정에 따라 국가의 교육에 관한 정책을 입안하고 집행하는 최고의 교육행정기관이다. 2000년 12월 27일 정부조직법개정 이후 교육관련 부처 장관은 부총리로 승격되었다.

2. 지방교육행정조직

우리나라의 현행 교육자치제도의 조직형태는 특별시와 광역시·도 등 광역 자치단체에만 교육청과 교육위원회를 두는 대교육구제라 볼 수 있다. 교육위원회는 각 시·도의 교육행정을 독자적으로 수행해나가는 중추적 기관으로 교육·학예에 관한 주요 사항을 심의·의결하는 의결기관이다. 의장은 교육위원 중에서 무기명으로 선출한다. 교육위원과 교육감은 주민들의 직접·보통·평등·비밀 선거로 선출하며 임기는 4년이다. 이러한 현행 자치제도는 종전의 제도에 비해 형식적으로는 발전된 측면이 있지만, 현행 제도 역시 지방의회의 통제로부터 자유롭지 않은데다, 대통령이 임명하는 부교육감제와 교육관련 부처 장관에게 부여된 지휘감독권 및 시정명령권 때문에 여전히 중앙에 의해 통제될 소지를 안고 있다는 점에서 완벽한 교육자치를 구현이라고 보기엔 논란이 있다.

① 교육감: 시·도의 교육·학예에 관한 사무의 집행 권한을 가진다.
② 부교육감: 교육감 소속 하에 국가공무원으로 보하는 부교육감 1인(인구 800만 명 이상이고 학생 170만 명 이상인 시·도는 2인)을 두되, 대통령령이 정하는 바에 따라 고위공무원단에 속하는 일반직공무원 또는 장학관으로 보한다.
③ 교육지원청: 각 특별시·광역시·또는 교육·학예에 관한 사무를 분장하기 위하여 1개 또는 2개 이상의 시·군 및 자치구를 관할구역으로 하는 하급교육행정기관으로서 교육지원청을 둔다.

교육조직행정

모든 행정은 조직을 전제로 이루어지는 것이다. 바람직한 행정을 추구하기 위해서는 조직현상을 체계적이고 종합적으로 이해하는 것이 필요하다.

1. 조직의 개념

인간은 사회적 동물이며 조직 속에서 태어나 조직에 의해 사회화되고 조직의 일원으로 살아가는 데 일생을 소요한다. 학교, 기업, 정부, 지방정부 등의 조직들이 모여 사회를 이루며, 조직 속의 인간들은 더욱 긴밀한 관계로 상호 묶여지게 되었다. 교육행정도 조직을 통하여 과업을 수행해나가고 있으며, 구성원 상호간의 협동적 노력을 조정·통제해 나가고 있기 때문에 조직에 관한 이해는 필수적이다.

세상에는 다양한 조직들이 존재하며 그러한 다양함으로 인해 이러한 조직에 대한 정의를 내리는 일조차 쉽지 않다. 조직에 대한 정의는 조직을 연구하는 사람들의 조직관에 따라 다르다. 그러나 서로 다른 표현을 하고 있음에도 기본적인 공통점을 추출할 수가 있다. 여기서는 그러한 조직관에 대해서 알아보고 조직의 본질적 의미를 이해하고자 한다.

버나드(Barnard)는 구성원에 초점을 맞추어 “조직이란 두 사람 이상의 힘 또는 활동이 의식적으로 조정되는 체제라고 정의”하고 조직의 구성요소로서 의사소통, 봉사, 협동하려는 의지, 공동목적을 제시하였다. 이러한 조직이 지속되려면 대내·외적인 균형 및 효과성과 효율성이 유지되어야 한다고 주장하였다.

캠벨(Campbell)은 “주어진 상황에서 일정한 목표를 달성하기 위하여 함께 일하는 사람들의 집단”으로 정의하고, 그 요소로는 목표, 기술, 분업, 권력구조, 환경 등을 들었다.

에치오니(Etzioni)는 “특정의 목적을 성취하기 위하여 의식적으로 구성되고 재구성되는 사회적 단위”라고 정의하고, 다른 사회적 단위와 구별되는 조직의 특성으로는 업무권한 및 책임의 분담, 조직구성원의 행위를 목표지향적으로 규정하는 권력중심체의 존재, 구성원의 교체가능성 등 세 가지를 들었다.

가우스(Gaus)는 “기능과 책임의 분담을 통해 합의된 목적 달성을 효율화하기 위한 인적 배치”라 정의하고, 그 요소로 공동의 목표, 책임과 업무의 분담,

협력관계를 들었다.

캇츠(Katz)와 칸(Kan)은 "사회체제의 한 요소로 보고 생산활동을 위한 생산구조와 생산지원 구조, 공식적 역할구조, 통제와 관리기능을 발휘하는 권한의 구조, 통제 및 관리구조로서의 규제장치와 적응구조를 지니는 것"으로 보았다.

윤정일은 조직이란 "둘 이상의 사람들이 일정한 목표를 추구하기 위하여 의식적으로 구성한 사회체제로서 목표달성을 위한 특정과업, 역할, 권한, 의사소통, 지원구조 등을 갖는 체제"라고 정의할 수 있을 것이다.

지금까지 살펴본 조직개념들을 통해서 알 수 있는 조직의 특징들을 종합하면 다음과 같다.

① 조직은 공동목표를 위해 존재한다. 이러한 공동목표는 구성원의 노력을 통합시킨다.
② 조직은 목표를 합리적으로 달성하기 위해 구성원이 상호협력한다.
③ 조직 내에서 분화와 통합에 관한 공식적인 구조와 과정이 있으며, 반드시 비공식적 또는 자생적 관계가 형성된다.
④ 조직은 구성원의 행동을 조정·통제하기 위한 규범이나 규정을 가진다.
⑤ 조직은 개방체제로써 환경과 영향을 주고받으며 상호작용을 한다.

2. 조직의 종류

조직의 특성이나 형태에 따라 조직을 분류하면 ① 조직의 발생양상에 따라 공식적 조직과 비공식적 조직, ② 권한관계와 업무수행 계통에 따라 계선조직과 참모조직, ③ 조직의 권한위양 정도에 따라 집권조직, 분권조직, ④ 조직의 권한 역할 배분에 따라 수직조직과 수평조직으로 나눌 수 있다.

1) 공식조직과 비공식조직

모든 조직은 공식조직과 더불어 비공식조직을 가지고 있다.

조직의 발생원인이 인위적인가 아니면 자생적인가에 따라 공식조직과 비공식조직으로 구분된다. 공식조직(formal organization)은 인위적 조직으로서 구성원들이 추구하는 공동목표가 있고, 공적인 목표를 추구하기 위한 공식적 의사통로가 있으며 권한의 배분이 이루어진 조직이다. 공식적 조직은 직제·규정에 따라 권한과 계층이 확립되고 업무가 분담·조정되는 등 목표달성을 위하여 구성원 간의 상호작용이 예정되어 있는 조직이다. 비공식조직(informal organization)이란 공식조직의 내부에 자연발생적으로 생기는 조직으로서 공식조직에서 충족되지 못한 여러 가지 사회·심리적 욕구를 수행하며 공식조직에도 중요한 영향을 미친다.

공식조직과 비공식조직의 특징을 비교해 보면 다음과 같다.

① 공식조직이 일정한 목적달성을 위하여 의도적·계획적으로 구성된데 비해, 비공식조직은 조직원 상호간의 개인적 접촉과 특수한 인간관계를 통해 이루어진 자연발생적·비형식적 조직이다.

② 공식조직은 이성의 논리에 바탕을 두는 반면, 비공식조직은 감정의 논리에 바탕을 둔다.

③ 공식조직은 전체적인 질서를 부여하며 외향적인데 비해, 비공식조직은 부분적인 질서를 이루고 있으며 내면적이다.

비공식조직은 비형식적이고 자연발생적이라는 면에서 조직형태가 불명확, 불안정하지만 공식조직원의 사기와 생산성에 깊게 영향을 미치고 있음은 자명한 사실이다. 비공식조직이 발생되는 근거로 들 수 있는 것은 공식조직원의 사기와 생산성에 깊게 영향을 미치고 있음은 분명한 사실이다. 비공식조직이 발생되는 근거는 ① 사회적 동물로서의 인간은 본능적이고 감정적인 면을 가지고 있어서 이를 표현하고 싶어하며, ② 선천적으로 자기와 유사한 것을 추구하는 경향이 있으며, ③ 인간은 자기 모습을 드러내고 타인에게서 인정받으려는 자아발현적 욕구가 있고, ④ 일상적인 업무의 단조로움에서 벗어나 권태와 무료를 달래기 위해서이다.

2) 계선조직과 참모조직

모든 행정조직은 집행을 담당하는 계선조직과 기획, 기타 보조적인 서비스를 제공하는 막료조직이 있다. 계선조직은 조직의 의사결정, 명령, 집행에 대한 권한과 책임을 맡은 중추기관이다. 이에 대해서 막료조직은 목표달성에 대한 직접적 권한과 책임은 없지만, 계선의 기능을 원활하게 수행하도록 정보, 지식, 기술을 제공하며 계선을 보호해주는 역할을 한다. 막료조직이 주로 다루는 업무는 기획, 정보, 인사, 예산, 서무, 통계 등을 들 수 있다.

3. 조직의 유형

유형론은 공통된 특징을 가진 조직을 묶어서 유형화함으로써 다양한 조직의 성격을 여러 유형으로 분류해보려는 데 취지가 있다. 학교조직을 이해하기 위해서 여러 가지 유형분류이론을 소개하면 다음과 같다.

1) 조직의 기능에 따른 분류

사람은 인체 내 모든 기관들이 상호유기적인 기능을 각기 수행함으로써 생명을 유지시켜 나간다. 이와 마찬가지로 사회를 유지하고 있는 갖가지 기능이 다른 조직들이 상호의존하면서 사회의 안녕과 발전을 도모하고 있다.

파슨즈(T. Parsons)는 조직의 목표 및 사회에 대한 기능을 기준으로 생산조직, 정치적·목표지향적 조직, 통합조직, 유형유지조직 등 4가지로 분류하였다.

첫째, 생산조직은 일차적인 기능으로 사회가 소비하는 재화나 용역 등을 생산하는 조직을 말한다.

둘째, 정치적·목표지향적 조직은 사회내부에 정치권력을 배분하고 사회를 통하여 부여된 가치적 목표를 획득할 수 있도록 하는 조직을 말한다.

셋째, 통합조직은 조직의 제도화된 기대를 실현하도록 갈등을 해소하고, 구성원들의 동기를 유발하며 전체적으로 구성원들의 활동을 통합하는 조직을 말한다.

넷째, 유형유지조직은 사회의 계속성과 안정성을 유지하는 기능으로, 그것을 교육, 문화, 표현 등의 행동을 통하여 이루려는 조직을 말한다.

캇츠와 칸(Katz & Kahn, 1978)은 모든 조직들은 주요한 기능을 가지고 있다고 전제하고, 조직의 기능에 근거하여 조직을 다음과 같이 4가지로 유형화하였다.

① 생산 또는 경제조직(productive or economic organization): 이 조직은 사회의 부를 창출하고 재화를 생산하며 용역을 제공한다. 이러한 조직들은 의·식·주 등에 관한 인간의 가장 기본적인 욕구를 충족시키는 산출을 제공함으로써 사회 전체에 통합의 수단을 제공한다. 일반기업 등의 산업체조직이 여기에 속한다.

② 유지조직(maintenance organization): 이 조직들은 사회생활과 조직생활에서 각 개인이 맡아야 할 각자의 역할을 감당할 수 있도록 사람들을 사회화시키는 기능을 수행한다. 학교나 교회 등이 이에 속한다.

③ 적응조직(adaptive organization): 이 조직들은 새로운 지식을 창출하고 이론을 구성·검증하며, 어느 정도까지는 실제문제에 이를 적용하는 기능도 맡는다. 각종 과학연구소, 연구원, 대학부설연구소 등이 이러한 기능을 수행한다.

④ 관리적 또는 정치적 조직(managerial or political organization): 이 조직들은 인적·물적자원 및 하위체제에 대한 통제, 조정, 재결(裁決)을 하는 기능을 수행한다. 이러한 조직들의 정점에는 국가가 있다. 국가는 사회의 주된 권력구조인 것이다. 여러 가지 정부조직들이 이 유형에 속한다.

파슨즈(Parsons) 그리고 캇츠와 칸(Katz & Kahn)의 분류기능에 따른 4가지 유형들은 각기 중요한 과업을 가지고 있으나 다음의 문제점들도 지적받는다. 파슨즈의 분류는 조직사회의 기능을 강조한 나머지 조직현실이 목적과 기능을 동시에 복합적으로 수행한다는 점, 조직 자체의 내부구조에 대한 설명이 미흡하다는 지적을 받고 있다. 캇츠와 칸의 유형은 때로는 어떤 조직유형은 다른 유형의 영역에 부차적인 공헌을 하기도 한다. 즉, 조직유형 간에 중첩이 많고 모호한 점이 있다. 학교조직을 예로 들자면, 학교는 유지조직이면서 적응조직을 유지하는 일에 주력하면서도 때로는 이차적으로 사회규범을 바꾸도록 하기도 한다.

2) 조직 수혜자에 의한 분류

블라우(P. M. Blau)와 스콧(W. R. Scott)의 조직유형은 산출의 주요 수익자가 누구냐에 따른 분류이다. 그들은 조직과 관계하는 사람들을 4가지 범주로 분류하고, 조직이 운영됨으로써 그 조직으로부터 받을 수 있는 수혜(受惠)의 관점에서 조직을 다음과 같이 유형화하였다.

① 호혜조직: 호혜조직의 주된 수혜자는 조직의 참여자 혹은 조직의 구성원으로, 이러한 조직의 예로서 노동조합, 공제조합, 교원단체, 전문가협회, 종교단체, 정당 등을 들 수 있다.
② 사업조직: 사업조직에서 가장 큰 이득을 보는 사람은 조직의 소유주이며, 제조공장, 무역회사, 금융기관 등 주로 이윤을 목적으로 하는 사기업체(私企業體)가 여기에 속한다.
③ 봉사조직: 봉사조직으로부터 가장 큰 혜택을 받는 사람은 고객들로서, 학교, 사회복지기관, 법률상담소 등 조직의 기본 기능이 고객에게 봉사를 제공하는 조직이다.
④ 공공복리조직: 공공복리의 뚜렷한 특성은 일반대중 전체가 그 조직의 주요 수혜자라는 점이다. 군대, 경찰, 소방서, 국세청, 조사연구기관 등이 이러한 유형의 조직에 해당된다.

블라우(Blau)와 스콧(Scott)은 이 4가지 유형의 조직들은 각각 다음과 같은 어려운 문제에 직면하게 된다고 지적하였다.

호혜조직이 안고 있는 가장 큰 문제는 조직의 구성원들이 조직운영에 참여하여 조직이 자기들에 의해서 통제될 수 있다는 조직관리의 내적 민주화 과정을 어떻게 마련하고 유지할 것이냐 하는 것이다. 이런 문제가 제기되는 한 원인으로 조직에 대한 구성원들의 무관심을 지적할 수 있다. 특히 조직에 대한 구성원들의 냉담한 반응은 조직운영을 일부 극소수의 구성원에게 내맡기는 결과를 초래하게 되고, 결국 이러한 조직은 민주적 통제 대신에 조직의 능률만을 강조하는 공식적인 행정구조로 전환되어 발전하게 된다.

사업조직의 최대목표는 이윤추구에 있다. 그렇기 때문에 사업조직이 당면하게 되는 문제는 치열한 국내외 경쟁시장에서 살아남을 뿐만 아니라 더욱 발전하기 위해서, 어떻게 하면 효율적인 관리를 하여 최소의 경비로 최대의 이윤을 올리느냐 하는 것이다.

봉사조직의 중요한 문제는 전문적인 봉사를 제공하는 문제와 관련된다. 왜냐하면 고객의 복지가 이 조직의 주된 관심사가 되기 때문이다. 따라서 학교가 제공하는 봉사의 수혜자는 학생들이며, 교사나 행정책임자 혹은 학부모는 아니다. 그러나 블라우(Blau)와 스콧(Scott)은 이 조직에 있어서 고객은 대체로 어떤 것이 그의 이익에 최선이 되는지를 잘 모르기 때문에 상처받기 쉽고 이용당하기 쉬우므로 전문가의 성실성(integrity)에 의존할 수밖에 없다고 했다.

공공복리조직에 있어서 문제점은 이 조직의 수혜자인 일반대중이 어떻게 이 조직을 통제하는 수단을 가질 수 있느냐 하는 것이다. 왜냐하면 이 조직의 내부운영이 능률적이어야 한다는 점을 구실로 외부에 의한 민주적 통제의 문제가 관료적인 통제로 되는 경향이 있기 때문이다. 따라서 이 조직에서는 능률장치와 일반대중에 의한 민주적 통제방식 간에 균형을 유지해야만 한다.

이러한 블라우(Blau)와 스콧(Scott)의 봉사조직을 학교상황에 적용할 때, 학교행정가들은 다음과 같은 사실에 주의해야만 한다.

첫째, 교사나 학교행정가들이 자기 자신들의 지위나 행정적인 문제에 사로잡혀 학생들의 복지를 소홀히 해서는 안 된다는 사실이다. 예를 들면, 학생들에 대한 처벌은 보다 큰 교육목적을 달성하기 위한 수단으로써만 사용되어야 하며, 처벌 그 자체가 목적이 될 때 학생들의 복지는 이루어질 수 없게 된다.

둘째, 학교행정가들은 학교가 베풀 수 있는 교육적인 봉사의 본질을 결정하는 데 있어서 그 결정권을 학생들에게 넘겨주어서는 안 된다는 사실이다. 여기에서도 캇츠(Katz)와 카안(Kahn)의 조직유형에서와 같이 학교행정가들은 상반된 요구들 간에 정교한 균형을 취해 나갈 것이 요청된다고 하겠다. 따라서 교사나 학교행정가들은 호혜조직과 봉사조직 간에 생겨날 수 있는 갈등을 경험하게 된다. 왜냐하면 이들은 학교라는 봉사조직에 봉직하면서 동시에 한국교원단체총연합회와 같은 호혜조직에도 관여하기 때문이다.

3) 조직 권력행사에 의한 분류

에치오니(A. Etzioni)는 조직이 이용하는 구성원의 통제수단(統制手段)을 세 가지의 분석적 범주로 나누어 물리적·물질적·상징적인 것이 있다고 하였다. 그리고 물리적 수단의 적용에 입각한 통제는 강제적(coercive) 권력이고, 통제목적을 위한 물질적 수단의 사용은 보상적(remunerative) 권력이며, 통제목적을 위한 상징의 사용은 규범적(normative) 권력이라 분류하고, 이 3가지 종류의 권력에 근거하여 조직을 유형화하였다.

강제적 권력은 본질적으로 조직의 구성원들이 확실히 명령에 따르도록 하기 위하여 가능한 한 물리적 힘에 의존한다. 그래서 복종하지 않는 자에 대하여 육체적 고통을 가할 수 있는 권한이 이와 같은 종류의 권력을 행사하는 데 바탕이 된다. 정도의 차이는 있겠지만 물리적 수단을 이용하는 조직의 예로 강제수용소와 감금을 요하는 정신병원 등을 들 수 있다.

보상적 권력은 물질적 자원의 조직(組織)에 근거하고 있다. 조직의 구성원들의 복종은 조직이 그 구성원들이 갈망하는 재화와 같은 물질을 통제하기 때문에 확보되고 있다. 그래서 임금과 봉급에 기초를 둔 보수제도(報酬制度)가 이러한 종류의 권력을 구성해준다. 일반 사기업 조직은 전형적으로 보수에 의한 통제에 바탕을 두고 있는 조직이다.

규범적 권력은 상징(象徵)적 보상이나 제재를 통해서 구성원들을 통제하는 것이다. 상징적 보상의 예로는 위신이나 존경과 같은 규범적 상징과 애정이나 수용, 칭찬과 같은 사회적 상징이 있으며, 제재로는 비난, 배척, 지위의 박탈, 낮은 고가점수 등을 취할 수 있다. 이것들은 타인으로부터 복종을 유발하는 데 이용될 수 있다. 이와 같은 종류의 권력은 종교조직과 학교조직 및 자발적인 결사조직(結社組織)에서 볼 수 있다.

에치오니(Etzioni)는 이들 3가지 권력에 다시 3종류의 참여(參與; involvement), 즉 소외적·타산적·도덕적 참여를 제시하였다. 복종관계의 유형(a typology of compliance relations)은 표 5-1과 같다.

표 5-1에서 보는 바와 같이 3종류의 권력과 3종류의 참여를 혼합하면 9개의 조직유형이 나타날 수 있다. 여기서 강제적 조직(1)과 보상적 조직(5), 규범적 조직(9)이 전형적인 유형이면, 나머지 6가지는 이론적으로는 가능하나 권력과 참여가 불일치하는 부적합한 조직유형으로 보았다. 에치오니(Etzioni)는 적합한 복종의 구조를 갖고 있는 조직들은 적합하지 못한 구조에서 발생하는 긴장 때문에 고통을 겪고 있는 조직들보다 훨씬 효과적일 것이라고 주장한다.

표 5-1 복종관계의 유형

	소외적 참여	타산적 참여	도덕적 참여
강제적 권력	1 강제적 조직	2	3
보상적 권력	4	5 보상적(공리적) 조직	6
규범적 권력	7	8	9 (규범적 조직)

① 강제적 조직: 주로 강제적인 권력을 사용하여 조직이 구성원들의 명령에 따르도록 함으로써 대부분의 구성원이 소외의식을 지니고 있는 조직이다. 예컨대 형무소나 포로수용소 등이 여기에 속한다.

② 공리적(보상적) 조직: 보수(報酬)를 주된 통제의 수단으로 하는 조직으로 구성원의 대부분이 보수에 따라 타산적으로 관여한다. 기업체나 경제단체 등이 여기 속한다.

③ 규범적 조직: 상징적·도덕적 가치가 주요 수단이 되는 조직으로 위신이나 존경, 애정, 신념, 사명감 등을 중시함으로써 구성원들에게 높은 귀속감을 지니게 하는 학교나 종교기관이 여기에 속한다. 특히 학교조직의 경우 통제의 기초로서 강제나 보수(報酬)보다는 상징적 보상을 사용할 때에 가장 유효하게 기능한다는 것을 의미한다.

4) 고객선발에 의한 분류

칼슨(R. O. Carlson)은 고객선발(顧客選拔) 방법이 봉사조직의 내적 기능에 중요한 함축적인 의미를 지닌다고 믿고, 고객선발에 따라 봉사조직에 대한 새로운 유형을 만들었다. 경우에 따라 고객이 참여할 곳을 선택하는 수도 있고, 고객이 선택할 여지가 없는 경우도 있다. 이와 같은 관계가 조직에서도 적용된다. 고객과 마찬가지로 조직도 조직에 의해서 고객이 선발될 수도 있고, 그렇지 않은 경우도 있다는 것이다.

칼슨(Carlson)은 고객이 조직에의 참여여부를 선택할 수 있는 경우와 없는 경우로 구분하고, 또 조직이 고객을 선발할 수 있는 경우와 없는 경우로 나누어서 표 5-2와 같이 유형화하였다.

표 5-2 칼슨의 고객선발에 의한 분류

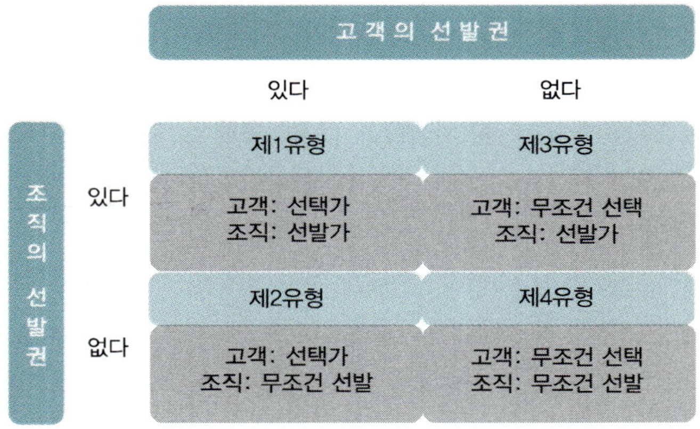

자료: Richard O. Carlson(1964). Environmental Constraints and Organizational Consequences: The Public school and its Clients. In D. E. Griffiths(ed.) Behavioral Science and Educational Administration. The Sixty-third Yearbook of NSSE, Part Ⅱ, Chicago Press, p. 265.

표 5-2에서는 고객의 의견을 수평축으로 나타냈고, 조직의 의견을 수직축으로 나타냈다.

① 제1유형: 조직이 고객을 선발하기도 하고 고객이 조직을 선택하기도 한다. 즉, 조직과 고객은 고객선발과 조직에의 참여 여부를 각각 독자적으로 결정한다. 이러한 조직의 예로써 사립대학, 사립의료시설, 일반 복지후생기관 등을 들 수 있다. 우리나라의 경우는 국·공립대학도 이 유형에 포함시킬 수 있다. 칼슨은 제1유형의 조직을 야생조직(wild organization)이라 하였는데, 그 이유는 조직이 생존하기 위하여 동일유형의 조직들 간에 치열한 생존경쟁을 벌여야만 하기 때문인 것이다. 다시 말하면 이 조직들은 충분한 고객들을 확보하지 않으면 살아남을 수 없다. 이 유형에 속하는 조직들은 지속적인 고객확보가 보장되어 있지 않기 때문에 이러한 조직이 제공하는 봉사의 질은 생존을 위해 절대적으로 중요하다.

② 제2유형: 조직이 고객을 선발하지 않을 수 없는 반면, 고객은 조직을 선택할 수 있는 것이다. 고객의 조직참여는 고객의 재량에 달려있다. 이러한 조직은 미국의 경우 모든 고졸 지원생을 받도록 학교에 명시되어 있는

주립대학과 대부분의 지역사회 대학 등을 들 수 있다.

③ 제3유형: 이론적으로는 존재하지만 현실적으로 실제할 수는 없는 유형이다. 조직이 고객을 선발할 권리는 있으나, 고객이 조직을 선택한 권리가 없는 봉사조직이란 존재할 수 없기 때문이다.

④ 제4유형: 제4유형은 제1유형에 속하는 조직과는 정반대로 조직이 고객을 선발하지 않을 수 없음은 물론, 고객도 조직을 선택하지 않을 수 없는 경우이다. 이러한 유형의 조직은 법에 의해서 조직이 고객을 받아들이지 않으면 안 되고, 고객도 참여하지 않으면 안 된다. 이런 조직의 예로는 의무교육을 실시하는 공립초등 및 중등학교, 교도소, 국립정신병원 등이다. 칼슨(Carlson)은 이와 같은 조직을 순치조직(馴致組織; domesticated organization)이라고 하였는데, 순치조직의 생존은 법에 의해서 보장되기 때문이다.

순치형 조직을 야생형 조직과 비교해 볼 때 순치조직은 고객확보를 위한 경쟁이 없으며, 재정지원의 수준도 고객의 질과는 관계가 없고 오직 양에만 관계가 있다. 순치조직에 있어서 가장 어려운 문제는 어떻게 하면 고객들의 동기를 유발시켜서 그 조직에 적응토록 하느냐 하는 것이다. 왜냐하면 조직은 고객을 위하여 봉사하고 있지만, 고객은 조직에 참여하여 적응하도록 강요당한다고만 생각해서 조직의 봉사에는 전혀 관심이 없기 때문이다. 예를 들면, 의무교육을 실시하는 초등학교의 경우 적령아동은 누구나 다 학교에 다녀야만 하기 때문에, 이 아동들은 순치조직인 학교에 적응하는 행동을 하게 된다고 칼슨(Carlson)은 가정하였다.

선발하지 않은 학생들을 수용하고 통제하는 학교는 두 가지 적응기제장치(adaptive mechanisms)를 이용할 수 있다. 첫째, 소위 불량학생이라고 하는 학생들을 격리하여 특수한 통제방법을 사용하는 것이다. 가장 일반적인 해결방법은 그들이 문제를 일으키지 않고 학교를 다닐 수 있게 하는 장소와 프로그램을 개발하는 것이다. 예를 들면, 능력별 학급편성, 직업학교, 야간학교 등이 이에 포함된다. 둘째, 모범학생들에 대해서는 우선적인 우대를 하는 것이다. 조직과 일치하는 가치관을 가진 훌륭한 학생들에게는 좋은 성적과 풍부한 교육 프로그램을 마련해 주는 것 등이다.

결론적으로 칼슨(Carlson)의 봉사조직 유형은 실제적이고 경험적이며 이론적 함축성을 지닌 통찰력을 보여 주었다고 하겠다.

지금까지 살펴본 조직의 유형은 교육행정 연구에도 많은 시사점을 준다. 조직을 유형화하는 것은 조직의 복잡한 형상들을 될 수 있는 대로 모두 파악해 보고, 조직의 실체(實體)에 좀 더 가깝게 기술해 보려는 노력인 것이다.

조직을 복잡한 현상이라고 한다면 이를 분류할 때에도 그러한 복잡성이 반영되기 마련이다. 오늘날까지 많은 학자들은 조직현상 속의 복잡성을 온전하게 파악하지 못한 채, 단지 몇몇 특성만을 들어 조직을 분류하였기 때문에, 너무 단순화시켰을 뿐만 아니라 학자들 간에도 간혹 모순을 드러내었다. 예를 들면, 캇츠(Katz)와 카안(Kahn)의 조직유형에서는 유지기능조직 속에 학교·교회·병원을 함께 포함시킨데 비해, 블라우(Blau)와 스콧(Scott)의 조직유형에서는 학교를 병원·교도소와 같이 봉사조직 속에, 교회를 호혜조직 속에, 군대를 공공복리조직 속에 따로 분류했다. 또 에치오니(Etzioni)는 학교·교회·병원을 모두 규범적 조직유형에 포함시키고, 교도소·군대·정신병원은 강제조직에 속한다고 하였다. 그런데 고객선발을 중심으로 봉사조직의 유형을 분류한 칼슨(Carlson)은 제1유형의 조직 속에 사립대학과 사립의료기관을, 제4유형의 조직 속에는 의무교육을 실시하는 공립초등 및 중등학교와 국립정신병원 및 교도소를 포함시켰고, 군대는 봉사조직이 아니라고 하여 조직유형에서 제외시켰다.

이와 같이 조직의 분류는 학자들마다 조직의 종류를 열거하는 것이 다르고, 더욱이 이들 간에도 공통점을 찾아볼 수 없을 만큼 많은 이견을 보이고 있다. 따라서 이러한 조직의 유형분류는 교육행정 연구에 시사점을 주는 것은 사실이지만, 조직의 복잡성을 반영하지 못하고 단지 몇 가지 특성만을 가지고 단순하게 분류했다는 면에서 이를 일반화하기에 어려움이 따른다.

4. 교육조직의 특징

교육조직은 복잡한 조직으로서 다른 조직들과 여러 면에서 유사한 점도 많지만, 다른 조직과는 전혀 다른 독자성을 가지고 있다. 여기서는 현대조직으로서 학교사회의 독특성을 살펴보기로 하고, 학교사회를 위주로 한 교육조직의 독특한 점을 3가지로 요약하여 정리해보고자 한다.

1) 조직화된 무질서

마치와 올센(March & Olsen, 1976)은 '조직화된 무질서' 상태를 소개하면서 대학과 같은 조직은 불안정하고 유동적인 상황이므로 합리적이고 체계적인 의사결정을 내리기가 어렵다고 보았으며, 정도의 차이는 있으나 초·중등학교 조직에서도 체계적인 의사결정을 내리기는 어렵다고 지적하였다. 학교를 비롯한 교육조직은 조직화된 무질서 상태의 조직은 모호한 선호(problematic preferences)의 속성을 지닌다. 마치(March)와 그의 동료들은 교육조직의 특수성을 다음과 같이 말하고 있다.

첫째, 불확실한 목표(problematic goals)－교육목표는 학교조직이 나아갈 방향을 제시해준다. 그러나 학교를 포함한 교육조직의 목표는 너무 일반적이고 추상적이어서 분명하지 못하고 상세화하기도 어렵다. 교육목표는 시간의 경과와 더불어 변하며, 학교의 수준에 따라 다르다. 대부분의 목표들은 행동으로 전환하기 어려운 용어들로 진술되어 있다. 따라서 구성원들이 뚜렷한 목표의식을 가지고 교육활동을 전개하지 못하고 있다. 목표들을 때로는 관찰 가능한 행동으로 전환하여 조직구성원에게 제시하는 것이 가능할지라도, 그와 같은 전환은 불안정하며 조직의 모든 구성원들이 받아들일 수 있는 목표는 아니다.

둘째, 불확실한 기술(unclear technology)－교육조직에서는 목표수행을 위한 방법이나 기법이 불확실하다. 교육기관을 설립하여 인원을 배치하고, 교육프로그램을 운영하지만 어느 것이 가장 효과적인 것인지에 대한 분명한 답이 없는 상황에서 교육활동을 계속하고 있다. 교육과정 운영에 있어서 교사는 다양한 기술과 방법을 사용한다. 여기서 기술이란 교육기자재, 컴퓨터 등과 같은 학습기기 조작뿐 아니라 문제해결에 동원되는 체제기법, 절차, 방법, 고안, 계획 등을 포함한다. 따라서 교육조직은 시행착오를 거듭하면서 운영되고, 과거경험으로부터 얻은 기술을 사용하게 된다.

셋째, 유동적인 참여(fluid participation)－교육조직을 구성하는 구성원들인 학생, 교사, 교육행정가는 전입하고 전출한다. 학부모들의 개인적 또는 집단적 참여는 일정하지 않고 상황에 따라 다르게 나타난다. 지역사회의 지도자들은 때로는 학교를 무시하기도 하고, 때로는 상당한 관심을 보이기도 한다. 정부기관들은 어떤 때는 능동적이고, 또 어떤 때는 수동적이다.

참여자들이 투입하는 시간과 노력도 차이가 많다. 어떤 특정한 선택에 대하여 의사결정자나 구성원들은 자주 선택을 바꾼다.

이와 같은 무질서상태는 어느 조직에서나 부분적으로 나타나거나 시간에 따라 다소 차이가 있지만, 특히 공공조직과 교육조직 및 불법조직에 현저하게 나타나는 특징이라고 코헨(Cohen)은 지적하고 있다.

코헨, 마치, 올센(Cohen, March, Olsen, 1972: 1)은 조직화된 무질서상태의 조직에서 의사결정은 합리적이며 체계적으로 이루어지는 것이 아니라 주먹구구식으로 이루어진다고 보았다. 의사결정이 안정되고 예측가능하며 어떤 원칙과 절차에 따라 목표달성을 극대화할 수 있는 최적안을 선택할 수 있는 것이 아니라, 문제와 해결책이 뒤섞여 있다가 우연히 그중에서 하나의 해결책을 선택한다는 것으로서 의사결정을 쓰레기통(garbage can)에서 무엇을 선택하는 상황에 비유하였다.

코헨(Cohen) 등은 쓰레기통의 비유를 통해서 하나의 통 속에 ① 문제, ② 해결책, ③ 참여자, ④ 선택기회 자체라는 4개의 비교적 독립적인 영역이 투입되어서 혼합되어 있다는 것이다. 조직화된 무질서상태나 쓰레기통 모형은 고전적·관료적 안목에서는 간과했던 많은 변인들을 검토할 수 있게 해주고 있다는 데 공헌점이 있다. 그러나 이 모형은 교육조직의 예측 불가능성, 모호성, 불확실성을 지나치게 강조함으로써 교육과정운영이나 학사계획운영 등과 같이 확실하고 예측 가능한 측면은 설명하지 못하고 있다.

2) 전문적 관료제

학교조직은 관료제의 구조적 특성들을 가지고 있다는 점에서 관료제 조직에 속하면서도 학교라는 교육조직이 지닌 전문적인 특성에 의해 일반 관료제와 상이한 특성을 가지고 있다.

학교조직에서의 권한계층 중 하위계층에 있는 교사들은 모두 고도의 교육을 받았고, 그들 모두가 자신을 전문가로 생각한다는 점에서 다른 일반관료조직과 다르다. 교사는 권한과 책임을 동시에 가진다. 교사의 책임, 즉 임무는 각기 다른 학습능력과 학습속도, 배경이 다른 학생들을 가르치는 것이다. 이러한 가르치는 책임을 잘 완수하기 위하여 교사들은 독립된 교실 또는 강의실에서 독자적인 방식으로 상당한 자유재량권의 권한을 가지고 교육한다. 이것이 다른 일반관료제처럼 교사에게 획일화된 규정과 규칙을 적용하여 철저한 감독과 표준화된 직무수행을 강요할 수 없는 이유이다.

교사들은 조직의 규정에 따라 과업을 수행하는 측면도 있지만 전문가로서 자율성을 가지고 있어서 자신의 전문적 지식과 판단 그리고 전문직의 행동윤리에 따라 과업을 수행하는 경향이 강하다. 교사들은 학생들을 교육할 때 항상 공식적이고 보편적인 기준이나 원칙만을 엄격하게 적용하는 것이 아니라, 때로는 학생에 대한 감화력을 강화하기 위해서 특정한 학생에게 비공식적이고 특수한 기준이나 원칙을 적용하기도 한다. 교장 등 학교행정가는 교사들이 고도의 교육과 훈련과정을 거친 전문가라는 사실을 인정하여 교육과정 편성과 운영, 교수–학습활동, 교육평가 등과 같은 전문적 문제들에 관한 의사결정에 교사들의 자발적·적극적 참여를 유도하고 있다. 이상의 특성으로 학교조직은 '전문적 관료제'로 인정된다.

3) 이완결합체제

전통적으로 학교조직은 초·중등을 중심으로 관료제적 관점에서 기술하는 경향이 높았으며, 학교는 계층구조 속에서 규정과 규칙을 중시하는 조직으로 파악되어 왔다. 그러나 이러한 전문적 관료제를 인정하면서도 학교를 비롯한 교육조직은 다른 일반조직과 달리 구조적 느슨함을 특징으로 한다는 인식이 대두되게 되었다.

이러한 구조적 느슨함, 즉 교육조직의 이완체제(loosely coupled system)로 개념화하는 데 기여한 사람은 웨익(Weick, 1976)이다. 학교조직이 다른 조직보다 더 조잡하고 느슨하게 결합되어 있다는 견해는 학교를 합리적 관료제로 인식하는 종전의 사고에 충격을 가져다주었다.

'이완결합'이란 연결된 각 사건은 서로 반응적이기는 하지만, 그럼에도 불구하고 각 사건은 그 자체의 정체성(identity)을 보존하고 있는 물리적 또는 논리적 독립성을 가진다는 것이다. 예를 들어, 학교에서 교장실과 상담실은 서로 느슨하게 결합되어 있다. 교장과 상담교사는 어느 정도 연결되어 있지만 각자는 정체성과 독립성을 유지하고 있으며, 상호 빈번한 교류가 없고, 상호 영향력도 제한되어 있으며 상호간의 의존도도 별로 중요하지 않으며 반응도 매우 느리다.

조직의 각 부서가 상호의존적이기보다는 독자성을 유지하면서 과정들이 상호 단절되어 있고, 활동을 결과에 대한 상호의존성도 빈약하며, 구성원은 상호 감시받지 않고 기능을 수행해 나간다.

학교조직의 구성원들은 상당한 자율성과 자율재량권을 가지고 있으며 교장, 교감, 주임교사, 교사의 관계가 다른 일반조직처럼 경직된 계층관계를 나타내지 않는다. 교사들의 상호관계가 부서 간의 관계에 있어서도 수평적·분업적 영향이 두드러지게 나타내고 있으며 상호의존성이 밀접하지 못하다.

메이어(Meyer)와 로완(Rowan)은 학교의 핵심적인 활동인 수업이 조직구조의 통제로부터 벗어나 있다고 지적하면서, 교육조직의 이러한 특성이 교육조직을 느슨하게 결합된 체제로 묘사하게 한다고 지적하고 있다. 느슨하게 결합되어 있다는 말은 구조가 수업활동과 분리되어 있고, 또 수업활동과 그에 따른

성과가 분리되어 있다는 것을 의미한다.

한편 메이어와 로완은 이상에서 지적한 학교조직이 가지는 이완결합성(decoupling)은 모든 참여 주체들 간에 상호신뢰가 이루어지는 것을 전제로 한다고 가정한다. 이것을 신뢰의 논리(logic of confidence)라 하는데, 이것은 서로 간에 주어진 직무를 잘 수행할 것이라는 깊은 믿음을 가지고 있다는 것을 의미한다. 지역사회와 교육위원회는 교육감을 신뢰하고, 교육감은 교장을 신뢰하며, 교장은 교사를 신뢰한다. 이와 같은 신뢰의 논리는 교사의 전문성을 전제로 한다.

이완결합체제는 조직의 자율성을 높이고 타부서의 영향력을 제한함으로써 각자가 자신의 판단에 따라 일하고, 필요한 변화를 시도할 수가 있게 된다. 그러나 이러한 자율적 의사결정에 대한 강조는 단단하게 결합되거나 연결되어 있어야 할 측면들을 무시하거나 행정관리적 측면의 엄격한 법적·행정적 통제를 지나치게 외면함으로써 교육조직의 효과성 차원에 심각한 문제를 야기할 수 있다. 학교조직에서는 구성원들 간에 또는 부서 간에 목표에 대한 합의수준이 높고, 의사소통이 원활히 이루어지며, 상호지원과 협력이 활발하게 이루어져서 체제가 견고하게 결합될수록 조직효과성은 높아질 수 있기 때문이다.

학교는 느슨한 결합과 견고한 결합을 동시에 가지고 있는 조직체로 인식될 수 있으며, 학교가 어느 한쪽으로 치우칠 수 없는 이중성을 가지고 있다는 사실에 유의해야 한다.

인적자원의 관리

제1절 교육인사행정의 기초
제2절 교원의 선발과 임용
제3절 교원의 능력신장
제4절 교육의 권리와 의무

Section 01

교육인사행정의 기초

1. 교원인사행정의 개념

인사행정은 보는 시각에 따라 다양하게 정의되고 있다. 어떤 조직을 막론하고 조직을 운영하기 위해서는 3대 요소로 압축될 수 있다. 그것은 인력(man), 돈(money), 물자(material)를 들 수 있다. 그중에 인사행정 또는 인사관리가 가장 중요하다는 것은 모두가 인정하는 사실일 것이다. 그러므로 효과적인 교원 인사행정을 개발하고 유지하는 것은 교육행정에 있어서 가장 중요한 기능의 하나라고 할 수 있다.

먼저 인사행정에 대한 기존 학자들의 견해를 먼저 살펴보자.

요더(Yoder, 1959)는 "종사원들로 하여금 그들의 직장에 대하여 최대의 공헌을 얻을 수 있도록 하고, 최대의 만족을 얻을 수 있도록 도와주며 지도하는 활동"이라고 정의하였다.

캐스테터(Castetter, 1981)는 "인사행정은 체제의 목적을 달성하고, 개인성원이 지위 및 목적과 조직의 목적을 조화시키기 위하여 인력을 유치, 개발, 유지, 동기화시키는 것"이라고 규정하였다.

화이트(White, 1955)는 효율적인 인사행정이란 "조직원의 모집, 시험, 자격검정, 직급, 보수, 직무분장, 직무감독, 감독, 훈련, 승진, 근무평정, 징계, 면직, 안전, 복지시설, 재해보상, 퇴직, 전문직 단체, 노동조합, 사기, 신분보장, 직업공무원제도의 창설 등에 관한 문제를 다루는 것"이라고 했다.

스파테스(Spates)는 인사행정을 "종사자들의 잠재능력을 최대한으로 발휘시키고, 스스로가 최대한의 성과를 확보하도록 그들을 처우하고 조직하는 방법에 관한 규범체계"라고 정의했다.

니그로(Nigro)는 인사행정을 "유능한 인력을 획득, 개발하고 그들로 하여금 최선을 다할 수 있는 조직환경 내지 근무조건을 창출하는 일련의 과정"이라고 하였다.

서정화(1989)는 "교원인사행정이란 교육활동의 주체가 되는 교원과 이들이 교육활동에 전념할 수 있도록 도와주고, 제반 행정활동을 수행할 수 있는 유능한 교육전문직과 일반직을 확보하고 그들의 자질을 향상시키며 근무의욕을 높여주는 일련의 행정지원 활동"이라고 정의한다.

김윤태(1986)는 "교원인사행정은 교육조직의 목적을 효과적으로 달성하는 데 필요한 유능한 교육직원의 채용과 그들의 계속적인 능력발전 그리고 사기앙양을 도모하는 과정"이라고 정의한다.

위에서 여러 학자들의 논의를 종합해 보면 인사행정은 유능한 인적자원을 확보해서 배치하고 그들의 계속적인 능력개발을 도모하며, 높은 사기와 긍지를 지니고 직무에 최선을 다할 수 있도록 제반 여건을 조성하는 과정이라고 할 수 있다.

이와 같이 교원인사행정은 교육의 궁극적인 목적과 결코 분리시켜 생각할 수 없다. 이는 교육목적을 달성하는 데 필수적인 요소가 되기 때문이다.

2. 교육인사행정의 원리

교육인사행정의 원리는 국가의 상황에 따라서 조금은 다를 수 있겠지만 보편적인 원리를 들면 다음과 같다.

첫째, 전문성의 원리이다. 교직은 전문교육을 받고 자격을 갖춘 사람만이 할 수 있는 전문가 집단이므로 교원의 전문가적 자질을 높이는 것이 무엇보다도 중요하다. 즉, 승진, 전직, 전보 등의 임용체계에 있어서 전문성 확립을 유도하는 것이 기준의 근간이다.

둘째, 수급의 적합성 및 효율성의 원리이다. 교원을 양성하고 공급하는 일은 인사행정의 기본이 되고 있으며, 교원은 교육의 목표달성을 위하여 매우 중요한 역할을 하므로 공급과잉으로 질적 저하가 있어서도 안 되며, 공급부족으로 기존 교원의 업무증가나 학생들에 대한 교육서비스의 질적·양적 저하도 있어서는 안 된다.

셋째, 공정성의 원리이다. 교원은 능력에 따라서 공정한 인사행정의 대상이 되어야 한다. 성별, 지역별, 학교급별, 출신학교 등의 이유로 해서 차별대우를 받아서는 안 된다. 그것은 교원으로 하여금 근무의욕을 저하시켜서 결국은 교육목표달성을 효과적으로 할 수 없기 때문이다.

넷째, 연공과 실적의 효율적 배합의 원리이다. 우리나라의 현재 제도 하에서는 연공을 중시하고 있으나, 교육의 효과성을 높이기 위하여 개인의 실질적 능력이나 실적을 등한시해서는 새로운 불만이 생길 수 있으며 근무의욕도 저하될 수 있다. 그러므로 이 두 요소를 적절하게 배합해야 좋은 인사가 될 수 있다.

다섯째, 적재적소 배치의 원리이다. 이상에서 설명한 모든 부분들이 잘 되었다고 해서 개인의 특성을 고려하지 않아 적재적소에 배치가 되지 않으면 교육의 효과성이 떨어지며, 그것은 곧 인사행정의 잘못으로 연결된다고 하겠다. 결국 교육은 최종적으로 교사에 의하여 행해지므로 교사들의 개인적 특성인 연공, 흥미, 능력, 거주지 등의 요소들을 면밀히 검토하여야 원활하고 효율적인 인사가 이루어질 것이다.

Section 02 교원의 선발과 임용

교원인사행정에서 제일 중요한 우수한 인재를 확보하는 것이다.

먼저 교육공무원의 법적 정의를 보면 국·공립학교 및 국·공립계통의 교육행정기관과 교육연구기관에서 교육 또는 교육행정활동에 종사하고 있는 직원을 말하는 데 공무원의 종류는 다음과 같다.

현재 공무원은 경력직 공무원과 특수경력직 공무원으로 나뉜다. 경력직 공무원은 다시 일반직, 특정직, 기능직으로 나누어지고, 특수경력직 공무원은 정무직, 별정직, 전문직, 고용직으로 나누어진다.

신분상으로 볼 때 교육공무원은 경력직 공무원 중 특정직 공무원에 속한다. 교육관계 공무원은 경력직 공무원에 속하는 일반직 공무원, 특정직 공무원으로서 교육공무원, 기능직 공무원과 특수경력직 공무원에 속하는 정무직 공무원, 별정직 공무원, 기타 별정직 공무원이 있다.

교육직 공무원이라 함은 교육기관에 근무하는 초·중등교육법 제19조 제1항 제1호 내지 3호 및 고등교육법 제14조 제1항, 제2항, 제4항에 규정된 교직원(교(원)장, 교(원)감, 교사, 총장, 학장, 교수, 부교수, 조교수, 전임강사, 조교)과 교육행정기관에 근무하는 장학관(사) 및 교육기관·교육행정기관 또는 교육연구기관에 근무하는 교육연구관·교육연구사를 말한다.

교원이라 함은 각 학교에서 원아, 학생을 직접 지도·교육하는 자를 말한다. 교원이라고 할 때는 국·공·사립의 각 학교에 근무하는 교원을 모두 포함하지만, 교육공무원이라 할 때는 사립학교 교원은 제외된다.

교사란 교원의 한 종류로 교장, 교감 등 관리직에 대응되는 개념이며, 대학의 교수, 부교수, 조교수, 전임강사 등 교수직에 대한 초·중고등학교 교사의 개념으로 국·공·사립을 막론하고 사용되는 법률상의 용어이다.

앞에서 살펴본 바와 같이 여기에서는 좁은 의미에서의 교육직원, 즉 교육공무원을 중심으로 살펴본다.

1. 교원의 수급계획

교원의 수급계획은 수요와 공급의 원칙에 따르며, 교원수요의 결정요인은 교육 내적인 요인과 교육 외적인 요인으로 구분할 수 있다. 교육 내적인 수요 결정요인은 취학률, 진급 및 진학률, 학교의 주당 수업시간, 교원의 주당 수업시간 및 업무량, 교과목 구성, 교사 대 학생수, 교원의 법정 충족률, 교원의 이직 및 퇴직률 등이 주요한 변인이다. 교육 외적인 변인으로는 인구의 변화, 출생률, 교육예산, 타직종의 취업상황 및 봉급수준 등이 있다.

교원 공급의 결정요인은 주로 교원양성기관의 체제 및 정원, 교원자격제도 및 자격증소지자 비율, 임용자 비율, 임용기피자 비율, 임용을 위한 예산제약 등 정책적 요인에 영향을 받는다.

법정기준을 적용하여 교원의 수요와 공급을 추정하는 과정을 예시하면 다음과 같다.

① 각급학교의 학급수 추정
② 각급학교의 학급당 학생수 결정
③ 각급학교의 학생수 추정
④ 법정기준에 의한 교원수요와 현재의 직위별 교원수를 비교하여 직위별 교원수의 과부족수 산출

⑤ 전체 학교수와 학급수를 산출하고, 법정기준에 따라 이에 대한 직위별 교원수요 산출
⑥ 연도별 증가 학급수를 계산하고 증가 학급수 중 일부를 신설학교로 설립할 학교수 추정
⑦ 가능한 재원의 한계 내에서 과부족 교원의 공급 교원수 결정
⑧ 공급 교원수에 진급률과 취업률을 고려하여 교원양성기관의 학생수 추정
⑨ 교원양성기관의 학생진급률과 취업률 추정
⑩ 자연증가 학급분 교원과 과부족 교원을 충원하기 위한 재원의 가능성 타진
⑪ 공급 교원수를 공급원별로 배분

2. 교원의 양성제도

우리나라에서 이루어지고 있는 교원양성제도를 살펴보면 유치원교사의 양성은 2년제 대학 및 4년제 대학(방통대 포함)에 설치된 유아교육과에서 이루어지며, 초등교원은 주로 의무교육의 특수성에 비추어 국립의 교육대학에서 양성되고 있다. 교육대학 외에도 한국교원대학교 제1대학, 이화여자대학교 초등교육과, 교육대학원의 초등교육 전공에서도 초등교원 양성이 이루어지고 있다.

중등교원 양성기관은 크게 사범대학 과정과 비사범대학 과정으로 나눌 수 있다. 비사범대학 과정은 일반대학 교육과, 일반대학 교직과정, 교육대학원이 있다. 이 외에도 전문대 졸업자에게는 실기교사 자격증을, 간호사 면허증을 소지한 대학의 간호학과 및 간호계 전문대학(교직과정 이수자) 졸업자에게는 양호교사 자격증을 수여하며, 대학의 특수교육과와 도서관학과 교직과정 이수자에게는 사서교사 자격증이 수여된다.

3. 교원의 자격

교원은 전문직이므로 직무를 수행하는 데 필요한 자질과 자격을 갖추어야 한다. 자질은 인성적 특성으로서 구비해야 할 조건이나 교육과 훈련을 통하여 계발하여야 할 일반적 특질을 의미하는 것이며, 자격은 그 자질이 소정의 기준에 도달되었음을 행정적으로 인정하는 것이라 할 수 있다. 일반적으로 전문직의 경우 일정한 자격의 취득을 그 필수요건으로 규정한다. 전문직으로서의 교직도 자격증을 요구한다. 이는 교직의 전문성을 보장하고 사회적 공신력을 높이기 위한 제도적 장치이다.

우리나라에서는 현재 교원의 법적 자격제도를 채택하고 있다. 일단 교사의 자격을 취득하면 그 효력은 종신토록 계속되는 것이 원칙이다. 교육전문직의 경우에는 자격증제도가 아니고 자격기준만 명시한다.

교원의 경우 자격제도를 채택하고 있는 것은 다음 몇 가지 측면에서 그 필요성과 의의를 찾아볼 수 있다. 즉, 교원의 자격제도는 학생의 이익을 보호하고, 국가사회의 안전성을 보장하며 교사 자신의 신분과 사회적 지위를 보장하기 위해 필요한 것이다.

교원자격에 대한 법률적 규정은 초·중등교육법 제21조, 교육공무원법 제3장, 사립학교법 제52조와 이들 법률을 근거로 제정된 관련 법령, 즉 교원자격검정령, 동령시행규칙, 교수자격·자질 인정령 등에 의거하고 있다.

우리나라 교원자격검정은 무시험검정과 시험검정으로 구분된다. 무시험검정은 초·중등교육법 별표2에서 규정하는 각급학교의 교사자격 기준에 합당한 대학, 즉 교원양성기관을 졸업한 자에게 해당된다. 시험검정은 주로 초·중등학교 준교사의 일부에 대해서 실시하며, 교육부차관을 위원장으로 하는 교육부 내의 교원자격 검정위원회가 주관하도록 규정되어 있다.

현행 우리나라에서 시행되고 있는 대부분의 자격검정제도는 교원양성체제를 통하여 무시험검정으로 자격증을 발급하고 있으며, 일부 교원의 자격증 발급은 시험검정의 형식을 취하고 있다.

4. 선발과 임용

먼저 선발과 임용 등의 용어정의를 알아보자.

어떤 직종에 종사하려는 후보자를 모으는 과정을 모집이라 하는데, 선발은 후보자 중에서 최적임자를 선택하는 과정이라 할 수 있다. 즉, 선발은 직무의 내용과 지원자를 대응시키는 복합적 과정으로서, 기본원리로는 과거의 행동이 미래의 행동을 잘 예언할 수 있어야 한다는 것과 후보자에 관한 가장 타당하고 경제적인 자료를 확보하여 적임자 선발에 활용할 수 있어야 한다는 것이다.

임용이라 함은 신규채용, 승진, 전직, 전보, 겸임, 파견, 강임, 휴직, 직위해제, 정직, 복직, 면직, 해임, 파면을 말한다.

1) 교원의 신규임용

각종 교원양성기관을 통해 배출되는 교원자격증 소지자는 소정의 임용과정을 거쳐 교사로 임용되는데, 신규임용은 국·공립학교와 사립학교가 다른 방식을 채택하고 있다.

(1) 국 · 공립학교 교원의 신규임용

국·공립학교 교원의 신규임용은 교사임용 후보자 공개전형을 통해 이루어진다. 1990학년도까지만 해도 교원의 임용은 국·공립교육대학 및 사범대학(사범계 학과 포함)의 졸업자를 우선 임용하고, 그 후 교사임용 후보자 순위고사에 의해 선정된 자를 임용하는 방식을 채택하여 왔다.

1989년 8월 교육정책자문회의의 '교원종합대책안'에 의해 1990학년도부터 국·공립 교원양성기관 입학자에 대한 입학금 및 수업료 면제의 특혜가 폐지되었고, 그에 따라 그들이 졸업하는 1994학년도부터는 우선임용 및 의무복무제도를 사실상 폐지하고 교원임용고사를 통해 신규임용을 하도록 계획되었다.

그러나 그 계획은 국·공립 교원양성기관 졸업자의 우선임용을 규정한 교육공무원법의 개정법률안이 국회에 계류된 상태에서 1990년 10월 그 조항에 대한 헌법재판소의 위헌결정으로 적용시기가 앞당겨지게 되었다. 즉, 헌법재판소가 교육공무원법 제11조 1항의 우선임용제도는 출신학교의 설립체나 학과에 따라 임용을 차별하는 결과가 되어 헌법상의 직업선택의 자유와 평등의 원칙에 반한다는 전원일치의 위헌결정을 내림에 따라, 1994년도부터 적용하려는 계획을 바꿔 1991년도부터 실시하게 된 것이다. 이에 따라 1991년부터 1993년도까지는 기존의 국립 교원양성기관 입학자에 대한 신뢰이익 보호차원에서 모집정원의 70% 이상을 국립 교원양성기관 졸업자로 선발하는 임시조치를 취했으며, 그 이후 1994년부터는 완전경쟁에 의한 교원임용제도가 도입되었다.

교원의 신규채용을 위해 실시되는 임용고사는 채용 예정직의 해당과목 교원자격증을 취득하였거나, 이를 취득할 졸업예정자를 대상으로 당해 교육공무원의 임용권자가 실시하도록 되어 있다. 시험의 단계는 제1차 시험, 제2차 시험, 제3차 시험으로 나누어 실시되고, 시험은 필기시험과 심층면접, 교수-학습지도안 작성 및 수업실연, 실기시험 등으로 구성된다.

필기시험은 서술적 단답형, 선택형 혹은 논문형으로 채용 예정직의 학력과 능력을 평가하며, 실기시험은 예·체능 과목과 같이 실기시험이 필요한 경우 그 실기능력을 평가하며, 심층면접, 교수-학습지도안 작성 및 수업실연 등의 시험은 교원으로서의 적성·교직관·인격 및 소양을 평가함과 동시에 실제적인 교수 능력을 평가한다. 제1차 시험은 선택형의 필기시험이며, 제2차 시험은 논술형의 필기시험으로 실시하고, 제3차 시험은 심층면접, 교수-학습지도안 작성 및 수업실연, 실기시험 등을 실시하며, 시험과목과 배점 비율은 시험실시기관이 정하여 시행한다.

제1차 시험에서는 응시자의 시험성적을 합산하여 다득점자 순으로 임용 예정인원의 2배수 이내로 선발하며, 제2차 시험에서는 선발인원의 1.5배수를 선발한다.

이러한 규정에 따라 현재 각 시·도 교육위원회에서는 교원임용고사를 실시하여 교원후보자를 선발하고 있다. 제1차 시험은 교육학(20%)과 전공과목(80%)에 관한 내용이 출제되며 대학 내신성적과 가산점(지역마다 상이)을 합하여 총점이 부과되며, 교육학과 전공 어느 한 분야에서 40% 이하의 점수를 획득하게 되면 과락으로 불합격 처리된다. 제2차 시험은 전공과목에 관한 내용만이 출제되며 논술형으로 치러진다. 제2차 시험은 논술점수(100점)와 취업지원 가산점(논술 획득점수의 5% 혹은 10%)을 합하여 총점이 부과된다. 제3차 시험은 대개 수업지도안과 심층면접, 수업실연 등으로 이루어지며 교육청별로 시험계획이 상이하다.

2013년도부터는 개정된 교원임용고시 정책에 의해 교원 채용 시 한국사능력검정시험 3급 이상의 자격증을 반드시 취득하여야 하고, 교육학 객관식 시험을 폐지하고, 3단계에서 2단계로 시험체제를 간소화하여 실시될 예정이다.

(2) 사립학교 교원의 신규임용

사립학교 교원의 임용은 국공립학교와는 달리 '교육청 주관의 공개경쟁시험'을 반드시 거쳐야 하는 것은 아니다. 사립학교의 경우 원칙적으로 사학의 자율성과 자주성 및 건학이념을 보장한다는 측면에서 그 임용의 권한을 학교 경영자에게 부여하고 있다.

1974년 고교평준화 정책의 시행으로 사학에 대한 국가통제의 강화와 그에 따른 교사의 평준화와 자질향상을 위해서 순위고사를 실시하여 그 합격자 중에서 학교 경영자가 임용하도록 하였으나, 사학의 자율성 위축 등 몇 가지 문제가 발생하여 1977년 이후에는 시·도별로 사립학교 교원 희망자 학력평가를 실시하여 합격자 중에서 임용하는 방식을 택했다.

1980년대 이후에는 사학의 자율성을 보다 신장시키기 위한 방안으로 한국사학법인연합회가 주관하여 채용고시를 실시하고 그 합격자 중에서 임용하는 방식을 택하였다. 그러나 그에 대해 각 학교가 문제를 제기하고 나섬에 따라 연합회에서 채용고시 폐지를 결의함으로써 채용고시도 중단되었다.

현재, 사립학교 교원의 신규임용은 공개전형에 의하도록 규정하고 있다(사립학교법 제53조의 2). 하지만 사립학교법 시행령에서 공개전형은 교원임면권자(학교법인 또는 사립학교 경영자)가 실시하되, 임면권자가 교육감에게 그 전형을 위탁하여 실시할 수 있다고 규정하고 있다. 공개전형은 필기시험, 실기시험 및 면접시험 등의 방법으로 하며, 그 밖에 공개전형의 시행에 관하여 필요한 사항은 교원인사위원회의 심의를 거쳐 임면권자가 정한다(사립학교법시행령 제21조).

(3) 교장, 원로교사, 수석교사

교장은 1991년 3월 8일 교육공무원법 및 교육공무원 임용령의 개정으로 종래의 종신제에서 임기제로 변경되었다. 교장은 교육과학기술부 장관의 제청으로 대통령이 임명하며, 그 임기는 4년으로 하되 1차에 한하여 중임할 수 있다. 단, 교장 초빙제에 의하여 초빙된 교장은 임기제의 적용을 받지 아니한다.

교장으로 임기를 마친 자에 대하여는 정년 잔여기간이 있을 때는 특별한 결격사유가 없는 한 교사로 임용할 수 있으며, 임기 만료된 교장이 교사로 임용되는 경우 원로교사로 우대한다. 즉, 원로교사에 대해서는 우선 고려, 교내외 각종 행사에 우대된다. 또 원로교사는 소속 학교장의 요청이 있는 경우 신규 임용된 교사에 대한 상담, 교내의 장학지도, 기타 학교운영에 관하여 필요한 자문에 응할 수 있다.

수석교사는 교사의 교수·연구 활동을 지원하고, 학생을 교육하는 역할을 하게 되며, 15년 이상의 교육경력을 가진 교사는 수석교사에 지원할 수 있고, 최초로 임용된 때부터 4년마다 대통령령으로 정하는 업적평가 및 연수실적 등을 반영한 재심사를 받아야 하며, 심사기준을 충족하지 못한 경우 대통령령으로 정하는 바에 따라 수석교사로서의 직무 및 수당 등을 제한할 수 있다. 교육부는 수석교사 법제화를 통하여 교사 본연의 가르치는 업무가 존중되고, 그 전문성에 상응하는 동료 교사 멘토링·수업 컨설팅 등의 역할을 부여하여 학교 수업의 질이 개선될 것으로 기대하고 있다.

Section

03 교원의 능력신장

여기에서는 교원의 능력신장과 관련된 현직연수, 근무성적평정과 승진, 전직 및 전보 등을 살펴본다. 유능한 인재를 선발하였다 하더라도 급변하는 사회에 대처하지 못하면 훌륭한 교사가 될 수 없듯이, 교사의 자질과 능력을 발휘하여 주어진 업무를 충실히 이루어질 수 있도록 능력신장을 시키는 것 또한 중요하기 때문이다.

1. 현직연수

1) 현직연수의 중요성

급변하는 시대에 순조롭게 대응하기 위해서는 무엇보다 현직연수의 필요성이 부각되고 있다. 교사가 임용이 되었다 하더라도 완벽하게 자질을 갖추었다고 보기 어려우므로 계속적인 연수과정에서 점진적으로 개발·육성된다고 볼 수 있다. 교원 현직교육의 중요성을 김종철(1991) 등은 다음과 같이 설명하고 있다.

① 직전교육 자체가 불완전하여 이를 보완하고 결손을 해소할 필요가 있다.
② 교직이나 사무관리직을 막론하고 보다 전문적 능력과 자질이 요구되고

있으며, 새로운 시대와 사회의 요구에 부응해야 한다.

③ 급격한 사회변화로 지식과 기술이 폭발적으로 증대되고 있으며, 낡은 것은 새로운 것으로 계속 대처되어야 한다.

④ 평생교육의 사조와 더불어 특히, 교직원은 스스로 부단한 자기 향상의 모범을 보임으로써 사회의 기대에 부응함은 물론 사회에 대한 선도적·시범적 역할을 수행해야 한다.

⑤ 인간의 잠재적 발전 가능성은 개인의 보다 높은 자기실현과 사회의 계속적 발전을 위하여 신장되어야 한다.

이밖에도 여러 학자들이 현직연수의 필요성과 목적을 들고 있는데 종합하여 보면 다음과 같다.

① 교직원의 직전교육의 미비점을 보충한다. 직전교육은 실제 교육현장이 아니므로 다분히 기초적·이론적 교육이 되며, 실제 교육현장에서 일어나는 문제는 준비교육에서 예상치 못한 것이 많다.

② 교직은 전문직으로 계속 성장 발전해야 한다. 적어도 인간성장의 과정인 교육은 고도의 이론적 배경이 필요한 전문직이므로, 지식만 있으면 할 수 있다는 사고방식을 불식하고 사회의 인정을 받기 위해 계속 연구해야 한다.

③ 교직원의 단합 및 단체활동을 조성한다. 현직연수를 통해 교직원을 한 단위로 결합시키며 개인성장 발달에 필요한 단체활동을 조성한다.

④ 변화하는 사회에 적응한다. 현대사회의 특징은 급격히 변화하는 것으로, 그에 준하는 교육과학계통의 학문도 많은 진보를 이루었으나 게으름을 피우면 그만큼 뒤떨어져 간다. 교사가 단순한 지식전달이라는 전통적 교육관에서 탈피하고 아동들에게 산 힘을 불어넣어 주며 사회변천에 적응할 기술을 습득하기 위해서는 스스로 연구 전진해야 한다.

2) 현직연수의 종류 및 연수과정

교원의 현직교육은 유치원 교원, 초·중등학교 교원, 특수학교 교원을 대상으로 하며, 그 유형은 연수의 성격에 따라 자격연수, 직무연수, 특별연수, 자기연수로 구분된다.

① 자격연수: 교원의 자격을 취득하기 위하여 실시된다. 초·중등학교의 1, 2급 정교사, 교감, 교장 등 상위자격 취득을 위한 연수와 전문상담교사, 1급 양호교사, 사서교사, 특수교사와 같은 특수자격을 취득하기 위한 연수가 있다. 자격연수는 다른 연수에 비해 경비와 시간이 많이 소요될 뿐만 아니라 상위자격을 수여하기 때문에 교원 현직교육의 중심을 이룬다. 유치원 교사나 특수학교 교사에게도 자격연수가 적용된다. 자격연수의 연수기간은 30일 이상으로 하되 그 이수기간은 180시간 이상이어야 한다.

② 직무연수: 교육의 이론·방법 및 직무수행에 필요한 능력배양을 위하여 실시된다. 교육과정의 개편, 개정에 따른 연수, 교육정보화 연수, 장기휴직 후 복직을 위한 연수 등이 그 예이다. 직무연수의 연수과정과 내용 및 기간은 당해 연수원장이 정한다.

연수대상자는 교육감이나 국립학교의 장이 지명하나, 교육감이 인정한 경우 교육장이나 교장이 지명할 수 있다. 교원에게 연수의 기회가 균등하게 부여되도록 일반 연수를 받지 아니하고 근무한 기간이 오래된 자의 순위로 지명하되, 학력, 경력 및 연수과정의 내용 등을 고려하여 필요하다고 인정하는 자에 대해서는 예외로 한다.

③ 특별연수: 전문지식 습득을 위한 국내외 특별연수 프로그램을 의미한다. 국내외의 교육기관 또는 연수기관에서 일정한 기간 동안 실시되는 것이 보통이다.

④ 자기연수: 교원 스스로 전문적 지식을 습득하기 위해 교육을 받는 것을 의미한다. 대학이나 교육대학원에 등록하여 다닌다거나 개인연구를 수행하는 것 등을 예로 들 수 있다.

현재 교원 현직교육기관, 즉 연수기관은 '교원 등의 연수에 관한 규정'에 의한 초등교육연수원, 중등교육연수원, 교육행정연수원(서울대 부설) 및 종합교육연수원의 4가지와 각 시·도 교육연수원이 있다.

2. 근무성적 평정

근무성적 평정이란 교원의 직무수행 능력, 근무성적, 가치, 태도 등을 평정자가 체계적·정기적으로 평가·기록하는 것을 말한다. 근무성적 평정은 인사행정에 중요한 영역의 하나로써 필수적이고 중요한 수단이라고 인정을 받고 있다.

교육공무원의 경우에는 1964년 7월 8일 교육공무원 승진규정이 공포됨에 따라 동 규정 제3장에 규정된 근무성적 평정의 조항에 따라 근무성적을 평정하게 되었다.

교사 근무성적 평정이란 교장과 교감이 교사의 자질 및 태도와 근무실적을 정기적·체계적으로 평가하여 인사행정상 제문제의 공정한 처리에 근거자료를 제공하고 교수-학습의 향상을 도모하는 작용이라고 할 수 있다.

교사 근무성적 평정은 인사행정상 여러 가지 결정을 내리기 위한 정보를 제공하는 행정적 목적과 교수-학습의 향상을 목적으로 하는 장학적 목적을 가지고 있다.

행정적 목적은 교사 개개인에 대한 인사조치의 기본자료 제공, 합리적인 인사정책개발의 자료제공, 학교조직체에 대한 전반적 평가의 일부로서 공헌 등이 있고, 장학적 목적은 교사가 자기 확인 및 반성을 하는 데 필요한 자료제공, 교사의 교수를 향상시키는 데 사용할 수 있는 정보의 제공 및 지도조언, 교사의 자질향상의 방향 및 기준제시 등이 있다.

평정방법으로는 전통적으로 서열법, 장제배분법, 평정척도법, 대조법 등이 있으며, 최근에는 이에 더하여 목표관리법, 행동과학적 기준에 의한 평가법, 평가센터법, 중요사실 서술법, 자기평정법, 동료평정법 등이 제시되고 있다.

오늘날 근무성적 평정제도는 몇 가지 한계에도 불구하고 대부분의 나라와 대부분의 직종에서 이용되고 있다.

3. 승진과 전보

교원의 인사이동 가운데 가장 대표적인 것이 승진과 전보이다. 승진이란 상위 직으로의 상향적·수직적 이동을 의미한다. 전보는 동일직위 간의 수평적 이동을 의미하는데 근무교의 이동이 이에 속한다. 또한 전직은 같은 종류의 직렬이 아닌 다른 직렬의 지위에 임용되는 것을 의미하는데, 즉 교원을 교육전문직으로, 교육 전문직을 교원으로 직렬을 바꿔 임용하는 것을 의미한다.

이러한 승진제도는 구성원에게 보상수단 내지 욕구충족과 동기제공 등의 수단을 제공하며, 인적자원을 적절히 배치함으로써 조직의 목표를 효율적으로 달성할 수 있게 하며, 조직구성원이 직무수행을 위해 필요한 지식과 능력을 향상시키는 등 능력계발의 수단이 된다.

1) 승 진

대체로 승진의 기준은 연공서열주의와 능력주의로 나누어 설명할 수 있다.

① 연공서열주의: 승진대상자의 근무연수, 연령, 경력, 학력 등의 기준을 중시하는 것이다. 이는 동양의 운명공동체적 풍토에 기반을 둔 것으로서 그 적용이 용이하고 승진관리에 안정성을 기할 수 있는데 반하여, 유능한 인재의 확보가 미흡하고 행정의 침체성이 우려되는 등의 단점이 있다.

② 능력주의: 승진대상자의 직무수행 능력과 업적 등을 중시하는 것이다. 이는 서양의 이익공동체 풍토에 기반을 둔 것으로 과학적이며 합리적인 인사가 가능하다는 장점이 있는 반면, 근무보다 시험에 열중하고 시험을 전후한 사기에 영향을 주는 등의 단점이 있다.

연공과 능력 중에서 어느 것이 더 중요한가라는 문제를 한 마디로 규정하기는 어려우며, 대체로 능력과 업적, 학력과 근속연수, 근무성적, 승진시험 등을 적절하게 혼합하는 것이 일반적이다.

현행 교육공무원의 승진제도는 연공과 실적을 절충하는 형태로 이루어진다. 즉, 경력 평정·근무성적 평정·연수성적 평정·가산점 평정의 점수 순위에 따라 자격별로 승진 후보자 명부를 작성·비치하고, 이 명부에서 순위가 높은 교원의 순으로 결원된 직에 대하여 3배수 범위 안에서 승진 임용하거나 임용을 제청하도록 되어 있다.

교원을 포함한 교육공무원은 징계의결 요구, 징계처분, 직위해제 또는 휴직 중에 있는 경우, 징계처분의 집행이 종료된 날로부터 일정 기간이 경과되지 아니한 경우에는 승진 임용될 수 없다. 다만 징계처분을 받은 이후 당해 직위에서 훈장, 포장, 모범공무원 포상, 국무총리 이상의 표창 또는 제안의 채택시행으로 포상을 받은 경우에는 승진임용 제한기간의 1/2을 단축할 수 있다.

2) 전직과 전보

전직과 전보는 조직에서 직위의 위치를 변경시키는 인사이동을 통해 조직원의 능력계발을 유도하고, 조직목적의 효율적 달성을 도모하는 것이다.

승진이 수직적 이동이라면 전직과 전보는 수평적 이동이라 할 수 있다. 이는 조직원의 직무만족과 조직목적 달성의 극대화를 기할 수 있는 장점이 있다.

교육공무원법 상에는 직군과 직렬의 구분이 명시된 바는 없지만, 교육공무원의 직렬은 직무의 성질과 책임에 따라 교육직, 장학직, 교육연구직, 교육행정직으로 구분할 수 있다. 교사가 장학사 또는 교육연구사로, 교장이 장학관으로, 교육장이 교장으로, 장학관이 교육장으로 상호 인사교류가 되는 것을 전직이라고 한다.

초등학교 교원이 중등학교 교원자격증을 소지하거나, 중등학교 교원이 초등학교 교원자격증을 소지하였을 때에는 본인이 희망하는 바에 따라 자격증과 관련 있는 직위에 전직 임용할 수 있다.

교원을 교육전문직으로 전직 임용하고자 할 때에는 교육관이 투철하고, 교육에 대한 자질과 능력이 탁월하다고 인정된 자로서 다음 기준에 해당되는 자를 임용할 수 있다.

① 교육전문직 2년 이상 재직자로 교육, 교육행정, 교육연구경력 17년 이상인 자는 교감의 직위로 전직할 수 있음
② 교육전문직 2년 이상 재직자로 교육, 교육행정, 교육연구경력 22년 이상인 자는 교장의 직위로 전직할 수 있음
③ 장학사, 교육연구사는 교육경력이 9년 이상, 근무성적이 '우' 이상인 자
④ 장학관·교육연구관은 교장, 교감이거나 박사학위 소지자로서 교육경력이 5년 이상인 자. 단, 교육부 근무하는 자는 6년 이상 만 36세 이하인 자
⑤ 교육경력 10년 이상이고 교육전문직으로 10년 이상 근속한 자는 교감, 교장 등 제한을 받지 않음

교육공무원 인사관리규정 제15조에 의하면, 전보권자 또는 전보제청권자는 소속공무원의 동일직위에 있어서 장기근무로 인한 침체를 방지하고, 능률적인 직무수행을 기할 수 있도록 매년 전보계획을 수립하고 실시하여야 한다고 규정되어 있다. 교육감 및 교육장이 교원 전보계획을 수립할 때에는 관할지역 내의 국립학교를 포함한다.

교원의 생활근거지나 근무 또는 희망근무지 배치를 최대한으로 보장하여 사기진작 및 생활안정을 도모하게 하기 위해, 교육감 및 교육장은 거리·교통 등 지리적 요건과 문화시설의 보급 등을 감안하여 인사구역을 설정하고 인사구역에 따른 근무기간을 정해 공개하고 정기적으로 실시할 수 있다.

동일한 시·도 내의 부부교원은 특별한 사유가 없는 한 동일 거주지에서 통근이 가능한 학교에 임용하여야 한다. 실업계 학교 교장·교감은 당해 실업과목의 전공자를 배치하여야 하며, 적격자가 없을 때에는 동종 실업학교에 장기근속한 자를 배치하여야 한다. 여학교의 교장·교감 중 1인은 가급적 여교원으로 배치하여야 한다.

Section

04 교육의 권리와 의무

1. 권 리

교원은 교육목표를 효과적으로 수행하기 위해서 교육권을 기본으로 하여 여러 분야에서 특별한 권리를 보장받고 있으나, 이것은 전적으로 국가와 수요자들로부터 신탁 혹은 위임받은 권리라 할 수 있다. 교육의 효율성을 위하여 직책과 직위에 맞는 책임을 부여하고 있으며, 이 책임을 다할 수 있는 최소한의 결정권을 법률에 의하여 위임받고 있다. 교육공무원은 일반 국민이 부담하지 않는 특별한 의무와 책임을 지고 있는 만큼 일반 국민에는 인정되지 않는 여러 가지 권리를 갖는다. 교육공무원의 권리는 신분상의 권리와 재산상의 권리로 대별된다. 여기서는 주로 공무원으로서의 국공립 교사의 권리를 기술하지만 사립학교 교사도 같은 권리를 지닌다고 볼 수 있다.

첫째, 교육공무원은 신분 보유권을 갖는다. 교육공무원은 형의 선고, 징계처분 또는 교육공무원법에서 정하는 사유에 의하지 않고서는 그 의사에 반하여 휴직, 강임 또는 면직을 당하지 않는다. 또 교육공무원은 권고에 의하여 사직을 당하지 않는다. 이와 같이 교육공무원의 신분은 보장되어 있기 때문에 법령이 정하는 사유와 절차에 의하지 않고서는 그 위로부터 일방적으로 조치되지 않는다.

둘째, 교원은 교육회 참여권을 갖는다. 교원은 상호 협동하여 교육의 진흥과 문화의 창달에 진력하며, 경제적 또는 사회적 지위를 향상시키기 위하여 군, 시, 도, 광역시, 서울특별시 및 중앙별로 교육회를 조직할 수 있다.

셋째, 교육공무원은 직무집행권 및 직명사용권을 갖는다. 교육공무원은 그 직위가 요구하는 일정한 직무를 담당할 권리가 있다. 직무집행권은 모든 공무원의 권리인 동시에 의무이기도 하다. 따라서 공무원이 맡은 바 직무를 수행함에 있어 어느 누구도 이를 불법, 부당하게 방해할 수 없다. 또 교육공무원은 그 직위를 표시하는 일정한 직명을 사용할 권리가 있다. 예를 들면, 총장, 교장, 교수, 부교수, 장학관, 교육연구관 등의 관명이 그것이다.

넷째, 교원은 불체포특권을 갖는다. 교원은 현행범인 경우를 제외하고는 소속 학교장의 동의 없이 학원 안에서 체포되지 않는다. 교원의 불체포특권은 다른 공무원에게는 인정되지 않는 권리이다. 공무원의 불체포특권이 인정되는 경우로는 국회의원과 선거관리위원회 위원 등이 있다. 교원에게 불체포특권을 인정한 것은 학원의 자율과 학문의 자유를 보장하기 위하여 외부 권력기관의 부당한 압력을 배제하려는 의도에서이다.

그러나 불체포특권은 어디까지나 선량한 교원의 정당한 신분을 보호하려는 데 목적이 있는 것으로, 현행범까지도 은폐하는 데 목적이 있는 것은 아니다. 따라서 교원이라고 하더라도 현행범인 경우와 학원 밖의 경우 그리고 학원 내일지라도 학교의 장이 체포할 것을 허가한 때에는 이 특권이 인정되지 않는다.

다섯째, 교육공무원은 심사청구와 후임자 보충발령의 유예를 받을 권리를 갖는다. 교육공무원의 임명권자는 교원이 직무수행능력의 현저한 부족으로 근무성적이 극히 불량하다고 인정하여 직권에 의한 면직처분을 할 때에는, 그 처분을 한 날로부터 30일 이내에는 후임자의 보충발령을 하지 못한다. 사실 교육의 직무수행능력과 근무성적평가는 거의 임명권자 또는 소속 학교장의 주관적인 판단에 의해 좌우될 우려가 있으며, 이 때문에 부당한 면직을 당할 수도 있다. 이러한 잘못된 인사조치를 시정하기 위하여 면직된 날로부터 30일 이내에 소청심사위원회에 소송의 절차를 밟도록 하였다.

이상이 신분상의 권리이며 보수를 받을 권리, 실비변상을 받을 권리, 공무원 연금법에 의하여 각종 사회보장(급여)을 받을 권리가 재산상의 권리인 것이다.

한편 서정화(1989)는 교원의 권리로 자율성 신장, 생활보장, 근무조건 개선, 복지후생제도의 확충 등을 들었고, 소극적 권리로 신분보장, 쟁송제기권, 불체포특권, 교직단체 활동권 등을 들었다.

2. 의 무

교육공무원의 의무에는 교육의 공공성과 교육의 효율성을 위하여 교원으로서의 의무와 공무원으로서의 의무가 있다. 사립학교 교원도 이에 준한다. 교원의 교육법상의 의무에는 교육 및 연구수양의 의무, 정치활동의 제한이 있다. 공무원으로서의 복무의무는 국가공무원법의 규정이 준용되고 있는데, 선서의 의무, 성실의 의무, 복종의 의무, 친절공정의 의무, 비밀엄수의 의무, 청렴의 의무, 외국 정부의 영예 등을 받을 경우 대통령의 허가를 받을 의무, 품위유지의 의무가 있다. 금지사항으로는 직장이탈 금지, 영리업무 및 겸직 금지, 정치운동의 금지, 집단행위의 금지 등이 있다.

의무라 해서 전체가 법적 구속력이 있는 것은 아니지만 국가발전의 원동력을 제공하는 교육자로서의 보편적 의무를 살펴보면 다음과 같다.

1) 선서의 의무

공무원은 취임 시에 소속기관장 앞에서 다음과 같이 선서해야 한다고 규정하고 있다.

> "본인은 국민 전체에 대한 봉사자로서의 책임과 조국의 번영을 이룩하는 영광스러운 길잡이임을 깊이 자각하고, 법령 및 직무상의 명령을 준수 복종하며, 창의와 성실로써 맡은 바 책무를 다할 것을 엄숙히 선서합니다."

그러나 개정된 국가공무원법에 의하면 "공무원은 취임할 때에 소속기관장 앞에서 국회규칙, 대법원규칙 또는 대통령이 정하는 바에 따라 선서하여야 한다. 다만 불가피한 사유가 있을 때에는 취임 후에 선서를 하게 할 수 있다"고만 규정하고 있다.

2) 성실의 의무

모든 공무원은 법령을 준수하며 성실히 직무를 수행하여야 한다. 직무수행은 모든 공무원의 기본적인 의무이다. 공무원이 고용주인 국가와 공법상의 근무관계를 형성하는 행위는 공무원 자신의 신분적 권리를 누릴 뿐만 아니라 국가에 대하여 일정한 역무(役務)를 제공할 의무를 지는 것이다. 직무수행의 의무와 관계되는 것으로 사범계 학교 졸업자의 복무의무에 관한 규정이 있다. 즉, 교육대학, 국·공립에 설치한 교육(학)과 졸업자는 감독청이 지시하는 바에 의하여 수업연한에 해당하는 기간 동안 학교교육에 종사할 의무가 있다.

3) 복종의 의무

모든 공무원은 직무를 수행함에 있어서 소속 상위자의 직무상 명령에 복종하여야 한다. 복종의 의무는 국가 사무의 통일적이고 능률적인 수행을 위해 필요한 의무이다.

교육공무원의 경우 각급학교 교원에게 있어서 교감과 교장이 되고, 교육행정직에 있어서는 교육장과 교육감 등이 될 수 있다. 그러나 교원에 대한 직무명령에는 그 복종에 있어서 일정한 한계가 있다. 교원 본연의 직무는 아동, 학생을 지도하고 교육하는 것이다. 교원은 아동, 학생을 지도하고 교육하는데 있어서 자신의 전문지식과 경험에 의하여 교육법과 국가의 교육방침 혹은 장학지침에 따라 독자적으로 수행하여야 한다. 이는 교육이 자주성을 유지하고 어느 특정인의 독단에 좌우되어서는 안 되기 때문이다.

4) 친절·공정의 의무

공무원은 국민 전체에 대한 봉사자로서 친절·공정하게 집무해야 한다.

5) 청렴의 의무

공무원은 직무와 관련하여 직접 또는 간접을 불문하고 사례·증여 또는 향응을 수수할 수 없다. 즉, 공무원은 직무상의 관계 여하를 불문하고 그 소속 상위자에게 증여하거나 소속공무원으로부터 증여를 받아서는 안 된다.

6) 비밀엄수의 의무

공무원은 재직 중은 물론 퇴직 후에도 직무상 알게 된 비밀을 엄수하여야 한다. 직무상의 비밀은 자신이 처리하는 직무에 관한 비밀뿐만 아니라 직무수행 중 알게 된 비밀도 포함된다. 비밀엄수의 의무를 위반할 경우에는 징계의 사유가 될 뿐만 아니라, 법령에 의한 직무상의 비밀을 누설한 경우에는 형법상의 범죄를 구성하기도 한다.

7) 품위유지의 의무

공무원은 직무의 내·외를 불문하고 그 품위를 손상하는 행위를 해서는 안 된다. 공무원의 품위유지의 의무는 공적 임무에만 해당되는 것이 아니라 사생활까지도 포함하는 의무라고 보아야 한다.

이상에서 기술한 공무원의 의무는 교육공무원법에는 교원의 의무에 관한 사항이 모두 규정되어 있지 않기 때문에 국가공무원법이 규정을 준용하고 있다.

이외에도 교육공무원은 부단히 연구와 수양에 힘써야 한다는 점, 영리를 목적으로 하는 업무에 종사하거나 소속기관장의 허가 없이 겸직할 수 없다는 점, 정당이나 정치단체에 관여하거나 가입하지 못하며 선거에 있어서 특정정당이나 특정인을 지지 또는 반대하기 위한 정치활동을 할 수 없다는 점 등의 규제가 있다.

교육공무원은 자기의 의무를 사랑하고 이러한 복무의무의 준수에 솔선수범해야 할 것이다.

다음으로, 공무원 복무와 관련된 당직근무, 출장, 근무시간, 휴가 등에 관한 사항을 살펴보면 다음과 같다.

모든 기관의 안전관리를 위하여 당직근무제가 행해지고 있다. 당직근무자는 모든 사고를 미연에 방지하여야 하며 사고가 발생한 때는 신속한 조치를 취하여야 한다.

출장이란 공적인 용무를 띠고 일정 기간 직장을 떠나 여행하는 것을 뜻한다. 출장은 사무적인 용무를 띠는 경우가 있는데 출장공무원은 소정의 사항을 준수해야 한다.

학교의 휴업일은 관공서의 공휴일과 감독청 또는 학칙에서 정하는 하기, 동기, 학기말 및 농번기의 휴가 또는 개교기념일로 되어 있으며, 학교를 포함한 관공서의 공휴일에 관한 규정에 규정되어 있다.

공무원의 휴가는 연가, 병가, 공가 및 특별휴가로 구분하여 실시하고 있으며, 연가일수, 병가, 공가, 특별휴가에 관한 구체적 사항은 공무원 복무규정 제15조 내지 제20조에 각각 규정되어 있다.

동기부여관리

Section

01 동기의 개념

1. 동기의 개념

인간은 사회적 동물이기에 사회를 떠나서는 살아갈 수 없으며, 규모와 성격은 다르지만 다양한 사회조직을 만들어 스스로 그 구성원이 되며, 이 조직과 관련을 맺고 생활하면서 자아실현의 과정을 밟아가는 것이다. 조직의 구성원인 각 개인은 조직을 통하여 자기 자신의 목표를 실현하고, 동시에 조직은 개인을 통하여 그 목표를 실현하는 관계에 있다. 즉, 조직은 많은 인간의 협동행위 위에 형성되고, 그것을 통해서 목표를 달성해 가는 것이며, 인간 개개인의 생활은 조직을 통한 협동행위 속에서 의미 있게 살아가는 것이다. 따라서 조직을 연구하는 학자들은 조직의 활동을 주의 깊게 분석하기 위해 인간행동의 이해는 매우 중요한 것이다.

어떤 조직의 지도자도 그 조직구성원의 행동을 정확하게 이해하기 위해서는 그 동기를 이해하지 않으면 안 된다. 그래서 실제적으로 교육현장에서도 조직원의 동기부여는 모든 교육행정가에게 있어서 중요한 관심사일 수밖에 없다. 동기는 행동이 아니라 이것은 우리가 직접 관찰할 수 없는 행동에 영향을 미치는 내적 상태이다. 우리는 개개인의 행동으로부터 동기를 유추해야 한다. 인간의 동기는 갈망, 충동, 소원 등과 같은 모든 내적욕구로 구성된다. 즉, 동기는 개인으로 하여금 어떤 일을 열심히 하고 지속적으로 할 수 있게 하는 실천력의 근원이다.

동기 없이는 작업상 혹은 다른 어떤 곳에서도 개인의 목적달성과 잘 조직화된 행동이 있을 수 없다. 동기는 일반적으로 인간욕구에 있어서 근원이다.

Section

02 동기의 내용이론

1. 동기의 내용이론

인간의 동기부여를 설명하는 이론체계는 크게 내용이론과 과정이론으로 구별된다. 내용이론은 인간 모두가 지닌 보편적인 심리적 특성을 동기로 다루고 있다. 인간의 행동을 활성화시키는 힘이 어떤 종류의 내적인 긴장이나 각성에서 유래된 것으로 보고, 이런 긴장이나 각성의 해소가 동기유발의 근원이 된다고 보고 있다. 그래서 욕구의 불만족은 개인에게 내적인 불균형 상태를 유발시키고, 이 불균형 상태를 내적 평형상태로 바꾸기 위해 노력하는 것이 바로 동기의 원인이라고 보는 입장이다. 비록 내용이론은 개인을 동기화시키는 원인이 개인 내에 있다고 보기는 하지만, 이 관점의 주된 관심은 내적 욕구들, 환경자극, 결과적인 행동들 간의 상호 관련성에 초점을 맞추고 있다.

내용이론에는 여러 가지 이론이 있으나, 이 장에서는 대표적으로 매슬로우(Maslow)의 욕구계층이론과 허즈버그(Herzberg)의 동기－위생이론을 소개한다.

1) 매슬로우의 욕구계층이론

(1) 기본 전제

매슬로우는 조직에서의 과업행동뿐만 아니라 일반적인 인간행동의 동기에 관해 설명하였는데, 이를 욕구계층이론(need hierarchy theory)이라고 한다.

우선 전제조건으로 인간은 항상 무엇인가를 필요로 하는 결핍의 존재이다. 즉, 인간은 충족되지 못한 어떤 욕구를 충족시키기 위해서 동기가 유발된다. 그리고 인간의 욕구는 생리적 욕구, 안전의 욕구, 소속 및 애정의 욕구, 존경의 욕구 그리고 자아실현의 욕구로 나뉘는데, 이 욕구들은 서로 유기적인 연관성을 가지면서 욕구별로 우선순위에 따라 계층을 이루고 있다. 따라서 일단 하위의 욕구가 충족되면 충족된 욕구의 동기유발력은 현저히 감소되거나 잠재화되고, 그 대신에 차상급의 욕구가 지배적인 동기요인으로 부각된다. 나아가서 모든 인간은 자아실현을 하는 건강한 심리상태(eupsychia)에 도달할 수 있는 존재이다.

(2) 욕구의 종류와 내용

① 생리적 욕구

인간욕구 중 가장 기본적인 것으로 음식, 물, 보금자리 등과 같은 가장 본능적인 욕구를 의미한다. 과거에는 사회가 덜 복잡하여 사람은 개인적으로 가장 본능적인 욕구에 만족하는 것은 가능한 것이었다. 단순한 군집사회에서 농민들 또는 사냥꾼들은 이런 욕구를 충족하기 위해 많은 시간과 정력을 쏟았다. 그러나 현대사회는 기술적으로 발전된 사회이므로 우리가 배고플 때 많은 사람들에게 사냥을 위해 사냥감을, 물을 위해 우물을 파는 것은 불가능하다. 오히려 우리는 임대세(賃貸稅)를 내고 식료품가게에서 음식을 구하며, 세금을 내는 것과 같은 필수적인 요건을 만족하기 위해 돈을 벌어야만 한다는 것이다. 우리는 우리를 고용하는 조직의 구성원이 될 뿐만 아니라 정부요원 그리고 우리에게 필수적인 재화와 용역을 제공받기 위해 개인 회사원이 된다. 그래서 인간욕구의 가장 기본적 수준에서 우리는 조직에 소속되도록 동기화되었고, 조직 속에 남아서 그들의 목적에 기여하고 있다. 이와 같이 사람이 조직 속에 있어야 하는 이유는 근본적으로 개개인의 생리적 욕구충족을 위해서 그 조직 속에서의 활동은 필수적인 것이기 때문이다.

② 안전의 욕구

인간의 본성 때문에 기본 생리적 욕구들이 적당히 충족되자마자 새로운 수준의 욕구, 즉 욕구계층의 한 단계 높은 욕구가 자동적으로 나타난다. 매슬로우에 따르면 이 욕구는 전 단계의 욕구보다 더 큰 잠재력을 가지고 있기 때문에 개인들은 그것의 만족을 추구한다는 것이다. 물론 안전의 욕구는 여러 환경에서 각 개인에게 많은 것을 의미하고 있다. 예를 들어, 노후보장과 병고에 있어서 빈궁으로부터 탈피하기 위해 높은 수입을 받으려고 노력한다. 그래서 많은 사람들은 더욱더 열심히 일하게 되는 것이다. 또 안전의 욕구는 직업의 안전성을 유지한다는 의미를 포함한다. 이것은 많은 직장, 공공 근로자들에게 중요하며 학교교사에게도 중요한 것이다. 그들에게 종신보증제나 연금제도는 그 조직 속에 참여하려고 하는 강한 욕구를 일으킬 것이다.

③ 소속과 애정의 욕구

새로운 욕구수준은 바로 아래 단계의 욕구가 충족됨으로써 나타난다. 안전에 대한 욕구가 충족되면 개인은 다른 사람과 함께 소속에 대한 욕구를 얻기 위해 노력한다. 즉, 생리적 욕구와 안전에 대한 욕구가 충족되었다면, 개인들은 사회적이고 사교적인 동료의식을 조성하기 위한 욕구가 일어나게 되는 것이다. 학생들이 학교에 가는 이유도 지식만을 추구하는 것이 아니라 친구들과 사귀고 어울리려는 욕구가 있기 때문이다. 또한 개인에 따라서 비록 수입이 적더라도 자영업보다는 직장생활을 원하는 경우도 소속과 애정의 욕구를 통해 설명될 수 있다.

④ 존경의 욕구

인간이 자존심을 유지하고 타인으로부터 인정이나 존경을 얻고 싶은 욕구이다. 존경의 욕구는 두 가지로 나타나는데, 하나는 타인으로부터의 존경(인정, 명예, 지위 등)이며, 다른 하나는 자신으로부터의 존경(자기가치감, 자기효능감, 자기성취감 등)이다.

⑤ 자아실현의 욕구

매슬로우의 이론에서 가장 높은 인간욕구이다. 그는 이것을 인간이 되려고 또는 될 수 있는 것은 무엇이든지 실현하고 싶어하는 인간 잠재력을 극대화하려는 욕구이다. 자아실현의 욕구를 추구하는 사람은 강한 내적 직관성과 자기성장을 찾는다. 그리고 자비로운 가치, 윤리, 신념 등에 의해 동기화된다.

(3) 비판점

욕구계층이론이 인간의 욕구를 체계적으로 설명해 주고 있지만 다음과 같은 비판점이 제기되고 있다.

첫째, 일반적으로 인간의 욕구가 하급의 욕구로부터 상급의 욕구로 이행하면서 순차적으로 발로되지만, 그러한 욕구의 '순차적 계층성'이 항상 고정적인 것은 아니다. 예를 들면, 선천적으로나 의도적으로 소속의 욕구를 중시하는 사람에게는 소속의 욕구가 존경의 욕구보다 상위의 욕구로 나타날 수 있다. 어떤 사람은 생리적 욕구나 안전의 욕구가 충족되지 않은 가운데에서도 자아실현을 위한 활동에 정진하기도 한다.

둘째, 일반적으로 인간의 행동은 단일의 배타적인 욕구에 의하 이루어지는 것이 아니라, 여러 욕구요인이 상호 복합적으로 작용하여 행동을 결정한다. 예를 들면, 교사들이 방학 중에도 쉬지 않고 자원하여 연수를 받는 이유는 자신을 계발하기 위한 자아실현의 욕구와 함께 승진(존경의 욕구)을 위한 고려도 함께 작용하는 경우를 예로 들 수 있다.

셋째, 인간의 욕구와 동기를 정태적으로 파악하였다는 한계가 있다. 욕구요인의 상대적 중요성은 사람에 따라 다를 뿐 아니라, 개인에게 있어서도 상황에 따라 다른 것이 사실이다. 따라서 인간의 행동을 제대로 이해하기 위해서는 조직의 변인(구조와 과정, 리더십), 환경변인(정책이나 제도의 변화 등)을 고려하는 것이 중요하다.

넷째, 교사들의 동기부여 방안과 관련하여 볼 때 자율성 욕구를 강조하지 않은 한계가 있다. 현실적으로 교직을 전문직이라고 할 때 교사들이 가장 중시하는 욕구는 교직을 수행하는 데 있어서 전문적인 판단기준과 양심에 입각하여 자유스럽게 학생들을 가르치는 것을 가장 중요하게 생각한다. 이러한 한계를 고려하여 포터(Porter)는 생리적 욕구를 제외하는 대신 자율성의 욕구를 자아실현의 욕구 밑에 설정하여 설명하였다.

(4) 학교조직에의 시사점

매슬로우의 이론체계는 학교조직의 경영자나 행정가들에게 주는 시사점은 다음과 같다.

첫째, 학교조직의 경영자들에게 학교조직구성원들의 과업동기에 관한 체계적인 설명을 제공한다. 조직의 구성원들은 조직의 목표에 공헌하는 대가로 조직으로부터 어떤 보상을 받기를 원한다. 따라서 학교조직의 효과를 높이기 위해서는 경영자들은 교사들이 충족하기를 바라는 욕구의 내용을 체계적으로 알아야 한다.

둘째, 매슬로우의 욕구체계가 학교조직의 경영자들에게 주는 보다 핵심적인 시사점은 '인간중심 경영'의 중요성과 그 토대적 논리를 제공하였다는 사실이다. 교육의 목표를 한 마디로 말하면 '자아실현'이라고 말할 수 있다. 개인이 갖고 있는 잠재능력을 최대한으로 실현하고 자신의 가치를 극대화하고자 하는 데 교육의 궁극적이고 본질적인 목적이 있다. 이와 관련하여 볼 때 매슬로우의 이론은 학교조직에 특히 중요한 의미가 있다. 구체적으로 학교조직에서 구성원, 특히 교사들이 한 인간으로서 성장감과 자기 발전감을 만끽하고, 자아실현을 실현하도록 조직분위기나 여건을 조성하는 일이 동기부여과정에서 가장 중요하다.

셋째, 인간의 욕구단계가 단계적·복합적으로 작용한다는 사실은 교사들의 동기유발을 위해서 복합적인 접근이 필요함을 말해준다. 우선 교사들에게도 생리적 욕구는 중요하다. 흔히 교사들은 청렴하고 청빈한 삶을 살아야 한다고 말한다. 그렇다고 이것이 교사들에게 경제적 요인이 중요하지 않다는 것은 아니다. 오히려 교사들에게는 안정적으로 직무에 전념할 수 있도록 보수 등 경제적 지원을 적정하게 해줄 필요가 있다. 뿐만 아니라 사회적으로 그 지위를 통하여 생의 보람을 느끼도록 교직에 대한 보람을 갖고 학생을 가르치도록 사회적·제도적 장치를 만드는 일이 중요하다. 그런데 이러한 노력은 어느 하나에만 초점을 둘 수 없고 종합적인 차원에서 이루어져야 한다는 사실이다.

2) 허즈버그의 동기(만족)–위생(불만족)이론

(1) 주요 내용

허즈버그(Herzberg, 1966)는 일 자체가 성취감과 책임감을 경험하게 하여 내적으로 동기화시키는 능력이 있다는 것과 직무와 관련된 두 가지의 독립변인이 있다고 보았다. 그는 200명의 기술자와 회계사들을 대상으로 일을 하면서 즐거웠던 또는 불쾌했던 시간이나 사건을 회상하게 한 다음, 면접을 통해 왜 그러한 감정을 느끼게 되었는가 그리고 이것이 성과에 어떠한 영향을 미쳤는가를 조사하였다. 이러한 실증적인 연구를 통해서 사람들에게는 만족을 주는 직무요인과 불만족을 주는 직무요인이 별개로 존재한다는 사실을 발견하였다. 허즈버그의 이론을 이요인설(二要因說) 또는 양요인설(兩要因說)이라고 명명하기도 하는 이유가 여기에 있다.

동기–위생이론의 핵심을 설명하면 '만족'과 '불만족'을 연속선상의 양극에 위치하는 반대개념으로 보아오던 종래의 관점과는 다르게 만족과 불만족은 서로 독립된 별개의 차원이며, 각 차원에 작용하는 요인 역시 별개로 존재한다고 보는 것이다. 한 마디로, 만족의 반대는 불만족이 아니라 만족이 없는 상태, 즉 '무만족(no satisfaction)'이며, 불만족의 반대는 만족이 아니라 불만족이 없는, 즉 '무불만족(no dissatisfaction)'이라는 사실을 발견하였다.

이를 기초로 허즈버그는 직무만족을 가져다주는 내용으로 밝혀진 요인들을 동기요인(motivators) 또는 만족요인(satisfiers)이라 하고, 직무 불만족을 가져다주는 것으로 밝혀진 내용들을 위생요인(hygiene factors) 또는 불만족요인(dissatisfaction factors)이라고 명명하였다.

① 동기요인

이는 개인으로 하여금 직무에 대해 만족하고 긍정적인 태도를 갖게 하며, 열심히 일하게 하는 요인을 말한다. 여기에는 성취, 인정, 작업 자체, 책임, 발전 등이 있다.

이 요인들은 모두가 실제 직무나 직무내용과 연관된 것들이다. 즉, 성취는 목표의 달성과 관계되며, 인정은 칭찬, 신임, 아이디어의 수용, 보상과 관련된다. 책임은 간섭받지 않고 자유재량권을 가지고 일하며, 일한 결과에 대해서도 책임을 지는 경우이다. 발전(승진)은 지위나 직위의 실질적인 변화를 의미하며, 성장 가능성은 지위가 높아지고 기술이 향상될 전망을 의미하고, 성장 가능성은 지위가 높아지고 기술이 향상될 전망을 의미한다. 나아가 작업 자체는 직무를 수행할 때 이에 대해서 갖는 감정과 관련된다.

결국 동기요인은 이러한 요인이 충족되지 않아도 불만은 없지만, 일단 충족하게 되면 직무만족에 적극적인 영향을 줄 수 있고 일에 대한 긍정적인 태도를 유도할 수 있다. 따라서 동기요인은 주로 직무 내재적인 성격을 지니고 있다. 이러한 만족요인은 매슬로우의 상위욕구에 해당된다.

② 위생요인

이는 직무불만족을 초래하는 요인과 관계가 있다. 회사정책과 행정, 감독, 임금, 대인관계, 작업조건 등이 이에 속한다. 따라서 위생요인은 종업원이 직무를 수행하는 상황 또는 환경 그리고 종업원들 간의 관계에 대한 요인을 말한다. '위생'이라는 용어는 의학적인 의미에서 직무불만족을 예방할 수 있는 환경적 조건과 관계되기 때문에 불만족요인이라고 한다. 위생요인은 그것의 충족이 단지 직무에 대한 불만족의 감소만을 가져올 뿐이지 적극적으로 직무만족에 작용하지는 못한다.

(2) 비판점

동기-위생이론은 이론적으로나 실제적으로 폭넓게 받아들여지고 있으나 '허즈버그 논쟁'이라고 불릴 정도로 많은 비판이 가해지고 있다(신유근, 1985).

첫째, 직무만족을 가져오는 요인과 직무불만족을 가져오는 요인의 구분이 명확하지 않으며, 일치된 연구결과를 보여 주지 못하고 있다. 특히 간족, 불만족의 분류방식에도 문제가 있는데, 사람들은 자기통제하에 있는 요소에 대해서는 자연히 즐거운 경험을 언급할 가능성이 있는 반면에, 자기통제를 벗어나는 직무환경적 요소에 대해서는 기분 나쁜 경험을 말할 가능성이 높다.

둘째, 동기-위생이론은 개인차를 무시하고 있다. 직무환경에 대한 개인의 반응은 기본적으로 유사할 것이라는 가정을 취하는데, 현실적으로 동기요인이 포함된 직무에 대해 동기부여될 수 있는 사람이 있는 반면에, 돈이나 직무의 안정에 의해 똑같은 동기부여가 가능한 사람도 있다. 따라서 직무내용과 관련된 요인에 의해서만 동기부여될 수 있다고 단정하는 것은 현실적인 경영에 있어서 위험을 초래할 가능성이 있다.

(3) 학교조직에의 시사점

동기-위생이론이 학교조직에서 구성원의 동기부여에 주는 의의를 살펴보면 다음과 같다.

첫째, 교사들로 하여금 직무를 통해 만족과 성과를 제고하도록 할 수 있는 철학적 토대를 제공하고 있다. 우선, 교사의 동기화 전략으로 일 자체와 관련된 직무재설계(job redesign)의 중요성을 강조한다.

이 이론에 의하면 교사들은 봉급수준이나 근무조건의 개선 등에 의하여 동기유발되는 것이 아니라, 직무 그 자체를 통한 인정감, 발전감, 책임감 등에 의해 동기부여되기 때문에, 직무자체 또는 그 수행방식 등의 변화, 즉 직무 풍요화(job enrichment) 전략이 효과적인 동기화 전략이 된다는 것이다.

직무 풍요화는 직무수행에 다양한 작업내용이 포함되고 보다 높은 수준의 지식과 기술을 요하고 작업자에게 자신의 성과를 계획·지휘·통제할 수 있는 자주(율)성과 책임을 많이 부여하고, 개인적 성장과 의미 있는 작업경험에 대한 기회가 제공될 수 있게끔 직무의 내용을 재편성하는 것을 말한다(신유근, 1985).

이는 과학적 관리론에 입각한 직무설계가 분업화·세분화를 강조함으로써 근로자로 하여금 일에 대한 단조로움을 경험하고, 그래서 직무가 의미 없고 인간의 품위를 떨어뜨리며, 결국에는 비인간화를 초래했다는 반성과 관련이 있다.

결국 직무 풍요화는 교사들로 하여금 직무수행상의 책임을 증가시키고, 권한과 자유재량권을 부여하며, 구성원들로 하여금 자신의 능력을 발휘할 수 있는 기회를 가지도록 하여 직무 속에서 도전·보람·흥미·심리적 보상을 얻도록 하자는 것이다(노종희, 1992).

지금까지 논의한 매슬로우와 허즈버그의 동기이론을 종합하면 그림 7-1과 같다.

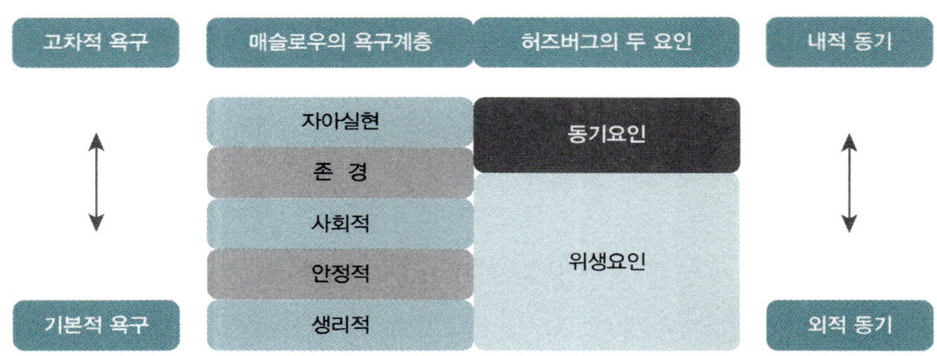

그림 7-1 **동기이론**

Section 03 동기과정의 이론

1. 동기과정의 이론

앞서 살펴본 이론들은 개인의 행위를 야기시키는 욕구의 내용에 초점을 둔 것인데, 이것은 그러한 욕구들이 과연 어떠한 과정을 통해서 인간의 동기를 이끌어 내는가에 대해서는 설명이 부족하다.

과정이론은 인간의 욕구들이 어떤 과정을 통해서 행동을 유발하는가에 초점을 맞춘 이론으로, 동기과정에서 발생하는 여러 변수들과 그 변수들 간의 상호 관련성을 밝히려는 이론이다.

인간의 동기과정은 너무 복잡해서 이 과정이론에도 여러 가지 이론이 있다. 과정이론 중에서 대표적인 이론을 들면 브룸(V. H. Vroom)과 포터(L. W. Porter), 로울러(E. E. Lawler)의 기대이론과 아담스의 공평성이론과 로크(E. A. Locke)의 목표이론 등을 들 수 있다.

1) 브룸의 기대이론

(1) 내용체계

기대이론은 인간은 사고와 이성을 지닌 존재로 현재와 미래의 행위에 대해 의식적인 선택을 한다고 가정함으로써, 동기화 과정에서 개인의 지각의 중요성을 강조한다. 따라서 동기란 여러 자발적인 행위들 가운데에서 개인의 선택을 지배하는 과정으로 정의된다(신유근, 1985).

브룸의 이론을 이해하기 위해서는 그의 이론을 구성하는 주요 개념과 개념들 간의 상호 연관성을 파악하는 것이 필요하다.

① 1차 및 2차 수준의 성과

1차 수준의 성과란 어떤 개인이 어떠한 일을 한 직접적인 결과를 말하며, 2차 수준의 성과란 1차 수준의 성과로 인해서 초래되는 사상 혹은 결과를 말한다. 예를 들어, 학생이 열심히 공부하면 좋은 학점을 얻고 그로 인해 장학금을 받는 경우를 생각할 수 있다.

② 유의성(valence)

유의성이란 특정의 목표, 결과, 보상, 유인체제 등에 대해 개인이 갖는 선호를 말한다. 예를 들어, 어떤 교사가 교감 승진을 원한다고 할 때, 그는 이 목표를 달성하기 위해 좋은 근무평정을 받는 것이 중요하다고 생각할 것이다. 이 경우에 좋은 근무평정에 대한 선호의 강도는 적극적으로 얻고자 할 경우(상 또는 +), 중간(립)적인 경우(중 또는 0) 그리고 소극적으로 피하는 경우(하 또는 –)로 분류될 수 있다.

③ 성과기대(expectancy)

성과기대란 특정행위나 노력에 의해 특정결과가 나오리라는 가능성 혹은 주관적 확률과 관련된 믿음이다. 내가 노력을 하면 성과를 얻어낼 수 있을 것이라고 믿는 확실성의 정도, 즉 노력과 성과의 관계에 대한 개인적 지각을 말한다. 이는 0에서 1까지의 값을 가질 수 있는데, 성공(성과)에 대한 완전한 의심을, 1은 완전한 확신을 의미한다. 예를 들어, 열심히 노력하면 A학점을 받을 수 있다는 가능성 혹은 확률에 대한 믿음은 0~1까지의 값을 가질 수 있다.

④ 보상기대(instrumentality)

보상기대란 1차 수준의 성과가 2차 수준의 성과를 가져오게 되리라는 주관적인 확률치이다. 즉, 어떤 수준의 성과를 산출해 내면 유의성을 가진 보상이 주어질 것이라는 지각된 확률을 말한다.

보상기대는 −1에서부터 1까지의 값을 갖는다. 예를 들어, 열심히 공부하면 좋은 학점(1차성과)을 받고, 그것은 반드시 장학금(2차 성과)을 가져온다고 믿는다면 보상기대는 그만큼 높은 것이다. 따라서 보상기대치는 성과와 보상 간의 관계에 대해 어떻게 지각하는가를 의미하는 것으로, −1 ~ +1 사이의 값을 갖는다. 이런 점에서 다양하고 충분한 장학금제도는 학생들의 면학풍토 조성에 중요한 요소가 될 수 있다.

⑤ 힘(force)

힘은 모티베이션과 동의어로서 개인이 이용할 수 있는 여러 행동대안 가운데서 행위의 방향을 정하는 역할을 한다. 즉, 여러 행동대안 중에서 선택방향을 정하는 역할을 한다.

⑥ 능력(ability)

능력이란 어떤 과업을 성취할 수 있는 잠재력을 의미한다. 기대이론의 모형을 나타내면 그림 7-2와 같다.

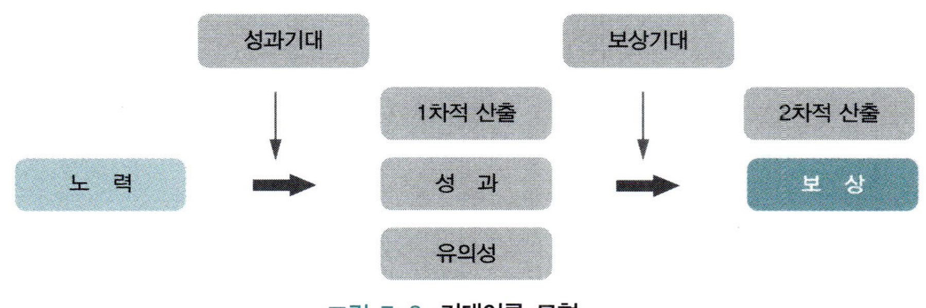

그림 7-2 기대이론 모형

이 모형에 비추어 가장 강력한 동기를 유발할 수 있는 3가지 요인의 조합은 높은 긍정적 요인과 높은 성과기대 그리고 높은 보상기대이다.

그런데 브룸은 이들 개념 간의 상호 관련성을 다음의 세 원리로 파악함으로써 동기화 과정을 설명하고 있다.

$$P = f(M \times A)$$ 공식 ①

성과(P)는 동기(M)와 능력(A)의 곱의 함수(f)를 의미한다.

$$M = f(V_j \times E)$$ 공식 ②

공식 ②는 기대이론의 핵심이다. 즉, 한 개인 동기의 정도는 1차 수준의 성과에 대한 유의성(V_j)과 일정행위가 1차 수준의 성과를 가져오리라고 믿는 기대(E)의 곱의 함수를 의미한다.

$$V_j = f(V_k \times I)$$ 공식 ③

공식 ③(1차 수준의 성과에 대한 유의성)은 2차 수준의 성과에 대한 유의성(V_k)과 1차 수준의 성과가 2차 수준의 성과에 대해 가지는 보상기대(I) 곱의 함수이다.

2) 포터와 로울러의 성과 – 만족이론

포터(Porter)와 로울러(Lawler)는 브룸의 기대이론을 기초로, 여기에 몇 가지 변수들을 첨가하여 독자적인 동기부여이론을 발전시켰는데, 성과가 직무만족에 영향을 미친다는 점을 강조하여 성과–만족(performance-satisfaction)이론으로 명명된다.

우선 전체적인 모형을 제시하면 그림 7-3과 같다.

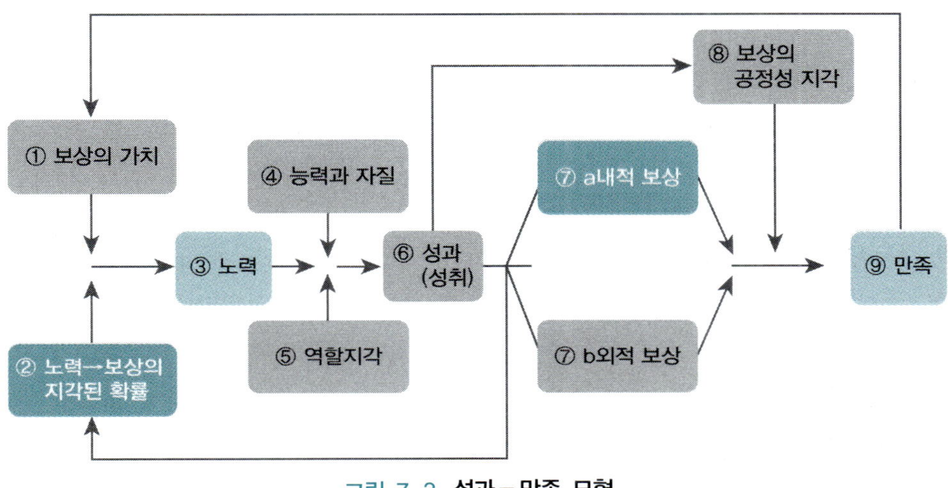

그림 7-3 **성과－만족 모형**

① 보상의 가치: 이는 브룸이론에서의 유의성과 같은 개념으로 하나의 결과가 어느 정도 매력적인가 하는 것을 말한다.

② 노력 대 보상의 확률에 대한 지각: 브룸이론에서 성과기대와 보상기대(수단성)의 개념을 합한 것이다. 이는 노력-성과(성과기대)와 성과-보상(보상기대) 요소로 구분될 수 있다.

③ 노력: 어떤 과업에 사용되는 에너지(힘)를 말하는데, 보상의 가치와 노력 대 보상의 확률에 대한 지각의 곱이 노력(즉, 모티베이션)을 구성한다.

이상의 요소들은 기대이론의 기본적인 줄거리와 같다. 포터와 로울러의 이론이 갖는 특징은 이후의 설명에서 나타난다.

① 능력과 자질: 한 개인이 갖고 있는 장기적인 관점에서의 특성을 의미한다.

② 역할지각: 효과적인 직무수행을 위해 요구되는 자신의 역할에 관한 정확

한 인식을 말한다.

③ 성과: 직무를 구성하는 제과업들에 대한 개인의 성취를 말한다.

④ 보상: 직무성과를 통해 얻을 수 있는 바람직한 사상(事象)을 의미하는데, 내적 보상과 외적 보상으로 구분된다.

⑤ 보상의 공정성 지각: 공정하다고 생각하는 보상의 양(정도)을 말한다.

⑥ 만족: 받을 보상이 지각된 공정성 수준에 부합되거나 아니면 이를 초과하는 정도를 의미한다.

이상에서 제시된 요소들 간의 관계성을 파악하여 성과–만족이론을 이해해 보면, 우선 처음 두 변수에 의해 세 번째 변수, 즉 노력이 결정된다. 그렇다고 노력이 성과에 직접적으로 연결되는 것은 아니다. 성과에는 노력뿐 아니라 능력과 자질, 역할지각이라는 두 변수가 영향을 미친다. 예를 들어, 직무수행에 필요한 능력이 구비되지 않았거나 자신의 역할에 관한 정확한 지각이 부족하다면 그 노력은 충분한 성과를 낼 수가 없다. 나아가서 성과에 기초하여 보상(내재적·외재적)이 수반되는데, 이 과정에서 보상에 대한 공정성의 지각이 중요하다. 보상의 양뿐만 아니라 그 보상에 대한 공정성의 지각 정도가 만족을 결정한다.

포터와 로울러의 모형에는 두 가지의 중요한 피드백 과정이 있다. 하나는 만족이 보상 가치에 연결된다는 것이다. 예를 들어, 만족의 내용이 결핍욕구에 해당되는 것이라면 보상의 가치는 더 크게 지각될 것이다. 그리고 또 하나의 피드백 과정은 성과에 따라 보상이 제대로 주어졌는가는 차후 노력에 대한 보상의 확률 지각에 영향을 미치게 될 것이다. 포터(Porter)와 아담스(Adams)가 제시한 공정성이론의 설명체계와 깊은 관계가 있다고 보여진다.

성과–만족이론은 다음과 같이 요약될 수 있다(송화섭, 1992).

첫째, 직무수행 능력은 과업성취와 거기에 결부된 보상에 부여하는 가치 그리고 어떤 노력이 보상을 가져다 줄 것이라는 기대에 의해 좌우된다.

둘째, 노력에 의한 직무성취는 개인에게 만족을 줄 수 있는데, 직무성취의 만족부여력은 거기에 결부된 내재적 및 외재적 보상에 의하여 강화된다.

셋째, 내재적 및 외재적 보상이 있더라도 그것이 불공정하다고 지각되면 개인에게 만족을 줄 수 없다.

(2) 비판점

기대이론의 문제점을 검토하면 다음과 같다(신유근, 1985).

첫째, 이론의 내용체계가 너무 복잡하여 검증하기가 매우 힘들다.

둘째, 변수에 대해 조작적 정의가 애매하며 기대이론 주장자들 간에 통일성이 결여되어 있다.

셋째, 가장 만족이 큰 쪽으로 인간의 행동이 동기화된다는 기대이론의 쾌락주의(hedonism) 가정은 인간행위의 올바른 설명이 되지 못한다(Locke. 1976).

넷째, 과연 인간이 이처럼 복잡한 계산과정을 거쳐 행동하는가에 관해서는 의문이 있다.

(3) 학교조직에서의 시사점

기대이론은 많은 비판에도 불구하고 현실적으로 조직경영에 중요한 시사점을 주고 있다.

첫째, 학교경영자는 교사들이 노력만 하면 성과를 얻을 수 있다는 믿음을 크게 해주어야 한다. 이를 위해 교사를 위한 훈련프로그램이나 안내, 지원, 후원 그리고 결정에의 참여 등이 중요하다. 특히 신임교사나 저경력 교사들에게는 경력교사나 학교경영자의 도움이 필요하며, 실제적으로 이를 위한 멘터링(mentoring) 프로그램 등을 적용할 것이 요구된다.

둘째, 보상기대, 즉 성과와 보상의 연결 정도를 분명히 하고 이를 구체화해야 한다. 열심히 가르치면 무엇을 얻을 수 있을 것인가를 명료화하고, 보상체계의 공정성을 증진시켜야 한다. 이런 점에서 학교조직에서 직위배분 결정에 교사들의 참여와 투명한 결정과정이 중요하다.

셋째, 교사들이 생각하는 보상에 대한 유의성, 즉 보상에 대한 매력의 정도를 증진시켜야 한다. 이를 위해 교사들이 더 매력적으로 생각하는 보상내용이 무엇인가를 생각해야 한다. 흔히 교사들의 사기진작을 위해 보수 인상을 들고 있는데, 그것이 전부는 아닐 수 있다. 한마디로 경영자는 교사들이 바라는 바의 보상을 적절하게 제공하는 것이 중요하다.

넷째, 역할기대를 분명히 할 필요가 있다. 자신이 해야 할 역할이 분명하면 노력을 집중시킬 수 있고, 성과가 높아져 보다 나은 보상을 받을 수 있다.

3) 아담스의 공정성이론

(1) 내용체계

인간의 동기부여에 관한 또 하나의 과정이론은 아담스(Adams)에 의해 제시된 공정성이론(公正性理論, equity theory)이다. 공정성이론은 일종의 사회적 비교이론(social comparison theory)이다. 사회적 비교이론은 한 개인이 다른 사람에 비해 어느 정도 공정하게 대우를 받고 있는가에 관한 지각의 중요성을 강조한다.

공정성이론은 조직 속에서 개인은 자신이 투자한 투입(inputs)과 여기서 얻어지는 결과(outcomes)를 다른 개인이나 집단의 그것들과 비교한다고 가정한다. 그래서 자신이 투자한 투입 대 결과의 비율이 타인의 그것과 동일하면 공정하다고 느끼며 만족하게 된다. 그러나 이에 대해 불공정성을 지각하게 되면, 공정성을 회복하는 쪽으로 노력을 기울이게 된다. 공정성이론은 그림 7-4와 같이 나타낼 수 있다.

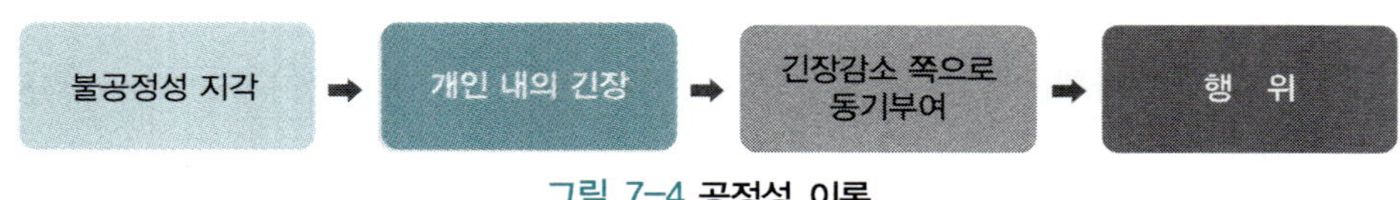

그림 7-4 공정성 이론

그렇다면 조직 속에서 사람들은 어떤 경우에 공정성 또는 불공정성을 지각하게 되는가?

어떤 개인의 투입을 A_i, 결과를 A_p라 하고, 다른 사람의 투입과 결과를 각각 B_i, B_p라고 가정하자. 그러면 $A_p/A_i = B_p/B_i$일 때 공정하다고 지각할 것이다.

반면에 $A_p/A_i > B_p/B_i$이면 타인의 노력에 비해 자신이 더 많은 보상을 받고 있다고 지각할 것이고, $A_p/A_i < B_p/B_i$이면 자신의 노력에 비해 더 적은 보상을 받는다고 느껴 불만족을 경험할 것이다.

그런데 공정성이론에 의하면 과대보상(overpayment)이든 과소보상(underpayment)이든 불공정성을 지각한다. 즉, 개인들은 부족한 보상에 대해서는 불만족을 느끼고, 과도한 보상에 대해서는 부담감을 지각하게 된다.

그리고 이러한 긴장감은 불공정성의 정도에 따라 달라지는데, 불공정성을 감소시키는 방향으로 동기화(motivation)가 작용한다.

직무수행자가 불공정성을 감소시키기 위해서 활용하는 행동은 대체적으로 다음과 같다(신유근, 1985).

① 투입의 배경: 개인들은 불공정성이 유리한 것이냐 불리한 것이냐에 따라 투입을 증가시키거나 감소시킨다. 예를 들어, 과소보상의 경우 개인은 노력 수준을 감소시킬 것이고 과다보상의 경우는 노력을 증가시킬 것이다.

② 결과의 변경: 결과 증가의 예는 노조의 압력 등으로 임금인상이나 작업조건을 개선하는 경우, 특히 이것이 다른 산업이나 조직과의 불공정성을 없애기 위한 것일 때 볼 수가 있다.

③ 자기 자신의 투입이나 결과의 왜곡: 실제로 투입이나 결과를 변경시키지 않고도 사람들은 인지적으로 이것을 왜곡시킴으로써 같은 결과를 얻을 수 있다. 예를 들어, 불공정한 대우를 받았다고 느꼈다 하더라도 직무에 부착된 지위라는 결과를 의도적으로 증대시킬 수 있다. 즉, '내가 맡고 있는 일이 더 중요하니까'라고 생각할 수 있다. 또 대학을 나온 사람이 고등학교를 나온 사람보다 월급이 적을 때 '그는 업무능력이 나보다 나으니까'라고 생각하거나 '그가 월급은 많더라도 승진의 기회는 내가 더 많으니까'라고 생각할 수도 있다.

④ 직장이동: 불공정성을 줄이는 또 하나의 방법은 불공정성을 일으키는 직장을 떠남으로써 아예 불공정성을 없애버리는 것이다. 이는 극단적인

예로 불공정성이 극히 클 때 또는 개인이 이를 감당할 수가 없을 때 나타난다.

⑤ 타인의 투입이나 결과의 왜곡: 왜곡은 자기 자신만이 아닌 비교대상에 대해서도 행해질 수가 있다. 예를 들어, 비교대상이 실제보다도 열심히 일하고 있으므로 많은 보상을 받는 것은 당연하다고 믿을 수도 있다. 또는 그의 보상이 실제보다도 적은 것으로 지각할 수도 있다.

⑥ 비교대상의 변경: 비교대상을 변경함으로써 불공정성을 줄일 수가 있다. 자기의 전문지식 수준을 어느 석학의 그것과 비교한다거나 동료전문가들의 그것과 비교함으로써 불공정성을 줄일 수 있다.

(2) 학교조직에서의 시사점

첫째, 학교조직에서 교사들은 사회적 비교과정을 통해 만족과 불만족을 경험한다는 사실에 비추어, 학교경영자들이나 정책집행자들은 교사들을 공정하게 대우하도록 노력해야 할 것이다.

둘째, 학교조직에서 교사들은 자신들이 받는 보상을 교직 내의 다른 사람뿐만 아니라 교직 이외의 직종에 종사하는 사람들과도 비교한다는 사실이다. 이러한 점에서 호봉이 올라갈수록 타 직종에 비해 상대적으로 급여수준이 떨어지는 교사들의 보수체계 현실은 그들의 직무만족과 사기진작을 위해 국가적인 차원에서 정책적 배려가 필요하다.

셋째, 학교경영자는 교사의 동기부여에 있어서 지각이 갖는 중요성을 고려하여 건설적인 조직풍토나 문화를 구축할 필요가 있다. 지각은 행위자 개인의 소산일 수 있으나, 인간행동을 사회적 과정 속에서 이해하게 될 때 구성원이 상호작용하여 만들어 내는 조직풍토나 문화는 개인의 환경에 대한 지각과정에 크게 영향을 미칠 수 있다. 따라서 냉소적이거나 적대적인 학교풍토가 형성되면, 그 속에 속한 교사들은 서로에 대해 부정적으로 지각하며, 이것이 동료의 성과에 대해 왜곡된 지각을 갖게 하는 요인이 될 수 있다.

4) 로크의 목표설정이론

(1) 내용체계

동기부여 및 강화의 방법으로 최근에 실제로 각 조직에서 도입되고 있는 이론 중의 하나가 로크(Locke)의 목표설정(goal setting)이론이다. 목표설정이론에서는 인간의 행위(동기)는 두 가지의 인지, 즉 가치와 의도(혹은 목표)에 의해 결정되는 것으로 주장한다. 로크의 목표설정이론을 그림으로 나타내면 그림 7-5와 같다.

그림 7-5 **로크의 목표설정이론**

그림 7-5에서 알 수 있듯이 인간은 자신이 갖고 있는 가치가 바탕이 되어 정서(emotions)와 욕망(desires)이 형성되고, 이를 토대로 의도나 목표가 설정되면 이것이 실제 행위나 성과의 결정요인으로 작용한다. 이렇게 보면 인간은 자신이 설정한 목표를 성취하려는 의도가 제일 중요한 동기의 힘이 될 수 있다.

이처럼 목표가 실제 행위나 성과를 결정하는 요인이라면 그 목표는 어떠한 속성을 지녀야 하는가? 이에 대해서는 스티어스(Steers, 1984)가 그림 7-6과 같이 체계적인 설명을 제공하고 있다.

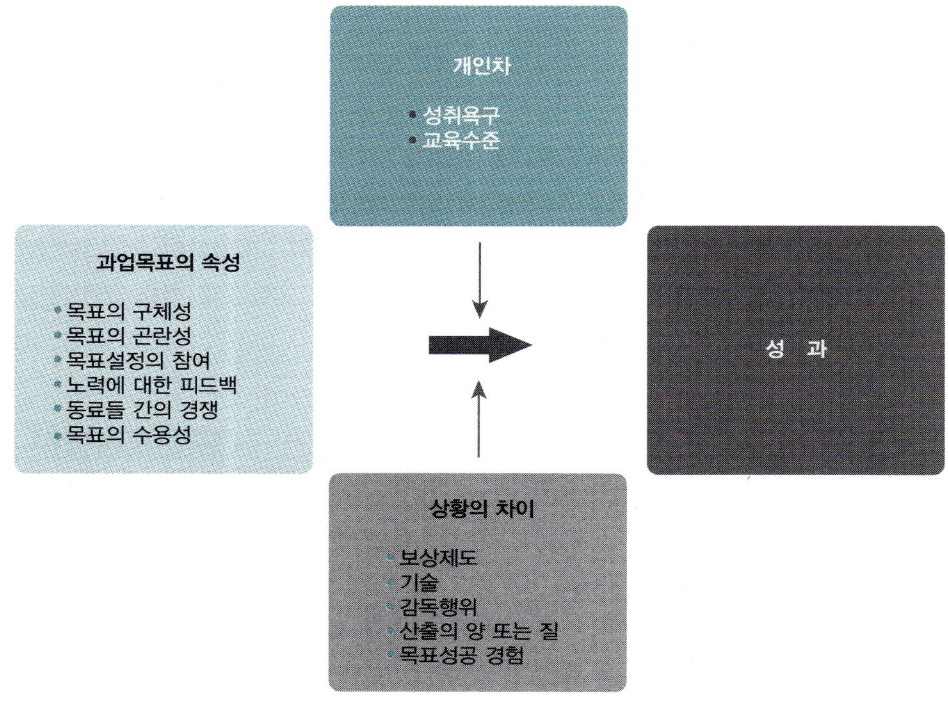

그림 7-6 스티어스의 목표설정이론

① 목표의 구체성: '매출을 높여라'라는 막연한 목표보다는 '작년대비 20%까지 매출을 신장하자'라는 구체적인 목표가 모호성을 감소시켜 주고, 행동방향을 명확하게 제시해 주기 때문에 성과를 더 높일 수 있다. 기대이론에서 구체적 목표는 성과기대와 보상기대를 증대시킨다는 설명과 비슷하다.

② 목표의 곤란성: 쉬운 목표보다는 다소 어려운 목표가 도전감을 가져오고 문제해결에 많은 노력을 집중하도록 자극하기 때문에 성과를 높이는 데 유리할 수 있다. 물론 이것은 성장욕구가 강한 사람에게 보다 적용 가능한 논리이다.

③ 목표설정에의 참여: 일반적으로 구성원들이 목표설정 과정에 참여하면 직무만족을 높여주고(반드시 그런 것은 아니지만), 성과를 높여줄 수 있다.

④ 노력에 대한 피드백: 일반적으로 노력에 대하여 피드백이 주어질 때 성과가 올라갈 수 있다.

⑤ 목표달성에 대한 동료 간 경쟁: 동료들 간의 경쟁이 성과를 촉진시킨다. 그러나 반대로 양적 목표에 대한 지나친 경쟁은 해가 될 수도 있다.

⑥ 목표의 수용성: 상부에서 일방적으로 강요하는 목표보다 구성원이 자발적으로 수용한 목표가 더 큰 동기를 유발시킬 수 있다.

한편 과업목표의 속성이 성과에 영향을 주는 과정에 개입되는 요인을 살펴보자. 하나는 개인차 변인이고, 다른 하나는 상황변인이다. 상황차이에는 보상제도(zero-sum게임이냐 아니냐의 여부), 기술, 감독행위, 성공에 대한 과거 경험 그리고 산출의 성격(양 또는 질) 등이 속하며, 개인차에는 성취욕구, 교육수준, 불안 등이 포함된다.

결국 목표설정이론으로부터 얻을 수 있는 결론은 상황의 차이나 개인차에 의해 영향을 받기는 하지만, 구체적이며 도전감을 유발하며 수락(受諾)된 것이고 목표달성에 대한 피드백이 있는 목표가 성과를 유발할 수 있다(Locke et al 1981).

(2) 비판점

목표설정이론은 내용체계가 다른 이론에 비해 간명하지만 다음과 같은 미비점이 있다(노종희, 1992).

첫째, 목표이론은 어떠한 요인이 개인으로 하여금 목표를 수용하게 하는지를 구체적으로 제시하지 않고 있다. 또 가치가 어떻게 결정되고, 정서가 어떻게 목표로 전환되는가에 대해서도 언급이 없다.

둘째, 목표의 수용성, 목표의 곤란성 등의 변인들이 어떻게 결합되어 개인의 노력을 결정하는가에 대한 설명이 없다.

셋째, 결과가 구체적으로 분명하게 나타나는 직무에서는 목표이론의 적용이 기대되지만, 교육이나 행정과 같은 복합적인 직무에서는 비교적 효과가 적을 것이다.

(3) 학교조직에서의 시사점: 목표관리기법(MBO)

목표설정이론을 실제 조직경영에 적용하는 현대적인 기법이 개발되었는데, 즉 '목표에 의한 관리제도(Management By Objectives: MBO)'이다.

MBO에서는 목표설정 과정을 보면 먼저 조직의 전반적인 예비목표가 최고 위층에서 작성되어 아래로 전달된다. 예비목표는 객관적으로 측정될 수 있는 형태로 표현되고, 목표기한과 목표달성에 필요한 행동계획까지 수반되며, 조직의 밑으로 내려가면서 개인들의 목표로 세분화된다. 그런데 중요한 것은 이러한 목표 세분화 과정에서 상급자와 하급자 간에 충분한 논의를 거쳐 하급자들의 목표의 합이 바로 상급자의 목표가 되는 상향식 목표설정이 이루어진다는 점이다. 다시 말해 상급자의 예비적 목표는 하급자의 목표라는 피드백을 거쳐 완전한 목표로 확정된다.

노종희(1992)는 목표에 의한 학교경영은 학교를 운영하고 교직원을 관리하기 위한 일련의 절차나 방법 이상의 것을 내포하는 것으로, 학교를 운영하기 위한 철학적 접근이며 사고방식이라고 설명한다. 구체적으로 그는 목표에 의한 학교경영은 본질적으로 학교운영을 체계적이며 효율적인 형태로 구조화하는 하나의 체제이다. 목표에 의한 학교경영은 학생들의 학업증진, 교직원의 보다 효율적인 활용, 방법과 기술의 향상, 학부모의 높은 만족뿐 아니라 교사들의 사기와 교직원 간의 신뢰를 증진시키며, 의사소통을 효율화하고, 실적평가를 위한 체제를 효율화 하며, 중요한 의사결정방법을 합리적으로 개선하는 데 공헌한다고 주장한다.

결론적으로 학교조직에서 목표에 의한 관리는 교사들이 스스로 목표와 실천 방안을 계획하며 의사소통의 통로가 개선되므로, 일에 대한 긍정적인 태도와 확고한 목적의식을 갖게 되고, 교사들의 사기와 유대감이 증진되는 결과를 가져다 줄 것으로 기대된다.

의사결정과 참여

제1절 의사결정의 개념
제2절 의사결정의 유형
제3절 의사결정이론
제4절 의사결정과 참여

Section

01 의사결정의 개념

조직에서 리더의 역할은 의사결정의 연속이라고 해도 과언이 아니다. 리더가 취하는 수많은 의사결정의 선택은 조직의 목적에 비추어서 행해진다. 의사결정이란 '어떤 목적달성을 위해서 두 개 이상의 대안 중에서 하나를 선택하는 것'이라 할 수 있다.

의사결정이론은 일반행정학 분야에서는 사이몬(Simon), 교육행정학 분야에서는 그리피스(Griffiths)가 대표적 인물로 손꼽힌다.

사이몬은 조직체제 내에서의 의사결정과정이 곧 행정의 과정임을 전제로 하고 의사결정은 ① 기능의 분화, ② 권위의 배분, ③ 선택의 제한을 명시하는 것이라 했다. 그는 의사결정을 행정과정의 핵심이요, 전체로 인식시킴으로써 그 중요성을 명백히 하고 행동과학적 접근으로 의사결정에 관련된 요인을 보다 명료하게 분석하였다.

그리피스는 교육행정학자로서 의사결정이론의 정립에 큰 공헌을 하였다. 그리피스는 의사결정을 '심사숙고 후에 도달된 결론'이라고 보았다. 의사결정을 위한 의사결정단계를 ① 문제의 인식 한정 및 제한, ② 문제의 분석과 평가, ③ 기준의 정립, ④ 자료의 수집, ⑤ 해결방안의 설립 및 선택과 사전의 검증, ⑥ 최선의 해결방안의 시행 등 6가지로 보았고, 다음과 같은 3가지 명제를 제시함으로써 교육행정학 분야에서 의사결정이론의 출범에 기여하였다.

첫째, 유기체의 구조는 의사결정의 성격에 의해 좌우된다.

둘째, 행정가가 조직체의 최종 정책 자체보다도 그와 같은 정책에 도달하는 의사결정과정을 어떻게 도출할 것인가에 힘을 기울인다면 그의 행위는 아래 직원들에게 더욱 잘 수용될 것이다.

셋째, 행정가가 스스로 의사결정을 하는 사람이라기보다 의사결정과정의 통제자로서 스스로를 지각하게 된다면 그 의사결정은 더 효과적인 것이 될 것이다.

캠벨(Campbell)은 의사결정이란 '본질적으로 조직구성원이 목표로 지각한 것을 성취하기 위하여 어떤 방법을 선택하는 것'이라고 정의하였다.

김종철은 의사결정을 '보통 행동에 선행되는 과정으로서 목표의 수립, 수단의 선택 및 결과의 판정 등 합리적 행동의 모든 단계에 있어서 필수불가결한 요소'라고 보았다.

다소 관점의 차이는 있지만 이들의 견해를 종합해 볼 때, 의사결정이란 '조직의 목표달성을 위하여 여러 대안들 중 최선으로 여겨지는 대안을 선택하고 실행하는 과정'이라 할 수 있다.

Section
02 의사결정의 유형

의사결정을 바라보는 유형을 결정하는 잣대는 다음과 같다.

① 단독결정이냐, 집단결정이냐.
② 개인적인 목표달성을 위한 결정이냐, 조직적 목표달성을 위한 결정이냐.
③ 평소 주기적으로 반복되는 일들을 처리하기 위해 명확히 해결전례와 절차가 있는 정형적 결정이냐, 새롭거나 구조와 성격이 복잡한 문제가 있는 비정형적인 결정이냐.
④ 보다 상위수준의 전략적 결정이냐, 상대적으로 전략보다 하위수준인 전술적 결정이냐.

위와 같은 잣대에 따라 의사결정의 유형은 다음과 같이 나눌 수 있다.

1. 명령적 의사결정

명령적 의사결정은 다른 사람과 상의없이 개인에 의해 이루어진 의사결정이다. 그것은 의사결정자 개인이 책임져야 할 해결책을 확신하고 있을 때 선호될 수 있다. 명령적 의사결정을 내리기 위해 선행되어야 할 조건은 의사결정자가 그 영역에 대한 전문적 지식과 능력을 가지고 있을 때이다. 명령적 의사결정의 가장 큰 장점은 조직이 위기상황에 처했을 때 구성원으로부터 신속한 반응을 이끌어내는 데 유리하다. 구성원들의 일사불란한 행동이 요구될 때 필요한 방법이다. 명령적 의사결정의 단점은 조직구성원들의 참여를 이끌어내지 못해 하위자들의 능력을 활용할 기회가 적다는 것이며, 특히 하위자들의 창의적 능력을 이끌어내는 데 적지 않은 걸림돌이 된다는 것이다.

2. 자문적 의사결정

일상의 비교적 가벼운 의사결정을 할 때 일반적으로 이루어지는 방법이다.

자문적 의사결정에는 행정가 또는 개별적인 구성원이 적절한 지식을 가지고 있거나 또는 의사결정에 의해 영향을 받게 될 다른 사람들로부터 조언과 관여를 얻어 의사결정을 하는 방법이다. 실제 조직세계에서는 이루어져야 하는 매일 매일의 대다수 의사결정들은 위급하거나 매우 중요한 것들이 아니며, 의사결정자가 구성원들에게 가볍게 문제를 제시하고 조언을 구하며 구성원들로부터 도출되는 다양한 대안들의 경중을 가려서 의사결정에 임한다.

대부분의 의사결정자들이 가장 빈번하게 활용하는 방법이다. 이 방법의 장점은 자문 자체가 정보를 획득하기 위한 신속하고 유연한 과정이라는 점이다.

3. 합의적 의사결정

전략적으로 중요한 문제로서 모든 사람들에게 영향을 미칠 문제들, 한 사람 이상에 의해 심층적인 분석이 요구되는 복잡한 문제들 그리고 조직 전체의 헌신몰두와 소유의식을 요구하는 문제들에 대해서 가장 적합한 방법이다.

합의적 의사결정은 조직구성원이 함께 모여 사실과 대안들을 충분히 숙고하고 통합된 조직으로서 의사결정에 대한 소유권을 가지고 행동방안에 대해 합의를 할 때 발생한다. 참여한 대부분의 사람이 해결책으로 제시한 의사결정에 찬성하며 그것의 효과에 대해 동의할 수 있어야 한다.

이러한 방법의 장점은 조직구성원들의 문제해결에 대한 노력과 헌신을 유도할 수 있으며 의사결정의 질을 높일 수 있다는 점에 있다. 단점은 합의과정에 시간과 노력이 많이 든다는 것이다.

4. 위임적 의사결정

위임은 다른 어떤 사람에게 결정을 대신하도록 허락하는 의사결정방식이다. 개인 또는 조직에게 의사결정과 책임을 위임하는 것은 의사결정의 방법으로써 명령, 자문 또는 합의를 사용하도록 선택하는 것일 수 있다. 가능한 명령계층의 가장 아래까지 의사결정을 위임하는 것이 바람직하다. 이것은 일을 자발적으로 하려고 하는 사람들의 헌신몰두를 가져오며, 행정가로 하여금 자유롭게 다른 가치 있는 활동들에 그의 정력을 기울일 수 있도록 한다. 위임의 또 다른 장점은 수준별로 하위 구성원들의 의사결정기법을 개발시킨다는 점이다. 단점으로는 위임받은 하위구성원이 형편없는 의사결정을 할 우려가 있다는 것이다. 그러나 행정가는 조직구성원들이 각자 자신의 영역에서 훌륭한 의사결정을 하게 할 수 있는 시간, 기법 및 능력을 가지고 있다는 점을 항상 기억해야 하며, 현장의 목소리를 적절히 반영하기 위해서는 위임적 의사결정이 매우 필요하다고 할 것이다.

Section

03 의사결정이론

1. 합리적 의사결정 모형

합리적 의사결정 모형(rational model)은 인간과 조직의 합리성, 지식과 정보의 가용성을 전제하였던 고전적 조직이론 학자들의 의사결정 모형이다. 고전적 조직이론에 의해서 심각한 반성 없이 받아들여졌던 합리성 모형은 의사결정의 실제와 다소 거리가 있는 경우가 대부분이기에 이 모형을 이상적이고 규범적인 모형이라고 한다.

합리적인 모형은 의사결정자가 ① 문제를 완전히 파악하고, ② 문제를 해결해야 할 필요를 느끼고, ③ 모든 해결대안과 그 대안이 초래할 결과를 예지하며, ④ 대안을 선택하는 데 비합리적인 요인이 개입되지 않는다는 것을 전제로 한 모형이다.

합리적 모형에 따른 의사결정과정의 단계는 다음과 같다.

① 문제 확인
② 목적과 세부목표 설정
③ 모든 가능한 대안 정립
④ 각 대안의 결과 고려
⑤ 모든 대안을 목적과 세부목표의 견지에서 평가
⑥ 최선의 대안선택－목적과 목표를 최대화시킬 수 있는 대안선택
⑦ 의사결정을 시행하고 평가

이러한 합리적 모형을 고전이론이라 하며, 실제로 의사결정자들은 모든 관련 정보를 모두 확보할 수 없으며, 모든 가능한 대안과 결과의 예측은 사실상 불가능하다. 이 모형이 비현실적인 또 다른 중요한 이유는 이 모형은 많은 의사결정자들이 실제로 소유하기 어려운 수준의 지적 능력, 합리성, 지식 등을 요구하기 때문이다. 따라서 이 모형은 실제 일선 행정가들이 사용하기에는 현실성과 실용성이 결여되어있다 하겠다.

2. 만족화 의사결정 모형

인간이 완벽한 합리적 입장에서 의사결정을 내리기 어려움을 현실적으로 수용하는 차원에서 합리적 모형의 비현실성을 수정하는 대안으로 제시된 것이 만족화 모형(satisfying model)이며, 제한적 합리화 모형이라고도 한다. 이 모형의 접근방법은 행동과학적 접근이며, 의사결정자의 사회적·심리적 측면을 중요시하는 기술적이고도 실증적인 방법이다. 특히 의사결정의 객관적 상황보다는 오히려 의사결정자의 주관적인 입장에 서서 그가 어떻게 행동하는가를 중요한 논점으로 다루고 있다. 의사결정의 합리성에 대한 사이몬의 견해는 긍정하는 것도 부정하는 것도 아니다. 즉, 현실적으로 의사결정자의 정의적 측면을 고려한 비합리성을 반영하고 있다. 현실적으로 볼 때 인간은 몇 개의 대안을 알고 있으며, 대안의 선택결과에 대해서도 일부만 예상할 수 있다. 또 대안의 평가기준도 불명확하다. 따라서 현실의 인간은 이러한 능력의 한계로 말미암아 최적의 대안을 선택할 수 없다고 가정한다. 또 현실에서는 모든 대안을 탐색할 시간이 부족하기 때문에 최적의 선택을 이룰 확률이 떨어진다.

따라서 만족화 모형의 실제는 일단 만족할 수 있는 정도의 일정수준을 정해두고 대안을 탐색해 가면서 어떤 대안이 이 수준을 넘을 때 그 대안을 선택하고 탐색을 멈추는 방법을 많이 사용한다.

만족화 모형의 실행과정은 다음과 같다.

① 만족수준설정 → ② 대안의 탐색 → ③ 만족수준 이상의 대안발견 → ④ 준거대안으로 설정 → ⑤ 제약조건 하에서 또 다른 대안을 이 준거대안과 비교하면서 채택과 기각결정 → ⑥ 마지막 준거대안을 채택

3. 점증적 의사결정 모형

점증적 의사결정 모형(incremental model)도 만족화 모형과 같이 인간의 제한된 합리성을 인정하고 현실적이고 실증적인 결정을 강조한다. 의사결정에서 선택되는 대안은 기존의 정책이나 결정을 점증적으로 수정해 나가는 것이므로, 의사결정의 과정에서 대안의 선택과 분석의 범위는 큰 제약을 받으며, 따라서 의사결정은 부분적이고 점증적으로 진행된다. 이 모형을 최초로 이론화한 학자는 린드블럼(C. Lindblom)으로 문제가 복잡하고 불확실하며 갈등이 많을 때 효과적이라고 주장하였다. 이 모형의 의사결정과정은 계속적으로 제한된 비교를 하면서 이루어진다.

점증적 모형의 특징은 다음과 같다.

① 대안탐색에서 기존의 정책과 크게 다르지 않는 몇 개의 대안만 비교 선택한다.
② 대안의 분석, 예상되는 결과분석에서도 분석이 가능한 대안만 대상으로 한다.
③ 설정된 목표는 대안의 선택과정에서 재조정 또는 수정된다.
④ 기본적 목표는 그대로 두고 현재보다 약간 상회한 한계적 차이만 검토한다.

점진적 방법의 장·단점을 보면 점진적 의사결정은 의사결정의 실현가능성을 증대시키는 반면, 지나치게 현상유지적이어서 보수적인 의사결정을 하기가 쉽다.

4. 세 모형의 적용

세 모형의 주요 차이점을 요약하면 표 8-1과 같다.

표 8-1 의사결정 모형

분류 / 내용	합리적 모형 (고전적 모형) (최적화 모형)	만족화 모형 (행정가 모형)	점증적 모형 (특수상황 모형) (계속적 비교 모형)
의사결정자	완벽한 자질과 대안의 정보를 가짐	의사결정자의 사회적·심리적 주관적 입장을 중요시	상황중심적인 의사결정
목표설정과 대안개발의 관계	목표는 대안개발에 선행하여 정해짐	목표는 일반적으로 대안개발에 선행하여 세워짐	목표설정과 대안개발이 한데 얽혀있다.
의사결정의 준거	좋은 의사결정의 준거는 목표성취를 위하여 최적의 수단을 사용했느냐는 점이다(최적화).	좋은 의사결정의 준거는 목표성취를 위하여 만족한 정도의 수단을 사용했느냐는 점이다. 즉, 목표의 한계영역을 설정하고 그 한계영역 수준에 도달했으면 만족스럽다고 본다(만족화).	좋은 의사결정의 준거는 동의할 만한 목표에 대한 최선의 수단을 사용했느냐보다 어떤 대안에 의사결정자가 동의할 수 있느냐이다(계속적 비교).
대안탐색	포괄적 분석을 사용한다. 모든 대안과 결과가 고려된다.	적절한 대안들이 확인될 때까지 대안을 탐색한다.	현재의 상황과 유사한 대안들에만 초점을 맞춘다. 많은 대안과 중요한 결과는 무시된다.
이론에 의한 의존도	의사결정의 지침은 이론에 주로 의존한다.	이론과 경험 두 가지 모두를 의사결정의 지침으로 삼는다.	이론은 복잡한 문제를 다루는 데 기본적으로 부적절한 것으로 본다. 오히려 계속적 비교가 이론의 필요성을 줄이거나 제거한다고 본다.
특징	이상적이고 비현실적임	현실적임	복잡한 현실적 문제에 적합

위에서 요약한 세 모형에 대해 그랜도리(Grandori)는 문제의 복잡성, 불확실성의 증가 그리고 갈등 등을 다룰 수 있는 행정가 각자의 능력에 따라 각 모형이 적절히 사용될 수 있다고 보았다. 결정의 문제가 비교적 단순하며 정보가 확실하고 구성원 대부분이 이 모형을 선호한다면, 고전적 모형이 가장 적합할 것이다. 그러나 현실적으로 조직의 문제들은 거의 대부분 단순하지도 확실하지도 않을 뿐더러, 구성원의 합의를 모으기가 어려운 것이 현실이다.

이러한 조직의 행정에 있어서 의사결정은 대개 불확실성과 갈등이 많이 존재하는데, 이런 때에는 만족화 모형이 적절하다. 만족화 모형은 유연성과 융통성이 있어서 여러 대안의 예상결과와 의사결정자의 포부수준을 비교하여 이루어진다. 이 모형의 경우 대안의 탐색은 만족스러운 수준 내지는 적절한 수준정도의 행동노선이 결정될 때까지만 행해진다. 만약 만족스러운 해결책이 발견되지 않으면 의사결정자는 기대수준을 하향조정한다. 그러나 만약 관련된 여러 대안을 정의할 수 없고 의사결정자의 포부수준에 비추어 볼 때 각 대안의 예상결과도 예측할 수 없는 경우에는 만족화 모형의 대안인 점증적 모형이 더 적절할 것이다. 상황이 극도로 복잡할 때에는 점증적 모형이 적절하다. 점증적 모형은 불확실성과 이해관계의 갈등 모두를 다루는 데 효과적일 수 있기 때문이다.

Section

04 의사결정과 참여

조직 내에서 구성원들은 평가받고 인정받기를 원한다. 더욱이 구성원들은 조직운영에 의해 직·간접적인 영향을 받기 때문에 조직운영과 관련된 중요한 의사결정에 참여하기를 원한다. 자신의 참여 없이 이루어진 조직 결정에 대해 정당성을 부여하지 않고 불만을 표출하는 경향이 강하며 때로는 저항하기도 한다. 조직원의 참여 없이 이루어진 의사결정은 결정의 집행과정에서 구성원들의 헌신을 기대할 수 없기 때문에 효율성과 효과성이 낮을 것으로 우려된다.

조직에서 구성원들을 의사결정에 참여시켰을 때 기대할 수 있는 효과는 다음과 같다.

1. 의사결정 참여의 효과

조직에서 구성원이 의사결정에 참여함으로써 얻는 이익은 조직적 차원(dimension of organization)에서의 생산성 증가와 구성원의 개인적 차원(dimension of individual)에서의 직무만족도로 압축할 수 있다.

구성원의 의사결정 참여가 조직의 생산성 증가와 개인의 직무만족을 가져오게 된 원인에 대해 많은 학자들이 연구해 왔으며, 유클(G. A. Yukl, 1897)은 기존 학자들의 연구결과들을 종합하여 다음과 같은 이유를 제시하였다.

① 의사결정이 내포하고 있는 변화의 의미에 대한 두려움 때문에 저항이 발생할 가능성이 있을 때, 구성원들의 의사결정 참여는 구성원들이 의사결정을 보다 잘 이해하고 수용할 수 있도록 해준다.
② 참여는 의사결정을 효과적으로 수행하는 데 필요한 헌신을 유발한다.
③ 참여는 의사결정에 내포된 목표를 잘 이해할 수 있게 하며 목표를 달성하기 위한 세부지침을 잘 따르게 해준다. 목표의 이해는 의사결정을 보다 쉽게 실행할 수 있도록 해준다.
④ 참여는 구성원들의 과업에 대한 동기유발을 증대시킨다. 구성원들은 의사결정 내용에 대한 자신의 이해관계를 잘 파악하고 있으며, 노력 여하에 따라올 긍정적이거나 부정적인 성과를 알고 있기 때문이다.
⑤ 참여는 구성원들에게 심리적 성장을 위한 성숙한 욕구인 자율, 성취, 자아인식을 부여하여 높은 수준의 참여를 할수록 직무에 대해 만족하게 한다.
⑥ 참여는 조직의 의사결정이 구성원들이 합법적이라고 받아들이는 과정에 의해 이루어질 때에는 조직은 구성원들에게 그 의사결정의 수용을 증진하도록 사회적 압력을 가하거나, 적어도 그것을 실행하는데 저항하는 구성원들이 그 의사결정에 순종하도록 하는 데 도움을 준다.
⑦ 참여는 조직의 의사결정이 구성원들에게 공동문제를 해결하는 데 있어서 협력할 수 있는 기회를 제공한다.
⑧ 참여는 구성원들이 관리자가 가지고 있지 않은 적절한 정보나 분석기법을 가지고 있고, 협력할 의사가 있을 때에 보다 좋은 결정을 할 수 있다.

구성원들의 참여가 언제나 바람직하고 효과적인 것은 아니라는 사실에서 참여의 효과에 대해 아직 논쟁이 있는 것은 사실이며, 효과적인 참여의 준거와 방법을 모색할 필요성을 시사한다. 효과적인 의사결정의 참여 준거 및 방법을 소개하면 다음과 같다.

2. 의사결정 참여의 준거와 방법

행정가가 의사결정을 함에 있어서 하급자를 참여시키는 문제는 일찍이 버나드(Barnard)에 의하여 인식되었다. 버나드는 이를 무관심영역(zone of indifference)이라 표현하였으며, 사이몬(Simon)은 이를 더 발전시켜 무관심영역이란 표현 대신에 수용영역(zone of acceptance)이라고 긍정적 표현을 사용하였다. 버나드의 무관심영역과 사이몬의 수용영역은 같은 개념이다.

이후 브릿지(Bridges)는 학교조직에 있어서 의사결정의 효과를 극대화하기 위해서는 학교행정가는 교사들을 의사결정에 참여시킬 것이냐 아니냐가 중요한 것이 아니고, 오히려 다음 질문에 대한 답이 중요하다고 하였다.

① 누구를 참여시킬 것인가?
② 얼마만큼 어떤 방법으로 참여시킬 것인가?
③ 행정가의 중심역할은 무엇인가?

브릿지는 교직원들을 의사결정에 참여시킬 것인지 아닌지 여부를 결정하기 위하여 먼저 상관도 측정과 전문성 측정 두 가지 방법을 사용할 것을 제의하였다. 상관도 측정(the test of relevance)이란 참여 교직원이 의사결정 내용에 개인적인 이해관계가 얼마나 있느냐는 것이고, 전문성 측정(the test of expertise)이란 교직원들이 그 결정을 해결하는 데 공헌할 수 있는 능력의 정도를 말한다.

브릿지는 이 두 가지 기준에 의하여 수용의 영역을 정하고, 수용영역의 범위 내에 해당되는 교직원은 의사결정에서 제외시키고 수용영역에 걸려들지 않은 사람(즉, 한계영역 밖의 사람)만 의사결정에 참여시키는 것이 좋다고 보았다. '수용의 한계 안'에 있는 교직원이 의사결정에 참여하는 것은 비효과적이며, '수용의 한계 밖'에 있는 교직원들을 의사결정에 참여하게 하는 것이 효과적이라고 주장했다. 따라서 행정가의 문제는 상관도 측정과 전문성 측정에 의하여 어떤 교직원이 수용의 한계 안에 또는 밖에 있는지를 결정하는 일이라고 보았다.

오웬스(R. G. Owens 1987)는 여기에 참여 교직원의 권한에 관한 관할권 측정을 추가하여 제시한 바 있다. 상관도 측정, 전문성 측정, 관할권 측정에 대해 보다 자세히 살펴보면 다음과 같다.

① 상관도 측정(test of relevance): 이것은 의사결정 내용에 대한 구성원들의 이해관계정도를 측정하는 것이다. 일반적으로 구성원들이 의사결정 내용에 대해 개인적으로 밀접한 이해관계를 가지고 있다면 관심이 높을 뿐만 아니라 의사결정에 적극적으로 참여하려고 할 것이며, 이해관계가 없거나 낮다면 보다 소극적이며, 행정가의 결정이나 지시에 그대로 순종할 것이다. 브릿지는 구성원이 의사결정 내용에 대해 개인적 이해관계가 높을수록 '수용의 한계 밖'에 있다고 보며, 이러한 구성원을 의사결정의 초기 단계부터 참여시켜야 한다는 것이다.

② 전문성 측정(the test of expertise): 교직원들이 전문성이 요구되는 문제를 해결하는 데 공헌할 수 있는 정도를 판별하려는 것이다. 구체적으로 문제의 확인 또는 문제의 해결에 유용한 공헌을 할 수 있는 능력이 어느 정도인가를 다루는 것이다. 즉, 구성원들은 의사결정에 의미 있는 기여를 할 수 있는 능력이 있는가? 전문적 식견은 어떠한가라는 질문에 해당하는 것이다. 구성원들의 경험과 능력이 참여시키려는 의사결정에 공헌을 할 수 있어야 효과적이라는 것이다. 어떤 구성원의 경험과 능력범위 밖에 있는 의사결정을 하는데 그 구성원을 참여시키는 것은 그에게 불필요한 좌절감을 초래하게 하며, 의사결정 자체에 별 도움을 못 줄 경우가 있다. 의사결정에 의미 있는 공헌을 할 수 있는 전문지식을 갖춘 구성원이 수용의 한계 밖에 있는 것이며, 적극적으로 의사결정에 참여시키는 것이 효율적이다.

③ 관할권 측정: 이것은 구성원들이 의사결정을 하는데 있어서 어느 정도 결정의 권한을 가지고 있는가를 다루는 것이다. 모든 조직은 계층적 기반위에 조직되어 있으므로 개별 구성원들의 의사결정 영역에 대한 권한은

한정되어 있다. 구성원이 의사결정 내용에 대해 이해관계를 가지고 있고, 전문적 지식을 가지고 있을지라도 결정의 권한이나 자문의 권한이 없다면 의사결정 참여의 효과가 그만큼 약해질 수 있다.

행정가는 이상의 세 가지 참여준거에 의거해서 구성원의 의사결정 참여 여부를 결정하게 된다. 만약 구성원이 의사결정 내용에 대해 개인적 이해관계를 가지고 있고 의미 있는 공헌을 할 수 있는 전문적 지식을 가지고 있으며, 결정에 대한 권한을 가지고 있다면, 교육행정가는 이러한 구성원을 의사결정에 반드시 참여시켜야 한다. 반면 대부분의 교직원이 이해관계가 없고 전문적 지식이 없으며 결정권 역시 미미하다면 참여를 배제시키고 오히려 단독결정을 하는 것이 효과적일 수 있다.

의사소통과 갈등관리

어떠한 조직일지라도 그 조직의 효과성을 좌우하는 요인 중의 하나는 의사소통이다. 조직의 의사소통이란 우리 몸의 혈관계를 드나드는 혈액의 움직임과 같은 개념이다. 혈행(血行)이 제대로 이루어지지 못하면 몸의 일부 또는 전부가 마비되는 것처럼 조직에서 의사소통이 원활하지 못하면 조직의 한 부분 또는 전체가 심각한 마비현상이 올 수도 있는 것이다. 현대의 조직이론은 조직을 개방체제의 관점에서 보기 때문에 의사소통도 조직 내에 치중된 관점에서 타 조직 또는 환경과의 의사소통도 염두에 두는 관점을 필요로 한다.

Section 01 의사소통의 본질

의사소통은 상호감정, 태도사실, 신념생각 등을 전달하는 것이다. 의사소통은 단방향이 아니고 쌍방향적 과정이며, 메시지를 송신하고 수신하는 둘 다를 포함한다. 따라서 양방향적 의사소통은 내용정보와 관계정보를 송신하고 수신하는 것을 포함한다. 즉, 의사소통은 어느 한 사람이 타인에게 영향을 주고 타인을 이해하는 데 사용되는 모든 수단을 포함한다. 의사소통이라면 당연히 그 수단으로 언어만을 생각하기 쉬우나 얼굴표정, 몸짓 등과 같은 비언어적 수단도 있다는 것에 주목해야 한다. 한 연구결과에 의하면 우리의 일상생활에서 비언어적 의사소통이 전체 의사소통의 60~70%를 차지한다.

호이(Hoy)와 미스켈(Miskel)은 조직 내에서 의사소통을 분석하고 의사소통의 6가지 특징을 다음과 같이 제시하였는데, 이는 의사소통의 개념을 정의하는 데 매우 유용한 준거를 제공해준다.

① 의사소통은 유목적적이다.
② 메시지의 의미는 반드시 의도된 바대로 되는 것은 아니며 사람마다 다르게 해석된다.
③ 상호이해의 수준을 높이기 위해서는 피드백이 필수적이다.
④ 모든 조직에는 공식적 의사소통 경로뿐만 아니라 비공식적 의사소통 경로도 존재한다.

⑤ 공식적 의사소통 경로와 비공식적 의사소통 경로는 대개 상호보완적 관계에 있다.
⑥ 의사소통의 효과는 언어적 의사소통과 비언어적 의사소통 방법이 상호 일치할 때 높다.

결국 의사소통이란 조직의 목표와 관련하여 어떤 목적을 가진 조직의 구성원이 그 목적을 성취하기 위하여 다른 사람에게 무엇인가를 하도록 시도하는 역동적 과정이라고 할 수 있다. 다시 말해 의사소통은 상대방에게 지각되는 언어적·비언어적 행동이라고 할 수 있다. 따라서 우리의 모든 행동은 나름대로 어떤 의사를 전달하며, 의사소통의 한 형태가 되는 것이다. 대인 간의 의사소통은 일반적으로 수신자의 행동에 영향을 미칠 의도로 수신자에게 전달된 내용을 일컫는 것이다.

모든 조직의 활력에 근원인 의사소통은 개인, 집단 그리고 조직을 연결시켜 주는 하나의 과정이다. 조직 내의 의사소통은 구체적으로 다음과 같은 기능을 수행한다(Scott, et al., 1976).

① 통제: 의사소통을 통해서 집단 내 구성원들의 활동을 통합하고 조정함을 의미한다. 즉, 의사소통은 직무와 관련하여 구성원들의 책임과 권한을 명확하게 규정하는 것과 관련을 가진다.
② 동기부여: 의사소통을 통해서 구성원들에게 행해져야 할 것이 무엇이고, 그것이 어떻게 잘 행해질 수 있으며, 또 성과를 높이기 위해서는 무엇이 행해질 수 있는가를 분명히 해줌을 의미한다. 따라서 의사소통은 구성원들을 자극하고 격려하며 집단의 목표달성에 몰입하도록 유도한다.
③ 감정표현: 의사소통을 통하여 구성원들의 욕구불만과 만족감이 표출됨을 의미한다. 작업집단은 사회적 상호작용이 일어나는 1차적인 장소이며, 이 집단 내에서 이루어지는 의사소통은 감정의 분출과 사회적 욕구충족을 위한 수단이 된다.

④ 정보제공: 의사소통을 통하여 구성원들이 의사결정과정에 참여하고 필요한 정보와 자료를 교환함을 의미한다.

인간은 활동시간의 2/3 이상을 의사소통으로 보냄에도 불구하고 그 중요성을 제대로 인식하지 못하고 있으며, 행정가의 모든 직무 중에서 의사소통이 차지하는 비중의 중요성은 행정가들이 조직에서 의사소통을 하면서 보내는 시간이 얼마나 많은가를 살펴보면 분명해진다. 여러 종류의 조직을 대상으로 최고경영자의 활동을 조사한 민쯔버그(Mintzberg, 1990)의 연구결과에 의하면 최고경영자들은 그들의 활동시간의 80%를 대인 간 의사소통에 보내고 있다. 한편 초·중등학교의 교장과 교육감들을 대상으로 한 연구결과에서도 활동시간의 70~80% 정도를 의사소통을 하면서 보내고 있음이 밝혀졌다. 의사소통이 없이는 조직이 존재할 수 없기에 의사소통 과정을 확립하는 일이 행정가들의 첫번째 과제가 된다.

Section 02

의사소통의 과정과 구성요소

1. 의사소통의 과정

의사소통의 과정은 일련의 연속적인 과정을 통하여 이루어지므로 개념적으로 하나의 흐름 또는 과정으로 이해할 수 있다. 이러한 의사소통의 핵심적 논제는 행정가가 의사소통에 개입하느냐의 여부가 아니라 얼마나 효과적으로 의사소통을 하느냐는 것이다. 의사소통은 조직의 활동에 있어서 필수불가결한 것이며, 효과적인 의사소통을 위해서는 행정가는 물론 모든 조직구성원들의 공동노력이 필요한 것이다.

리커트(R. Likert, 1961)에 의하면 의사소통은 다음과 같은 세 가지 과정을 밟아서 이루어진다고 한다. 첫째, 정보를 송신자로부터 표적이 되고 있는 수신자에게 전달하는 과정이고, 둘째, 이와 같이 전달된 정보를 수용하여 포괄적으로 이해하는 과정이며, 셋째, 이해한 정보를 수신자가 수락하거나 거부하는 과정이다.

인간의 의사소통의 과정을 살펴보면 개인적 요소와 환경적 요소의 상호작용적 영향을 받고 있는 것이 파악된다. 따라서 의사소통을 위한 '메시지'의 의미는 반드시 전달자의 의도된 의미보다는 듣는 사람의 해독에 의한 어떻게 지각되었는지에 달려있다고 하겠다. 사람마다 의사소통능력, 지적수준, 지적배경 등이 다르기 때문에 같은 낱말이라도 해석하는 방법이 각각 다양하다. 예를 들어, 학교행정가들이 경영권에 관해 언급할 때 그들은 대개 교육목표의 성공적

성취를 위해서 자원의 계획과 배분을 어떻게 할 것인가를 의미한다. 그러나 교사들은 경영권이란 종종 행정가나 독단적 의사결정을 의미한다고 받아들일 수 있다. 이와 같이 사람마다 각자가 체험한 배경, 환경, 사회적 분위기 등이 다르기 때문에 '메시지'의 의미가 각각 다르게 해석될 수 있는 것이다.

사회심리학적 의사소통이론은 각 개인의 사회적·개인적 상황을 의사소통과정의 기본으로 삼는다. 호이(Hoy)와 미스켈(Miskel)의 의사소통 과정에 대한 정리된 모형은 그림 9-1과 같다.

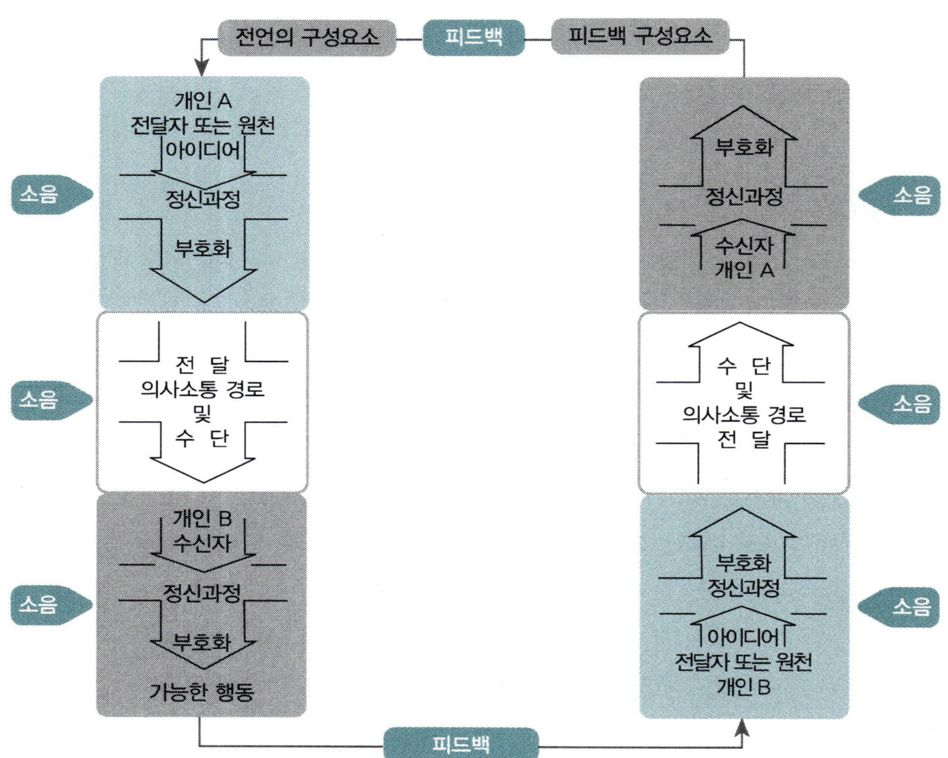

출처: Hoy and Miskel(1987). *Educational Administration*. New York: Random House. p. 360.

그림 9-1 호이와 미스켈의 사회심리학적 의사소통 과정 모형

이 모형의 기본적 틀은 하나의 피드백 과정을 보여 주는 것이다. 즉, 왼쪽 그림부터 설명해 보면 개인 A가 메시지를 전하면 개인 B가 이를 수신할 경우에

B는 수신자가 되며, B는 수신 후 그 메시지에 대하여 여러 가지 행동 대안을 고려한다. 다음으로 오른쪽란 하단을 보면 B가 메시지를 접수하게 되고 이를 다시 A에게 피드백했을 경우, A와 B의 역할이 바뀌게 된다. 이와 같은 의사소통은 환류 과정을 통하여 쌍방적으로 교환된다. 의사소통의 이러한 환류 과정은 조직의 공식적, 비공식적 틀에 입각하여 이루어진다. 그런데 바로 이 조직의 공식적, 비공식적 상황이 의사소통의 이해를 방해하는 소음을 만들어내기도 한다.

조직에서 의사소통 과정의 핵심은 전달자가 최적의 정보(양과 질에 있어서)를 최적의 시간에 전달할 수 있도록 보장해 주는 것이다.

2. 의사소통의 구성요소

의사소통은 기본적으로 전달자와 전달매체 그리고 수신자에 의해 이루어진다.

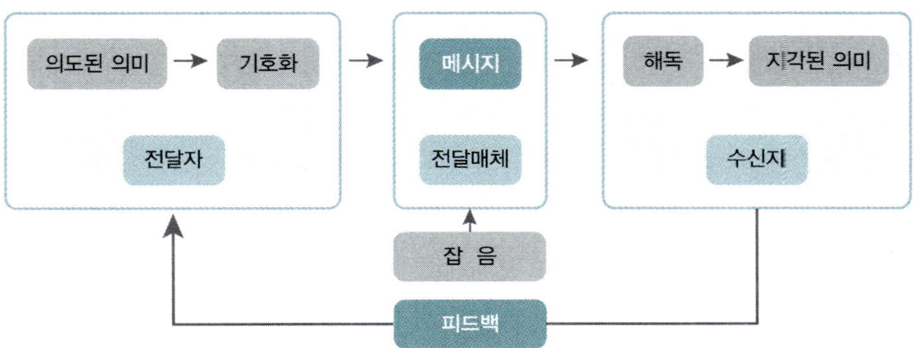

출처: Reece, Barry L. & Brandt, Rhonda(1984). *Effective Human Relations in Organization*. Boston: Houghton Miffin Co. 박성식(1998). 교육행정관리론. 서울: 학지사. p. 247에서 재인용

그림 9-2 의사소통의 구성요소

① 전달자(sender)

전달자는 의사소통을 전하는 사람일 수도 있고 의사소통의 최초 원천이 될 수

도 있다. 따라서 의사소통의 원천은 반드시 사람이 아니라 잡지, 전문학술지, 직위, 보도매체가 될 수도 있다. 전달자는 메시지의 내용을 아이디어, 사실 등으로 구성해야 한다. 메시지의 효과는 수신자가 전달자에 대해서 가지는 신뢰성의 수준에 의해 어느 정도 좌우된다. 또한 신뢰성의 수준은 송신자의 말과 행동에 대해서 수신자가 어떠한 반응을 보이느냐에 따라 영향을 받는다. 송신자에 대한 수신자의 불신은 정보를 왜곡시키거나 메시지를 무시해버리는 사태를 빚어내기도 한다.

② 기호화(encoding)

기호화는 전달자의 생각이나 아이디어 또는 정보를 부호나 상징으로 전환시키는 과정이다. 언어는 기호화의 가장 보편적인 수단으로서 이는 전달자의 의도, 아이디어, 정보를 메시지의 형태로 표현하려는 것이다. 전달자의 의사소통 기술, 주제에 관한 지식 그리고 태도, 가치, 관심사, 동기 등과 같은 인성적 요인들이 기호화의 과정과 내용을 제한하게 된다. 송신자의 제반특성이 기호화와 메시지의 질을 결정하는 기호화와 메시지의 질을 결정하는 데 영향을 미친다.

③ 메시지(message)

메시지는 기호화 과정의 결과로서 전달하고자 하는 내용이다. 메시지는 송신자가 수신자에게 교신하기를 원하는 아이디어이다. 메시지의 형태는 이를 실어 나르는 통로와 매체가 무엇이냐에 따라 크게 좌우된다.

④ 통로(channel)

통로는 메시지가 흘러다니는 송신로이다. 통로는 수직적 통로, 수평적 통로, 사선적 통로로 구분할 수도 있고, 공식적 통로와 비공식적 통로로 분류할 수도 있다.

⑤ 매체(medium)

매체는 메시지의 운반수단이다. 메시지는 구두매체와 문서매체를 포함하는 언어매체나 전화, 텔레비전, 라디오 등 전파매체를 통해서 전달된다. 이외에도 신체언어나 제스처 또는 상징언어와 같은 비언어적 매체를 통해서도 메시지가 전달된다.

⑥ 수신자(receiver)

수신자는 송신자로부터 전달된 메시지를 접수하는 사람이다. 수신자는 접수된 메시지를 해독하고 거기에 의미를 부여하게 된다. 그러나 그 의미가 송신자가 의도한 의미와 반드시 일치하는 것은 아니다. 왜냐하면 송신자의 경우와 유사한 내적과정이 수신자에게도 일어나기 때문이다.

⑦ 해독(decoding)

수신자가 전달된 메시지를 해석하는 과정이다. 송신자에 의해서 기호화된 내용을 암호를 풀듯이 해독하는 것이다. 해독하는 과정에는 수신자의 의사소통기술, 주제에 대한 지식, 가치, 흥미, 동기와 같은 특성들이 작용하게 된다. 수신자가 받아들인 지각된 의미와 송신자가 보낸 의도된 의미가 일치하기가 어려운 것은 바로 이러한 이유 때문인 것이다. 수신자가 보여 준 메시지에 대한 반응은 송신자에게는 피드백으로 작용한다.

⑧ 피드백(feedback)

피드백은 송신자로 하여금 메시지가 정확하게 전달되고 이해되었는가를 알게 해 주는 수신자의 반응이다. 피드백은 의사소통과정이 얼마나 성공적으로 이루어졌는가를 확인하게 하는 단서를 제공할 뿐만 아니라 앞으로 이루어질 의사소통의 과정과 내용을 개선하는 데 있어 중요한 기초가 된다. 즉, 피드백의 사용은 의도된 정보의 의미와 지각된 정보의 의미 사이에 존재하는 격차를 감소시킴으로써 의사소통 과정을 개선하는 데 도움을 준다.

⑨ 잡음(noise)

잡음은 정보를 송신하거나 수신하는 과정에서 의사소통의 정확도를 감소시키고 방해하는 요소이다. 일반적으로 물리적인 잡음, 개인들의 고유한 편견과 고정관념, 사회적 상황의 소음 등이 의사소통을 방해하는 잡음 요인으로 작용한다.

Section

03 의사소통의 유형

의사소통의 유형은 보는 관점에 따라 다음과 같이 분류할 수 있다.

1. 언어적 의사소통과 비언어적 의사소통

언어적 의사소통(verbal communication)은 언어를 매체로 하여 메시지가 전달되는 것이다. 이것은 다시 구두 의사소통과 문서 의사소통으로 구분된다. 구두 의사소통은 즉시성과 대면성을 특징으로 하는 반면에 문서 의사소통은 정확성과 보존성을 특징으로 한다.

반면에 비언어적 언어소통(nonverbal communication)은 언어를 사용하지 않으면서 메시지를 전달하는 의사소통이다. 비언어적 의사소통은 교통신호, 도로표지판, 안내판 등 물리적 언어(physical language)를 통한 의사소통, 사무실의 크기와 좌석배치, 자동차의 크기와 색상 등 지위상징을 나타내는 상징적 언어(simvolic language)를 통한 의사소통 그리고 얼굴표정, 몸짓, 목소리 등 신체적 언어(body language)를 통한 의사소통으로 구분할 수 있다(박성식, 1998).

한편 교육행정에서의 비언어적 의미에 대한 대표적 연구 중의 하나는 리팜(James M. Lipham)과 프랭크(Donald C. Francke)의 연구결과이다. 그들은 비언어적 행동에 대하여 3가지 범주의 분류법을 개발하여 이것을 승진할 수 있는 교장과 승진할 수 없는 교장을 연구하기 위한 자료로 사용하였다. 첫째 부류는 자아의 구조화에 대한 것으로서 자아유지, 복장, 몸짓과 자세 등을 포함한다. 둘째 부류는 상호작용의 조화로서 인사법, 사람대하기, 대면할 때의 거리와 헤어질 때의 태도 등을 포함한다. 셋째 부류는 환경의 구조화로서 실내장식, 실내배치, 청결, 환경적 소음과 신분상징물의 사용 등을 포함한다.

이들의 연구결과 승진할 수 있는 사람과 그렇지 않은 사람 사이에는 상호작용의 구조화와 환경의 구조화 두 요인으로 유의미한 차이가 있음을 발견했다. 예를 들어, 더 높은 지위로 승진할 수 있는 교장은 방문객을 맞이할 때 그의 책상으로부터 걸어 나와서 인사하고, 방문객의 외투와 모자를 받아서 걸어주는 경향이 있었다. 더욱이 이들은 방문객을 3~4피트 거리에서 자기의 책상 옆에 앉히는 경향이 있었다. 반면에 승진할 수 없는 교장들은 손님을 5~12피트의 거리에서 책상의 정면이나 중앙에 앉히고 맞이하는 경향이 있었다. 환경의 구조화에 있어서 개인 간의 차이는 개인 소지품에서 구분되었다. 승진할 수 있는 교장들이 개인 소지품들을 잘 정돈하는 반면에, 그렇지 못한 교장은 환경적인 소음과 장애가 높았다. 일례로 명패의 경우 대개 모든 교장의 집무실에서 사용되지만, 승진할 수 있는 교장들은 명패를 권위주의의 상징으로 거창하게 사용하기보다는 오히려 보직을 나타내 주는 정도의 기능적인 방법으로 사용하는 정도였다.

2. 공식적 의사소통과 비공식적 의사소통

공식적 조직이란 어떤 공통된 목표를 성취하기 위해서 두 사람 이상의 활동이나 힘이 의식적이고 의도적으로 조성되는 체제를 말한다. 비공식적 조직이란 일반적으로 조직의 목표와 직접적인 관련이 없이 형성된 조직을 말한다. 공식적 조직이 효율적으로 운영되려면 비공식적 조직이 활력소가 될 수 있다. 조직이 목표를 성취하기 위해서는 여러 사람들의 참여가 필수이며, 행정가는 이들 참여자들과 좋은 인간관계를 형성해야 한다. 좋은 인간관계의 핵심은 훌륭한 의사소통과 동기유발체제의 구축이 필수적이다. 그러므로 행정가는 인간의 본질, 인간의 사회·심리적 욕구, 비공식조직에 대한 충분한 이해가 있어야 한다.

오늘날 대부분의 교육행정학자들은 공식적 의사소통과 비공식적 의사소통을 구분해서 설명한다. 공식적 의사소통은 조직 내의 공식적인 통로와 절차에 따라 공식적으로 의사와 정보가 전달된다. 공식적 의사소통은 송신자의 감정이나 의도를 충분히 전달할 수 없는 제한점을 가지며, 상황의 변화에 신속하게 대응할 수 있는 융통성이 부족하다. 반면에 비공식적 의사소통은 비공식적 조직을 통하여 자생적으로 이루어지는 의사소통이다. 비공식적 의사소통은 공식적 의사소통의 결함을 보완해 주는 순기능을 수행하기도 하고, 허위사실 또는 왜곡된 정보를 유통시키는 역기능을 하기도 한다.

3. 수직적 의사소통과 수평적 의사소통

수직적 의사소통은 다시 하향 의사소통과 상향 의사소통으로 분류하며, 수평적 의사소통은 횡적 의사소통이라고도 한다.

1) 하향식 의사소통

하향적 의사소통의 조직 명령계통에 따라 상급자가 하급자에게 의사와 정보를 전달하는 것이며 흔히 상의하달이라고 한다. 상의하달의 방법은 보통 구두나 문서에 의한 것이 일반적이며 ① 명령, ② 일반적 정보로 구분된다. 명령은 규칙, 규정, 지시, 훈령, 발령, 요강, 고시, 회람, 영달 등 다양한 형식을 띠고 있다.

(1) 문서에 의한 명령

이를 전달하는 방법 중 문서에 의한 명령은 다음과 같다.

① 내용이 일괄적, 획일적이며,
② 내용의 중요도에 따라 비교적 장기간 또는 단기간 보관할 필요가 있고,
③ 명령을 받는 사람이 지리적으로 분산되어 있고,
④ 명령을 받는 사람의 능력이 높을 때 유용하다는 특징을 지니고 있다.

단점은 다음과 같다.
① 의사소통의 방향이 상의하달로 일방적이고 획일적이어서 피명령자의 의견이나 요구를 참조하기 어렵고,
② 비밀보장을 유지하기가 어렵다.

(2) 구두에 의한 명령

한편 구두에 의한 명령은 하급자를 소환하여 직접 지시하거나 전화, 회의소집을 통해 전달하는 등의 다양한 형식을 취할 수 있다.

따라서 구두명령은 문서명령에 비해,
① 상황에 따라 적절히 명령의 형식을 변경시킬 수 있고,
② 피명령자의 명령에 대한 반응을 확인할 기회와 피명령자의 의견을 들을 수 있다는 장점을 가지고 있지만,
③ 직접명령을 내릴 전달대상이 한정되며,
④ 내용이 복잡할 경우 부적당하며,
⑤ 명령권자에 대한 피명령자의 신뢰감이 적을 때는 효과가 별로 없다.

(3) 일반정보

조직구성원에게 조직 내의 사정을 알리거나, 구성원의 사기를 높이는 내용, 조직과 관련된 주변의 여러 정보들을 공지하는 것을 말한다.

일반정보 역시 명령과 마찬가지로 문서에 의한 것과 구두에 의한 것이 있다. 흔히 사용되는 방법으로 편람(handbook, manual), 뉴스레터(news letter), 각종

게시, 기관지, 구내방송, 인터폰, 강연 등의 방법을 취한다. 정확한 일반정보가 정확, 신속, 공정하게 하달될수록 조직 내의 잘못된 비공식 의사소통을 통한 유언비어가 적어지고 구성원들이 정확한 정보로 정확한 판단을 하게 된다. 일반정보에 직원들이 알고 싶어 하는 조직의 정책, 미래의 추진방향, 인사 및 직제에 관한 사항, 기타 유용한 정보 등을 알리는 데 주력해야 한다.

2) 상향식 의사소통

하의상달을 말하는 것으로서 계층의 하부에서 상보로 정보와 의사가 전달되는 것이다. 하의상달의 방법 역시 보고·제안제도·의견조사·면접·홈페이지 게시판 활용 등이 있다.

(1) 보 고

가장 공식적이고 일반적인 하의상달의 방법이다. 보고는 주로 구두 또는 내부 기안문, 외부 발송공문 결재 등의 방식을 취하는 것이 일반적이다.

명령내린 사안에 대한 확인이나 일의 진척, 업무에 관련된 외부의 상황변화, 일정하게 순환적으로 반복되는 조직 내의 업무 등에 대한 보고를 받으면서 상급자는 그러한 상황의 결과를 평가하고 새로운 결정이나 지시를 내릴 수 있다. 그러나 보고는 공식적인 성격이 강하므로 진정한 하의상달이 제약받을 수 있고, 왜곡과 과장의 경우도 있다는 것을 주의해야 한다.

(2) 제안제도

품의(稟議)제도라고도 하며, 직원들이 조직의 관리 및 업무개선에 관한 의견이나 생각을 제안하게 하여 유익한 것은 채택하여 실시하고 그에 상응하는 보상을 하는 제도를 말한다. 제안제도가 성공하기 위해서는 제안 절차가 제도적으로 확립되어야 하며, 제안은 신속하고 정확하게 처리하여 채택된 제안을 실시하고 보상하여야 하며, 탈락된 제안에 대해선 충분한 설명이 필요하다.

(3) 의견조사

질문지 등을 통해 직원들의 사기나 태도 등을 조사하는 데 유용하다. 권위주의적 풍토에서는 정기적 의견조사가 필요하며, 이외에도 특별한 문제가 있을 때마다 하는 것이 바람직하다. 특히 질문지 조사에서는 반응이 제대로 나오도록 자유로운 분위기를 조성해야 한다.

(4) 면 접

능력 있는 직원이 상관과 단독면담하여 조직의 운영 및 발전방안에 대한 제반 의견을 개진할 수 있다. 그러나 이는 시간의 소모가 많으며 능력 있는 직원 몇몇에 국한된다는 제한점이 있다.

(5) 직원회

평직원회의나 평교사회, 평의회 등의 직원회 운영방식 여하에 따라 하의상달의 효과 여부가 결정된다.

(6) 인터넷 게시판 활용

과거의 하의상달은 그 과정에서 반드시 중간계층을 경유하여 최고계층에 도달하기 때문에 중간계층이 위로 올라가는 것을 차단할 수 있으며, 중간계층을 한 단계라도 건너뛰게 되면 압력을 받게 된다는 점이 특징이었다. 정보화시대에 접어들면서 이러한 상황에 많은 변화가 도래되었다. 말단 직원에서 최고위층에 이르는 의사전달이 중간관리자를 통하지 않고 바로 실시간으로 전달되는 유비쿼터스적인 장이 마련되었기 때문이다.

인터넷을 기반으로 하는 정보화 게시판을 잘 활용하는 방안도 하의상달의 효과를 높이는 데 큰 기여를 할 것으로 본다.

3) 횡적 의사소통

통상 횡적 의사소통이라 함은 수평적 관계에 있는 사람, 즉 동일 계층상의 사람들 간의 의사소통을 일컫는다.

조직의 규모가 크고 분업이 심해질수록 하위조직 간에 추구하는 목표가 상이하여 갈등이 생길 수 있다. 이러한 하위조직 목표 간의 갈등으로 야기되는 문제를 해결하기 위하여 목표간 조정이 불가피해진다. 이때 횡적 의사소통이 더욱 필요하게 된다.

조직이 고도로 전문화될수록 전문가의 의견이 더욱 필요하게 되는데, 횡적 의사소통을 통해 전문가의 의견을 반영시킬 수 있다. 횡적 의사소통의 방법으로 흔히 사용되는 것은 회의, 위원회, 사전심사제도, 회람, 통보 등이 있다.

(1) 회의 및 위원회

중요한 결정에 앞서서 관련 부서들을 모두 참여시켜 회의를 통하여 정보나 아이디어를 교환하고, 하위조직 간의 상충되거나 대립되는 목표들을 서로의 양보나 대화를 통하여 협력체제로 바꾸어 나가는 것이다. 위원회는 전문적 의견의 제시를 통해 토론에 의해 각 하위부서 간의 조정이 이루어지도록 하는 것이다.

(2) 사전심사제도

계획이나 정책의 최종적 결정을 내리기 전에 관계부처에 사전심사를 해보도록 하여 그들의 의견을 반영하는 절차이다.

(3) 회람 및 통보

회람과 통보는 앞의 두 가지 경우와는 달리 결정이 난 후에 관계자들에게 알려주는 것이다. 회람은 문서를 많은 사람들에게 돌려서 알리는 방법이며, 통보는 결정된 사실을 특정인에게 알리는 방법이다.

Section 04 의사소통의 개선

1. 의사소통의 장애

학교를 비롯한 조직에서 의사소통이 장애를 일으키는 중요한 요인들은 다음과 같다(박성식, 1998).

① 문화차이: 구성원이 속한 사회에서의 경험과 가치관이 다른데 따른 의사소통의 장애로서, 송신자와 수신자의 상이한 경험과 가치관이 기호화와 해독의 과정에서 왜곡을 불러일으킬 수 있다. 흔히 외국인들과 대화할 때, 언어의 습관, 문화의 차이에 의해 의사소통에 장애를 일으키는 경우가 이 경우이며, 부산이나 광주 등 서로 다른 지방에서 관습의 차이로 의사소통이 원활하지 못한 경우가 이에 해당된다.

② 의미상의 문제: 송신자와 수신자가 사용하는 언어의 의미를 각기 달리 해석할 때 발생한다.

③ 생략 및 여과: 의사소통의 단계가 몇 사람을 거쳐야만 할 때, 송신자가 고의로 의사소통의 내용을 일부 여과하거나 생략하는 경우에 발생한다.

④ 자기위주적 해석: 수신자가 자기 자신의 욕구나 편의에 따라 송신자의 메시지를 해석하는 경우이다.

⑤ 정보과잉: 송신자로부터의 정보가 지나치게 한꺼번에 많을 경우에 발생

한다.

⑥ 지위의 차이: 송신자와 수신자의 지위의 차이가 종종 원활한 의사소통의 장애요인으로 작용한다.

⑦ 수용거부: 수신자가 송신자의 말이나 행동을 믿지 못할 때 일어난다. 수용거부는 수신자의 편견으로 인한 경우가 적지 않다.

⑧ 고정관념: 송신자나 수신자가 갖고 있는 단순하고도 일반적인 고정관념이 의사소통의 장애요인으로 작용한다. 고정관념은 시각적인 것 뿐만 아니라 가치, 편견, 불완전한 정보 등 많은 다른 요인들에 기초해서 형성된다.

2. 의사소통의 개선

학교 및 조직사회에서 의사소통을 보다 원활히 하기 위해서는 ① 사전에 의사소통계획을 세우고, ② 의사소통이론에 대한 지식을 이용하면 의사소통의 능률과 효과를 높일 수 있다. 의사소통의 능률과 효과를 위한 개선방안을 개인적 수준과 조직수준을 고려하여 다음과 같이 살펴볼 수 있다.

호이와 미스켈은 행정가가 의사소통을 개선하기 위한 방법으로 다음의 7가지 지침을 제안하였다.

① 목표를 설정하라(여기서 목표란 정보를 의사소통의 흐름 속으로 전달하기 위한 목표: 예를 들어, 정보교환, 정책과 지시의 해석, 과업부과, 프로그램 착수, 노력증진을 위한 자극, 설득 등).

② 수신자의 특성을 파악하라.

③ 수신자가 내용을 왜곡하지 않도록 전언을 간결하게 쉽게 하라.

④ 전달수단 및 경로를 결정하라.

⑤ 최적의 시간을 선택하라.

⑥ 전달내용의 양을 적절하게 하라.
⑦ 피드백을 이용하여 결과를 점검하라.

엘렌슨(Ellenson, 1982)은 다음과 같은 8가지를 제안하였다.

① 타인의 입장에 대해 감정이입(empathy)을 하라.
② 의사소통의 장애물이 존재함을 의식하라.
③ 송신한 후 전달한 의도나 의미를 확실히 이해하는지 피드백을 주고받으라.
④ 타인의 말을 경청하라.
⑤ 나의 견해에 대한 이해를 타인에게 강요하지 마라.
⑥ 효과적인 의사소통은 1 : 1이다.
⑦ 타인을 수용하려고 노력하라.
⑧ 자기 자신과 타인을 신뢰하라.

Section 05

의사소통의 주요 기법으로서 조해리 창

조해리 창(Johari Window)이란 자아개방(self-disclosure)과 피드백 두 가지를 설명하기 위해 조셉 루프트(Joseph Luft)와 해리 잉햄(Harry Ingham)이란 심리학자에 의해 개발된 개념이다. 조해리 창은 두 개발자의 첫 이름을 따서 명명한 것이다. 자아개방은 자신의 입장을 명백히 밝히고, 남에게 자기 자신을 보여 줌으로써 타인이 자신을 알 수 있도록 하는 행위를 뜻한다. 그림 9-3에서 보면 모든 인간은 자신에 대한 정보가 자신에게 잘 알려진 부분도 있고, 자신에게 알려져 있지 않은 부분도 있다. 반면 자신에 대한 정보가 타인에게 잘 알려져 있는 부분도 있고 그렇지 않은 부분도 있다. 이들의 결합관계에 따라 개방적 부분, 맹목적 부분, 잠재적 부분, 미지의 부분 등 4개영역을 생각해 볼 수 있다.

효과적인 의사소통을 위해서는 자아개방이 매우 중요하다. 자아개방은 의사소통에서의 전달자가 과업을 추진하는 데 꼭 필요하고, 또 마음을 열고 의사소통을 할 수 있는 느낌을 주기 위해 필요한 정보를 우선적으로 주는 것이다. 4개 영역을 간단히 설명하면 다음과 같다.

① 공개적 부분(area): 이 영역은 자신에 관한 정보가 자신이나 타인에게 잘 알려져 있는 경우이다. 그러므로 서로 잘 알고 상호작용하기 때문에 일반적으로 효과적인 의사소통이 가능해진다. 따라서 효과적인 의사소통을 위해서는 이 부분의 영역을 넓혀가야 하는데, 자기를 노출(exposure)하고 피드백(feedback)을 많이 받을 때 가능하다.

② 맹목적 부분(blindspot): 이 영역은 자신에 대한 정보가 타인에게는 알려져 있지만 자신에게는 알려져 있지 않은 부분이다. 따라서 타인으로부터 피드백을 받지 못할 때는 이 부분이 더 넓어져 효과적인 의사소통이 이루어지기 힘들다.

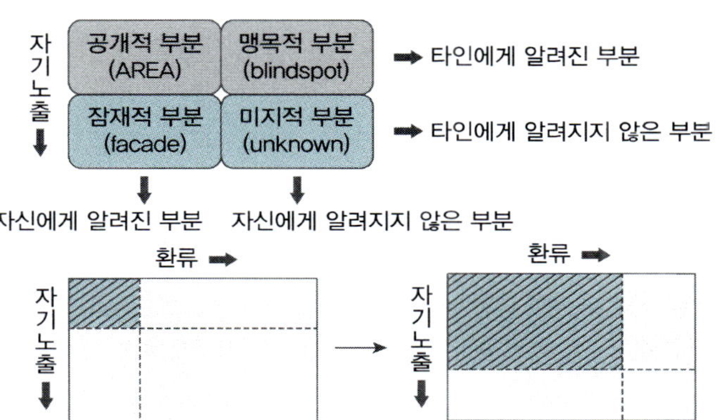

출처: Joseph Luft, "The Johari Window," Human Interaction(Palo Alto), California: National Press Book Co., 1960, p. 313

그림 9-3 조해리 창

③ 잠재적 부분(facade): 이 영역은 자신에 대해 타인에게는 알려져 있지 않지만 자신에게는 알려져 있는 경우이다. 이와 같은 때는 타인이 어떻게 반응할지 몰라 자기의 감정과 태도를 비밀에 붙이고 타인에게 방어적인 태도를 취하게 된다. 그러므로 의사소통에서 자신의 의견이나 감정을 표출시키지 않고 타인으로부터 정보를 얻으려는 경향이 커진다.

④ 미지적 부분(unknown): 이 영역은 자신에 대한 정보가 자신과 타인에게 모두 알려져 있지 않은 부분이다. 이러한 경우에는 자신에 대한 견해를 표출하지도 않을 것이며, 타인으로부터 피드백을 받지도 못할 것이다. 이런 상태가 계속되면 미지적 부분의 넓이가 더 커질 것이다. 이러한 상황에서는 정상적인 의사소통이 어렵고 자기 폐쇄적으로 가기 쉽다.

결국 효과적인 의사소통을 위해서는 그림 9-2와 같이 자기노출과 피드백을 많이 주고받아서 개방적인 부분을 넓혀가야 한다.

Section

06 갈등관리

조직에서 영향을 미치는 갈등은 다양하며 긍정적인 면으로서는 선의의 경쟁을 유발시켜 조직발전에 도움을 주는 경우도 있다. 그러나 갈등의 부정적 산물로서 예상할 수 있는 무관심과 소외감, 적대감 등 심리적 손실은 조직의 기능을 저해할 수 있다. 또 결근이나 근무태만 같은 행동이나 노골적인 공격적 행동도 갈등상황에서 나타날 수 있는 역기능이다.

갈등 그 자체는 바람직한 것도 바람직하지 못한 것도 아닌 가치중립적인 용어이다. 중요한 점은 그것을 어떻게 취급하고 관리하느냐에 따라 역기능을 나타낼 수도 순기능을 나타낼 수도 있다는 데 있다.

조직 내에서 발생하는 갈등을 관리하는 기법을 소개하면 다음과 같다.

1. 승패의 기법

이것은 한편이 상대방을 누르고 자기가 이기는 경우, 양자가 다 손해를 보는 경우, 양자가 다 이기는 경우로 나눌 수 있다.

1) 승 – 패 기법

상대편의 희생 위에서 자기의 목적을 달성함으로써 갈등을 제거한다. 한 사람은 승자가 되고 상대편은 패자가 될 수밖에 없다. 자유경쟁사회에서 흔히 볼 수 있는 갈등 해결법이며, 단기적으로 갈등을 해결할 순 있으나 근본적인 문제의 해결에 이르진 못한다. 게임의 법칙이라고 할 수 있으며, 이긴 쪽이 있으면 반드시 지는 쪽도 있다.

2) 승 – 승 기법

단계적 문제해결 과정에서 얻어진 해결책이 양편 모두에게 만족스럽게 수용됨으로써 갈등이 제거되는 것을 일컫는다. 문제해결에 전력하여 결국 당사자들의 요구를 동시에 충족하고 보상받는 데 역점을 둔다. 건전한 판단과 우호적인 분위기가 중요하다.

3) 패 – 패 기법

양편 모두가 패자가 되는 전략이다. 다시 말해 양편 모두가 무엇인가를 잃음으로써 갈등이 제거된다. 가장 졸렬한 방법이며, 양자가 다 손해를 보는 방법이다. 망할 바에야 함께 망하자는 발상이다. 서로 감정만 더 상하고 양자의 관계를 악화시킬 수 있다.

2. 무 마

갈등을 무마시키는 방법은 유교문화권인 아시아에서 특히 강조된다. 문제가 발생하면 그것을 근본적으로 해결하기보다는 우선 시끄럽지 않도록 덮어두는 방법이다. 이러한 무마는 서로에게 체면을 세워주려는 마음에서 출발하지만,

근본적인 갈등을 해결하는 방법적 접근은 아니며 오히려 문제를 더 악화시키기도 한다.

3. 협상과 타협

갈등의 원인이 되는 양 당사자의 주장을 어느 정도만 수용하고 나머지는 조금씩 서로 양보하는 협조적 문제해결방법이다. 여기에 양 당사자는 원래의 주장을 충분히 만족시키지 못하는데, 양보하는 선에서 타결되는 것이기 때문에 승자도 패자도 없이 끝난다. 가장 현실적인 갈등관리 기법이라고 볼 수 있다.

장학관리

Section 01 장학의 개념

1. 장학의 개념

장학의 개념은 과거에는 교수학습활동의 감독자적 개념의 성격이 강하였으나, 최근에는 학습촉진자 혹은 학습보조자의 개념이 강하게 나타나고 있다고 할 수 있다.

원래 장학이란 영어의 supervision으로 이것은 superior와 vision의 합성어이다. 이 두 단어를 합쳐보면 '우수한 사람이 높은 곳을 본다', '위에서 바라본다'란 뜻이 되므로 시학(視學; inspection)이라 불러왔다.

장학이란 개념은 사람이나 장소, 시간에 따라 다르며, 어디에 강조를 두느냐에 따라 그 내용도 상당히 다르다. 여기서 먼저 장학의 개념을 먼저 짚어보자.

백현기는 1961년에 『장학론』에서 다음과 같이 supervision을 장학이라 했다.

> "교사가 이러한 문제를 가지게 될 때 집단적 또는 개인적 활동을 통해서 교사 자신이 해결할 수 있는 실력의 배양이 필요하며, 그들의 문제를 그들 자신의 노력을 통해 해결해 나가도록 도와주는 어떠한 조력이 필요하다. 이러한 능력의 배양이 조력 및 조언을 곧 장학(supervision)이라고 한다."

김종철은 장학의 개념을 다음과 같은 3가지 접근방법에서 기술하고 있다.

1) 법규면에서의 접근(legal approach)

법규면에서 볼 때 장학행정은 ① 교육활동 전반에 관한 장학정책 수립, ② 교과과정과 생활지도의 운영감독, ③ 교육공무원과 학생의 지도, ④ 교육연구에 관한 사항 등을 포함하고 있다. 즉, 장학행정은 교육활동의 ① 계획연구면, ② 행정관리면, ③ 학습지도면, ④ 생활지도면을 포함하는 제 영역에 걸쳐서 계선조직을 통한 제반 행정업무를 보좌하는 참모활동이라 할 수 있다. 그러므로 전문적, 기술적 지도, 조언을 통하여 계선조직의 최고 관리층의 정책결정에 영향을 주며, 교사들에게도 전문적, 기술적 지도조언을 통하여 영향력을 행사하는 것이다.

2) 기능면에서의 접근(functional approach)

이 방법은 장학의 기능이 어떤 것이냐를 분석·검토하여 장학의 개념을 파악하는 방법이다. 장학의 기능으로 맥키인(Robert C. Mckean)과 밀즈(H. H. Mills)는 ① 지도성을 발휘하는 일, ② 조정하는 일, ③ 자원적 역할과 봉사하는 일, ④ 평가하는 일 등이라고 하였다.

김종철은 장학의 기능으로 ① 교사의 전문적 성장을 돕는 활동, ② 교육운영의 기획과 평가를 돕는 활동, ③ 학습환경을 개선하는 활동 등을 제시하고, 기능적 면에서 장학의 개념을 교사의 전문적 성장, 교육운영의 합리화 및 학생의 학습환경 개선을 위한 전문적, 기술적 보조활동이라고 규정하였다.

3) 이념면에서의 접근(ideological approach)

이 방법은 교육이론이나 교육이념을 토대로 장학의 개념을 설정하려는 것이다. 주로 선진국가의 교육이론을 도입하여 장학의 개념을 정립하려 하나 어떤 통일된 개념은 없다. 여기에서는 미국의 장학개념을 소개한다.

와일즈(K. Wiles)는 장학이란 교수–학습의 개선을 위하여 제공되는 지도·조언이라고 하였다. 버어튼(W. H. Burton)과 브레크너(L. J. Brueckner)는 장학이란 학생의 성장과 발달에 영향을 주는 모든 요인들을 협동적으로 연구하고 개선하는 기술적 봉사라고 하였다. 이와 같은 점으로 미루어서 이념적 면에서 장학의 개념은 교사와 학생 간의 교육작용을 개선하기 위하여 지도·조언하는 전문적 봉사활동이라고 할 수 있다.

장학에 관한 개념이 시대에 따라 달라져 왔으므로 그 개념에 관한 통일적인 정의를 명확하게 내리기는 어렵다.

여러 학자들의 개념정의를 종합적으로 검토한 와일즈(Wiles)와 본디(Bondi)도 거의 모든 정의들이 장학의 궁극적 목적을 수업의 개선에 두고 있다는 사실을 확인하고 있다. 즉, 그들은 장학의 개념을 정의하는 관점을 ① 교육행정의 일부 혹은 연장으로 보는 입장, ② 교육과정개발의 측면에 강조를 두는 입장, ③ 수업에 초점을 두는 입장, ④ 교사와 장학담당자의 인간관계에 초점을 맞추어 정의하는 입장, ⑤ 경영의 한 형태로 정의하는 입장, ⑥ 지도성의 측면에서 정의하는 입장 등으로 구분하여, 그 개념적 차이를 설명하면서 이러한 차이는 접근방법의 차이이고 궁극적인 목적은 수업개선에 있음을 밝히고 있다.

다시 말해 행정을 통해 수업의 개선을 도모하느냐의 차이일 뿐 그 모든 정의들이 추구하는 궁극적인 목적은 교사를 통한 수업개선에 있다는 것이다.

Section 02 장학의 유형

1. 장학의 유형

장학의 개념이 관점에 따라 다양한 것과 마찬가지로 장학의 유형도 보는 관점에 따라 다양하다. 장학의 조직, 주체, 내용, 방법 등에 따라 달리 구분되기도 하며, 연구자의 관점이나 실무자의 편의에 따라서도 다르게 구분되기 때문에 다양한 방식으로 분류할 수 있다. 장학의 유형은 장학행위의 주체에 따라 중앙장학(교육부), 지방장학(교육청), 지구별 자율장학(지구별 자율장학협의회), 교내 자율장학(단위학교), 자기장학(교사 자신)으로 구분할 수 있다.

지방장학은 장학활동이 이루어지는 방식에 따라 다시 종합장학, 확인장학, 개별장학, 요청장학, 특별장학 등으로 구분되며, 교내 자율장학은 장학의 방법에 따라 임상장학, 동료장학, 약식장학 등으로 구분되기도 한다.

먼저 주요 장학 모형에 대하여 살펴보고자 한다.

1) 일반장학과 수업장학

일반장학이라고 하면 모든 형태의 장학을 포괄하는 개념으로 쓰인다. 그러나 일반장학이라고 해도 우리나라에서는 행정적 장학에 편중되어 있으나, 외국에서는 일반적으로 수업장학이 많은 비중을 둔다.

장학의 목적은 수업개선에 있기 때문에 가능한 한 수업개선에 직접적으로 도전하려고 하는 장학을 수업장학이라 한다. 수업장학 중에서도 많은 비중을 차지하는 것이 임상장학이다. 그래서 임상장학은 수업장학에 포함되고 수업장학은 다시 일반장학에 포함된다.

2) 임상장학과 마이크로티칭

임상장학은 교실현장에서 장학담당자와 교사가 1:1의 친밀한 관계 속에서 교사의 교수기술향상과 계속적인 전문적 성장을 위하여 계획협의회, 수업관찰, 피드백협의회의 과정을 거치는 특별한 하나의 장학대안이다. 임상장학은 교사의 필요와 요청에 의하여 교사를 중심으로 이루어지는 장학이기 때문에 교사중심장학이라고 할 수 있다. 종래의 장학과는 달리 장학의 범위를 교실로 좁히고 그중에서도 수업에 초점을 맞추고 수업 중에서도 교사가 문제점으로 삼는 부분에만 제한하여 조금씩 개선해 나가려고 한다는 점이 특징의 하나이다.

코건(M. H. Cogan)은 임상장학의 과정을 8단계의 국면으로 구성된 순환 과정으로 설명하고 있다. 이들 각 단계를 다음과 같이 요약 설명할 수 있다.

① 1단계: 교사와 장학담당자 간의 관계수립(establishing the teacher supervisor relationship)

임상장학의 첫 단계는 장학담당자가 교사와 동료적 관계를 수립하고, 교사로 하여금 임상장학에 관한 일반적 이해를 하도록 도와주며, 임상장학에서 교사의 새역할과 기능으로 교사를 끌어들이기 시작하는 기간이다.

② 2단계: 교사와 함께 수업계획 작성(planning with teacher)

교사와 장학담당자가 함께 수업계획을 작성하는 단계이다. 계획 속에는 보통 성과(학습목표)의 상세화, 수업의 예상되는 문제, 교수자료 및 전략, 학습과정, 평가를 위한 준비 등이 포함된다.

③ 3단계: 관찰전략 기획(planning the strategy of observation)

장학담당자는 관찰목표·과정·시간·및 장소 그리고 자료수집 등을 계획한다. 관찰에 있어서 장학담당자의 기능을 분명히 상세화한다. 교사는 관찰 기획과정에 참여하고 일익을 담당함으로써 임상장학 과정에 한층 더 익숙하게 한다.

④ 4단계: 수업관찰(observing instruction)

장학담당자는 단독으로 또는 학습상태의 기록을 위해 다른 관찰자와 다른 기법을 통해 수업을 관찰한다.

⑤ 5단계: 교수–학습과정 분석(analyzing the teaching-learning processes)

수업관찰 후 교사와 장학담당자는 학급에서 일어났던 일들을 분석한다. 처음에는 보통 각자가 분석하고 나중에 그들은 함께 분석하거나 다른 참가자와 함께 분석한다. 이 절차에 관한 결정은 임상장학에서 교사의 능력개발과 당시 교사의 욕구를 신중히 고려하여 이루어진다.

⑥ 6단계: 협의회 전략기획(planning the strategy of the conference)

초기단계에서는 대체로 장학담당자 혼자서 교사와의 협의회를 위한 계획대안 및 전략을 짠다. 만약 좋다고 하면 후에 교사와 장학담당자가 함께 협의회 기획을 수행할 수도 있다.

⑦ 7단계: 협의회(the conference)

협의회에는 장학담당자와 교사가 참석하는 것이 보통이다. 필요와 상황에 따라서 다른 사람이 동석할 수도 있다. 때로는 협의회가 장학담당자 없이 교사와 다른 사람에 의해 수행되는 경우도 있다.

⑧ 8단계: 기획갱신(renewed planning)

협의회 중 적절할 때 교사와 장학담당자는 교사의 학급행동에서 변화되어야 할 행동에 관해 결정한다. 여기서 장학과정의 중기적 성격이 확실히 드러나면 교사와 장학담당자는 지난 수업의 분석과 논의를 중지하고 다음 학습의 수업에서 교사가 시도할 행동변화를 기획하기 시작한다.

마이크로티칭도 임상장학과 비슷한 과정을 거치는데 정식수업이 아닌 축소된 연습수업이라고 할 수 있다. 학생수도 줄이고, 수업시간도, 수업과제나 동원되는 수업기술도 모두 축소시킨 연습수업이다. 계획을 세워 수업을 하고 이를 녹화하여 되돌려보면서 비평하고 이 비평에 따라 재계획을 세워 수업하고, 다시 녹화하여 재비평하는 식으로 반복하면서 수업기술을 향상시키는 장학방법이다.

3) 발전장학

교사의 발전정도에 따라 다른 장학방법을 적용하고 장학에 의하여 발전수준을 높여 나가는 장학을 발전장학이라 한다.

낮은 수준의 교사에게는 지시적 장학을 적용하고 중간 정도의 교사에게는 협동적 장학을 적용하고, 높은 수준의 교사에게는 비지시적 장학을 적용한다.

물론 장학에 대한 교사참여 정도도 차차 높아진다. 이렇게 차등적인 장학으로 교사의 발전 정도, 참여 정도를 높여 나간다는 의미에서 발전장학이라는 말이 나왔다.

4) 협동적 동료장학

전문직에서는 행정적인 상급자보다는 전문적 동료 간의 협동을 더 선호하고 또 필요로 한다. 교직도 전문직이라면 전문 동료교사끼리 장학적 기능을 할 수 있고, 또 실제로 교사들은 동료장학을 좋아한다. 상급자가 장학하더라도 동료의식을 가지고 장학한다고 하여 동료장학이라고도 한다.

동료장학의 장점은 다음과 같다.

① 수업개선을 위해 학교교사들이 공동으로 노력하도록 함으로써 장학활동을 위해 학교의 인적자원을 활용할 수 있다.

② 수업개선 전략의 설계와 실천에 대한 책임감을 부여함으로써 교사들로

하여금 수업개선에 크게 기여할 수 있다는 인정감과 성취감을 갖게 할 것이다. 이는 결국 학교교육의 개선에 긍정적인 효과를 가져 올 것이다.

③ 적극적인 동료관계를 증진할 수 있고, 이를 토대로 학교 및 학생교육에 대한 적극적인 자세와 개인교사의 전문적 신장을 도모할 수 있다.

5) 자기장학

원래 장학은 상급자가 감독한다는데서 출발했지만 동기유발이 잘된 유능한 교사들은 자기 혼자서도 교수기술의 향상을 위하여 노력하여 장학적 기능을 발휘할 수 있다.

자기 스스로 자신의 수업을 녹화 또는 녹음하였다가 분석할 수 있고, 학생이나 학부모, 동료교사로부터 수업에 대한 피드백을 받을 수도 있고, 상급과정 대학원 과목을 수강할 수도 있고, 각종 세미나와 학회에 참석하고 전문서적을 구독하여 전문성을 높일 수도 있다. 그러나 자기장학을 자유방임으로 생각해서는 안 된다. 자기장학이라도 계획서를 제출하고 그 결과를 보고해야 한다.

스스로 자신에 대한 자기평가에 의하여 반성하고 새로운 교수기술 향상에 도전할 수도 있다. 어떤 의미에서 자기장학은 최선의 방안이 될지도 모른다.

6) 전통적 장학

전통적 장학은 장학사나 교장, 교감이 잠깐 교실에 들러 수업을 관찰하고 평을 하는 형식을 취한다. 그래서 교사의 눈에는 도와주려는 의도로 비춰지기 보다는 감독을 하는 것으로 이해되어 전통적 장학에 대하여 일반적으로 거부감을 가졌던 것이다.

그러나 장학진의 수적 제약과 시간적 제약 때문에 어쩔 수 없이 장학을 할 수밖에 없고, 현재도 대부분 이런 전통적 장학에 의존할 수밖에 없는 실정이다. 단지 전통적 장학을 하더라도 계획적으로 또 수업에 초점을 맞춰 도와주겠다는 의도로 실시되었으면 한다. 또 잠깐 도안교실을 방문했다고 하더라도 피드백을 제공함으로써 개선과 발전을 도모할 수 있도록 개선되기를 기대한다.

7) 인간자원 장학

인간자원 장학은 구체적이고 가시적인 장학형태라기보다는 어떤 장학의 관점, 철학을 의미하는 것으로 보아야 할 것이다. 인간자원 장학은 교사의 효능감, 참여, 열성 등 내적만족을 강조하고 매슬로우(Maslow)의 욕구위계에서 상층욕구인 존경에의 욕구, 자율의 욕구, 자아실현의 욕구를 충족시켜 주는 장학이며, 교사의 능력을 최대한 발휘하게 하여 교사를 행복하게 하고, 교사를 수단시하지 않고 목적시하자는 데 초점을 맞춘 장학이다.

8) 선택적 장학

교사는 학생들보다도 개인차가 더 심할지도 모른다. 더 많은 인생을 살고, 교직생활을 하는 동안 학생들보다 더 차이가 벌어졌을 것으로 미루어 생각할 수 있다. 그래서 학생들에게 개별화 학습이 필요하듯이 교사들이야말로 개별화 장학(individualized supervision)이 요구된다. 그런데 교사 개개인에 맞는 개별화 장학을 할만한 장학인력과 시간이 없다. 그래서 실행 가능한 몇 개의 장학 대안을 마련해 놓고 교사들로 하여금 자신에 맞는 장학방법을 선택하게 하는 장학방법이 선택적 장학이다.

9) 기타의 장학 모형

기타 장학 모형으로 과학적 장학, 책임장학, 예술적 장학, 요청장학을 들 수 있다.

과학적 장학은 헌터(Hunter)의 과학적 학습의 과정에 따른 장학방법이고, 책임장학은 학생의 성취에 대하여 교사가 책임을 지듯이 교사의 교수행위에 장학자가 책임을 져야 한다는 논리에서 나온 장학이다. 예술적 장학은 음악감상 비평, 미술감상 비평, 문학감상 비평처럼 수업이나 교육도 감상하고 비평할 수 있다는 근거에서 나온 장학이다. 지나치게 객관적이고 과학적인 숫자놀음에 싫증을 느끼고 새로이 대두되는 장학 모형이라고 할 수 있다. 요청장학은 교사·교장의 요청에 의하여 이루어지는 장학형태를 말한다.

Section 03 장학담당자의 자격과 역할

장학담당자는 장학활동을 수행하는 모든 사람을 의미하기 때문에 장학관(사)이라는 직명을 가진 사람만이 장학담당자는 아니다. 수업개선을 위해 노력하는 연구사·교장·교감·부장교사·동료교사 등도 모두 장학기능을 수행할 수 있다. 즉, 장학담당자는 장학조직에 위치하면서 교수-학습활동의 개선을 위해 교사들의 교수행위에 영향력을 행사하는 모든 사람들이다.

1. 장학담당자의 자격

교육공무원법상 장학직은 장학관, 장학사로 한정되어 있으나, 교육행정의 각 단계에서 계선 및 참모조직에 속해 장학활동을 수행하고 있는 사람은 모두 장학담당자로 분류할 수 있다. 그들은 우선 교육부의 장관과 차관 관련부서의 장학관·교육연구관·장학사·교육연구사와 시·도교육청의 교육감과 부교육감, 관련부서의 국장·과장·계장 등을 보임하는 장학관과 장학사 그리고 하위 교육청의 교육장과 각 장학관 및 장학사 학교수준의 교장, 교감, 보직교사 및 동료교사 등을 포함한다.

여기서는 교육감, 교육장, 장학관, 교육연구관, 장학사, 교육연구사, 교장, 교감을 선정하여 그 법률적 신분을 개관한다.

1) 교육감·부교육감 및 교육장

교육감은 국가행정사무 가운데 시·도에 위임하여 시행하는 사무 중 교육·학예에 관한 사무를 관장한다. 이 사무 중에는 교육규칙의 제정, 교육기관의 설치·이전 및 폐지, 교육과정의 운영, 과학·기술교육의 진흥, 사회교육·학교체육의 진흥 및 소속공무원의 인사관리 등에 관한 사항이 포함되어 있다. 교육감은 학식과 덕망이 높고, 교육경력이나 교육공무원으로서의 교육행정 경력이 5년 이상 있거나 양 경력을 합산하여 5년 이상이 있는 자로써 학교운영위원 전원의 무기명 투표로 선출하며, 임기는 4년이고, 1차에 한하여 중임이 가능하다.

한편 부교육감은 국가공무원 중에서 당해 시·도 교육감이 추천하고 교육부장관이 제청한 자를 국무총리를 거쳐 대통령이 임명한다. 부교육감은 교육감을 보좌하여 사무를 처리하며, 교육감 유고 시 그 사무를 대리한다. 교육장은 시·도의 교육·학예에 관한 사무를 분장하기 위해 1개 또는 2개 이상의 시·군 및 자치구를 관할구역으로 하는 하급 교육행정기관의 책임자로 각급학교의 운영·관리에 관한 지도·감독을 주임무로 하고 있다. 하급교육청의 교육장은 장학관으로 임용하며, 구체적인 사무는 교육과정의 운영, 재산의 취득·처분, 학교 수업료 및 입학금, 예산안의 편성 및 집행, 소속공무원의 인사관계 등에 관한 사항을 관리하는 것이다.

2) 장학관 및 교육연구관

장학관·교육연구관은 교육부의 학교정책실을 중심으로 장학편수 및 연구업무에 종사하면서 교육과정 및 편수관리, 교육연구, 교과지도, 생활지도, 정신교육 등에 관한 기획 및 정책개발 그리고 전문적 지도·조언을 통한 참모활동을 수행하고 있으며, 시·도 및 하급 교육청의 국·과장으로서 참모 및 계선기능을 담당하고 소속기관의 장 또는 하위조직에서 교육 및 연구에 종사하고 있다.

장학관이나 교육연구관이 되기 위해서는 특별한 자격요건을 필요로 한다. 교육공무원법에 규정된 그 자격기준은 대학·사범대학·교육대학 졸업자로서 7년 이상의 교육 경력이나, 2년 이상의 교육 경력을 포함한 7년 이상의 교육행정 경력 또는 교육연구 경력이 있는 자, 행정고등고시 합격자로서 4년 이상의 교육 경력이나 교육행정 경력 또는 교육연구 경력이 있는 자, 2년 이상의 교육 경력을 포함한 11년 이상의 교육연구 경력이 있는 자, 박사학위를 소지한 자 등이다. 그러나 이는 법이 정한 최소한의 기준이고, 각 시·도에서는 자체 규정을 통하여 이보도 더 엄격한 자격제한을 하고 있다.

3) 장학사 및 교육연구사

장학사 및 교육연구사는 시·도 및 하급 교육청에서 초등교육·중등교육 및 사회체육교육 등의 운영지도에 관한 업무를 직접 담당하고 있다. 장학관·교육연구관을 보좌하는 참모기능과 계장으로서, 직접 실무를 관장하는 계선기능을 담당하여 장학 및 교육·연구기능을 수행하고 있다.

장학사와 교육연구사가 되기 위해서는 특별한 자격요건을 필요로 한다. 교육공무원법에 규정된 자격기준은 대학, 사범대학, 교육대학 졸업자로서 5년 이상의 교육 경력이나 2년 이상의 교육 경력을 포함한 5년 이상의 교육행정 경력 또는 교육연구 경력이 있는 자, 9년의 교육 경력이나 2년 이상의 교육 경력을 포함한 9년 이상의 교육행정 경력 또는 교육연구 경력이 있는 자 등이다. 그러나 이 역시 법이 정한 최소한의 기준이며 각 시·도의 인사관리 규정에서는 보다 엄격한 자격제한을 하고 있다.

4) 교장 및 교감

교장과 교감은 교내 장학에 있어서 핵심적인 역할을 수행한다. 교장은 학교경영의 책임자로서 학교의 운영관리와 장학기능을 수행하는 이중적 성격을 가지고 있다. 특히 교장의 장학에 대한 철학은 학교교육의 성패를 좌우한다고 할 정도로 교육활동에 지대한 영향을 미친다.

각급학교 교장과 교감이 되기 위해서는 초·중등교육법에 의해 특별히 규정된 자격기준을 충족시켜야 한다. 여기서 중등학교의 경우만을 살펴보면 교장의 자격기준은 중등학교의 교감자격증을 가지고 3년 이상의 교육 경력과 소정의 재교육을 받은 자, 학식·덕망이 높은 자로서 교원자격 검정위원회의 추천에 의하여 교육부장관의 인정을 받은 자, 교육대학, 전문대학의 학장으로 근무한 경력이 있는 자, 특수학교의 교장자격증을 가진 자 등이다. 교감의 자격기준은 중등1급 정교사 자격증을 가지고 3년 이상의 교육 경력과 소정의 재교육을 받은 자, 중등학교 2급 정교사 자격증을 가지고 6년 이상의 교육 경력과 소정의 재교육을 받은 자, 교육대학 교수·교수로서 6년 이상의 교육 경력이 있는 자, 특수학교의 교감자격을 가진 자 등이다.

2. 장학담당자의 역할

장학담당자가 효율적인 장학의 역할을 하기 위해서 갖추어야 할 기술로써 와일즈(Wiles)는 지도성의 기술(skills in leadership), 인간관계의 기술(skills in human relations), 집단과정에 대한 기술(skills in group process), 인사관리의 기술(skills in personnel administration) 그리고 평가의 기술(skills in evaluation) 등을 열거하고 있는데, 이를 중심으로 하여 설명하면 다음과 같다.

지도성 기술에 관하여 그는 지도성의 유형을 집단 위에 서서 일하는 지도형(working on a group), 집단을 위해서 일하는 지도형(working for a group), 집단 속에서 일하는 지도형(working within a group)이 장학담당자로서 가장 바람직하다고 보았다.

인간관계의 수립을 위해서 자기개선을 통한 자아의 확립, 타인의 가치에 대한 신임 그리고 타인의 욕망 및 감정의 존중 등이 필요하다고 보았다. 와일즈는 인간관계 조성을 위해 21가지 원칙을 제시하였는 데 몇 가지 살펴보면 다음과 같다.

① 먼저 상대방에게 친밀감을 보일 것
② 명랑한 미소를 보일 것
③ 상대방의 이름을 기억하여 부를 것
④ 교사의 교외활동에 관심을 가질 것
⑤ 교사에게 어떤 임무를 맡길 때 먼저 그의 의사를 타진하여 볼 것

⑥ 친절하고 겸손할 것
⑦ 어떤 행동을 취하기 전에 반드시 상대방의 입장을 고려할 것
⑧ 칭찬을 받은 일에 대해서는 그 공을 일을 맡은 교사에게 돌려 줄 것

집단과정이란 집단구성원들의 공동관심사를 확인하여 탐구하며 해결하려고 노력하는 민주적 절차로서, 집단과정의 목표는 공동의 목표의식과 가치관을 발전시켜 집단의 융화와 단결을 강조하고 사기를 앙양시켜 집단의 효과성을 높이는 데 있다. 장학담당자가 지녀야 할 집단과정의 기술을 몇 가지만 들어보면 다음과 같다.

① 문제를 해결하기에 적합한 비교적 아늑한 물리적 환경을 구성한다.
② 각자의 의견을 자유롭게 표시할 수 있는 분위기를 조성한다.
③ 모든 구성원에게 지도성을 분담하게 한다. 즉, 지도성을 공유한다.

인사관리의 기술로서는 다음과 같은 것을 들 수 있다.

① 민주적 지도성의 발휘가 선행될 것
② 민주적 집단 분위기를 조성할 것
③ 민주적 의사소통의 기술을 발휘할 것
④ 사기를 앙양시킬 것
⑤ 제안제도, 고정처리제도, 인사상담제도 등을 활용할 것
⑥ 교사의 능력을 계발시킬 것

마지막으로 장학담당자는 교사에 대한 평가 및 자신에 대한 평가를 해야 한다.

교사의 평가에서는 먼저 교사의 성적평가로 교사로서의 자질과 조건을 갖추고 있는가 또는 향상시킬 수 있는가를 평가하여 교사 자신이 반성하고 더욱 개선·향상할 수 있도록 자극하려는 것이고, 다음에 교사의 근무평정은 교직수행에 있어 요구되는 직무를 바람직하게 수행하고 있는가 또는 그렇지 못한가를 교사 스스로 파악해 반성하고 개선의 기회를 줌으로써 근무능률의 향상을 목적으로 한다. 그리고 장학담당자는 계속적으로 자신을 평가함으로써 자신의 문제점을 개선하여 성장하도록 한다.

Section

04 장학행정의 발전방향

이상에서 살펴본 장학이론에서와 같이 우리나라는 교육여건뿐만 아니라 바람직하지 못한 교육관이나 과열된 교육열 혹은 입시 및 성적위주의 교육 등 바람직하지 못한 교육관과 풍토도 교육활동 자체를 왜곡시키고 교육발전을 저해하고 있다. 이런 개선이 대단히 시급한 일이지만 교육재정이나 국민의식 등 여러 가지 현실적인 사정 때문에 단기간에 해결하기에는 한계를 가지고 있는 것도 사실이다. 따라서 최근에는 가능한 범위 내에서 교수활동의 개선을 통해 교육의 질을 개선할 수 있는 장학에 대한 관심이 고조되고 있다.

이런 점에 비추어 현행 우리나라 장학행정의 문제점으로 다음과 같은 점을 지적할 수 있다.

① 교육정책이나 장학방침이 일관성 없이 자주 변동되어 안정성이 결여되고, 합리적인 목표를 세우고 장학활동을 일관성 있게 추진하기가 어렵다.

② 상부기관 중심의 일방적 전달, 지시, 감독하는 장학이기 때문에 상부 교육행정기관의 행정 보조수단으로 되어 있고 수업개선이라는 궁극적인 목표를 달성하기 어렵다.

③ 상부의 권위주의적, 관료주의적 장학관행으로 장학의 인간화 부족으로 교사들이 장학활동을 기피하고 적극적으로 수용하지 않고 있다.

④ 현행 장학업무를 맡고 있는 장학사(관)의 수가 절대적으로 부족하며, 장학 이외의 업무가 과도하여 장학 본연의 업무를 수행하기가 어렵고, 전문

가 양성프로그램이나 교육과정이 정비되어 있지 않아 전문성 신장이나 자질개발이 어렵다.

⑤ 장학에 관한 행정가와 교사들의 인식부족과 장학유형 및 방법의 전근대성에 문제점이 있다. 장학활동은 장학사만이 하고, 교사를 평가하고 감독하는 부담스러운 활동으로 여길 때 장학의 목적을 달성할 수는 없다. 또한 감독, 지시위주의 전통적 장학유형과 수업중심이 아닌 관리중심의 장학방법은 교사와 수업 양자에 도움을 못한다.

따라서 이러한 문제점을 해결하기 위해서는 보다 우리 실정에 맞는 적합한 장학의 방법을 개발하고, 이를 토대로 제도적·인적 조치를 강구해야 된다. 이러한 개선방향을 여기서 제시해보면 다음과 같다.

① 장학의 민주화와 전문화

장학의 민주화와 전문화는 우리의 장학이 나아가야 할 방향으로 본다.

장학의 민주화를 장학의 자유방임으로 봐서는 안 된다. 민주라는 말은 추상적인 개념이기 때문에 여러 각도, 다양한 측면에서 민주화를 위한 노력이 있어야 하지만, 우선 3가지를 들어보면 첫째, 장학담당자가 민주적으로 변해야 한다. 교사를 존중하고 교사를 선하게 긍정적으로 보고, 교사를 수단시하지 말고 목적시해야 하며, 교사의 자아실현을 도와주려는 장학관이 확립되어야 장학의 민주화는 시작된다. 장학에 대한 그릇된 편견을 시정하기 위해 장학에 대한 홍보활동도 강화하고, 합리적인 장학활동으로 장학이 교사들의 수업활동에 긴요하다는 점을 먼저 인식하게 한다.

둘째, 권한의 위임과 분권이 요구된다. 장학에 있어서도 교사와 가까이 있는 교육청과 학교로, 다시 교실과 교사가 있는 곳으로 권한이 위임, 이양되어야 한다. 상부의 장학으로부터 벗어나 학교의 자율성 확대를 통해 교내장학, 동료장학 등을 활성화하고, 그러한 장학이 장학활동의 중심이 될 수 있도록 함으로써 학교의 연구풍토를 조성하고, 장학담당자가 그러한 과정에서 자원인사로서 활용될 수 있도록 배려가 요구된다.

셋째, 장학에 있어서 가능한 한 교사를 많이 참여시켜야 한다. 교사의 참여 없이 장학의 효과를 거두기도 어렵고 민주화도 어렵다고 본다.

장학의 전문화 측면에서는 장학관(사)과 교장(감) 등 장학담당자들은 실질적인 수업지도자가 될 수 있는 우수한 인사로 충원될 수 있도록 제도적 장치를 마련하고, 장학담당자가 된 후에도 그 자질을 향상시킬 수 있도록 교육 및 연수프로그램을 정비해야 한다. 이런 것은 행정적, 법적, 제도적 뒷받침이 선행되어야 한다.

② 장학행정조직의 지방분권화

지역의 특성을 고려한 다양하고 창의적인 교육활동을 조장할 수 있도록 장학행정의 권한과 책임의 과도한 중앙집권체제를 지양하고, 지방화 시대에 걸맞는 충분한 지방분권화를 이룩해야 할 것이다. 이를 위해 장학조직 수준별 역할분담과 적정한 권한과 책임의 위임을 통해 지방장학행정의 특수성과 학교단위의 창의적 활동을 최대한 보장해야 할 것이다.

리더십 관리

Section
01 리더십의 개념

1. 리더십의 개념

리더십의 개념에 대한 정의는 많은 학자들에 의하여 정의되고 있어서 단언하기가 무척 어렵지만, 가장 보편적으로 이해되고 있는 것은 어떤 조직에서 공동의 목표를 효과적으로 달성할 수 있게 해주는 개인의 영향력으로 볼 수 있다. 이 장에서는 학교에서 행정상의 리더십에 주된 초점을 두면서 지도자는 교육조직에 중요하다는 전제를 설정하고, 유용한 이론적 시각을 선택하고 발전시켜 나가야 할 것이다.

이해를 돕기 위해 기존 학자들의 정의를 알아본다.

① 리팜(James Lipham, 1964): 리더십은 조직의 목표와 목적을 성취하거나 변형하기 위한 새로운 구조나 절차를 창시하는 것이다.

② 휘들러(Fred E. Fiedler, 1967): 지도자는 과제와 관련된 집단활동을 지도하고 통합하는 임무가 부여된 집단 속의 개인이다.

③ 캇츠와 카안(Daniel Katz & Robert L. Kahn, 1978): 조직의 리더십 본질은 조직의 일상적 지시사항을 기계적으로 준수하게 하는 것에 덧붙여 영향력을 증진시키는 것이다.

④ 하우즈와 베츠(Robert J. House & Mary L. Baetz, 1979): 리더십은 둘 혹은 그 이상의 사람들로 이루어진 집단에서 일어나며, 집단의 목표를 추구하는 것과 관계되기 때문에 집단구성원에 영향을 미치는 것을 수반한다.

⑤ 가드너(John W. Gardner, 1990): 리더십은 설득 혹은 예증의 과정이며, 그것으로 인해 개인 혹은 추종자가 공유하는 목적을 추구하도록 권유한다.

이러한 정의들 및 다른 정의들이 공유하고 있는 유일한 가정은 리더십이 사회적으로 영향을 미치는 과정을 수반한다는 점이다. 그 과정에서 집단이나 조직 속에서 활동이나 관계를 구조화하기 위해 한 개인이 다른 사람에게 의도적으로 영향력을 행사한다(Yukl, 1994).

리더십에 대한 이러한 정의 외에도 계속되는 두 가지 정의상의 논쟁점을 주목할 필요가 있다. 첫 번째 논점은 리더십을 특정한 개인의 특성으로 보아야만 하는가, 아니면 사회체제의 특성으로 보아야만 하는가라는 점이다(Yukl, 1994).

다른 견해는 리더십은 사회체제 내에서 자연스럽게 발생하며 그 구성원들이 공유하는 사회적 과정이라는 것이다. 그렇게 되면 리더십은 개인의 자질이라기보다는 조직의 과정이다. 캇츠와 카안(Katz와 Kahn, 1978)은 리더십의 3가지 주요 구성요소, 즉 직책 혹은 직위의 속성, 개인의 특성, 실제행동의 범주를 식별하면서 논쟁점을 분명하게 했으며 부분적으로는 정확하다. 리더십은 유익하게 개인의 자질로도 또 사회체제의 과정으로도 검토될 수 있다. 두 번째 논점은 지도자와 행정가 사이의 구별 및 그들이 무엇을 어떻게 영향을 미치려고 하는가를 포함한다(Yukl, 1994). 분명히 개인은 행정가가 되지 않고서도 지도자가 될 수 있다(예: 비공식적 지도자). 반대로 개인은 행정가가 되지 않고서도 지도자가 될 수 있다. 어떤 사람들은 리더십과 행정은 근본적으로 다른 개념이라고 주장한다. 그러한 논박은 기본적으로 행정가(administrators)는 안정성과 효율성을 강조하는 반면에, 지도자(leader)는 적합한 변화 및 성취될 필요가 있는 것에 대해 사람들이 동의하게 하는 것을 강조하는 것 같다.

이렇게 리더십에 관한 연구는 정의의 전 범위에 걸친 정보를 제공함으로써 결과적으로 다른 개념화의 유용성을 비교하여 어떤 합의에 도달하는 것을 가능하게 할 것이라는 데 대해, 유클(Gary A. Yukl, 1994)의 견해에 동의한다. 그럼에도 불구하고 실천가 그리고 학교행정과 리더십을 연구하는 학자 모두에게 가능한 충분하고 유용한 개념적·경험적 자본이 있다.

Section

02 특성이론과 리더십

1. 리더의 특성과 리더십

리더십에 대한 연구가 구체적이고 학문적인 체계를 갖추기 전에는 대부분의 학자들은 선천적 요인의 발현이 리더를 만든다고 보았다. 그리스의 철학자 아리스토텔레스는 '사람은 나면서부터 통치자와 일반인이 구별되어 성장한다'고 생각했다. 즉, 개인은 태어나면서부터 지도자의 특성을 가지고 태어난 사람이 지도자가 된다고 생각했다. 리더십을 결정하는 주요 요인이 유전된다는 개념은 소위 리더십의 특성에 대한 접근법을 낳았다. 배스(Bass, 1990)는 20세기 초에 지도자들은 일반적으로 운좋은 유전이나 사회적 상황 때문에 자신을 일반 사람들과 구별하게 해주는 자질이나 능력을 갖고 있는 우월한 개인으로 간주되었음을 주목한다. 1950년대까지 지도자가 되는 것을 결정짓는 특성을 발견하려는 조사가 리더십 연구를 지배했다. 조사자들은 지도자를 다른 사람들과 구별하게 하는 지도자의 독특한 특성이나 특징을 분리해 내고자 했다. 자주 연구된 특성은 신체적 특징(신장, 체중), 많은 성격요인들, 필요, 가치, 에너지와 활동수준, 과제와 인간관계의 능력, 지능 그리고 카리스마를 포함하고 있다. 시간이 흐르면서 특성은 유전, 학습 그리고 환경에 의해 영향을 받을 수 있다는 인식이 생기게 되었다.

1) 초기의 특성연구

지도자 특성 접근법, 즉 특성만이 리더십 능력을 결정한다고 보는 견해는 1940년대와 1950년대에 문헌평론의 출간과 더불어 거의 종결되게 되었다. 특히 스톡딜(Ralph M. Stogdill, 1948)은 1904년과 1947년 사이에 완성된 리더십에 대한 124편의 특성연구를 검토했다. 그는 리더십과 관련된 개인적 요인을 다음의 5가지 일반범주로 분류했다.

① 능력: 지능, 언어구사력, 창조적 능력, 빠르고 정확한 판단력
② 성취: 학문의 깊이, 지식과 정보량, 운동능력
③ 책임감: 자신감, 우월감, 주도력, 지구력, 신뢰성
④ 참여: 왕성한 활동, 상황적 능력, 협동력, 유머감각
⑤ 지위: 사회적 지위, 경제적 능력, 높은 인기도

스톡딜은 시종일관하게 지도자를 지도자가 아닌 사람과 구분하는 많은 특성을 발견했지만(예: 평균수준을 넘는 지능, 신뢰성, 참여, 지위), 특성접근법은 그 자체가 무시해도 되는 혼란케 하는 결과를 낳았다고 결론짓는다. 그는 특성의 영향이 상황마다 상당히 다르기 때문에 어떤 조합된 특성을 갖고 있다고 해서 지도자가 되지는 않는다고 주장한다. 결과적으로 스톡딜은 리더십과 관련하여 여섯째 요인, 즉 상황적 구성요소를 덧붙인다(예: 추종자들과 성취되어야 할 목표의 성격). 그 뒤에 나온 맨(R. D. Mann, 1959)의 논평도 비슷한 결론을 내린다.

2) 리더십 특성에 관한 현재의 시각

리더십의 일반적 특성을 구별하고 명쾌한 정의를 내리는 것이 수월하지 못함에도 불구하고 그에 대한 연구는 계속되었다.

그러나 보다 최근의 특성연구는 투사법과 평가센터를 포함해서 개선된 보다 다양한 측정방법을 사용하며, 다른 종류의 지도자보다는 매니저와 행정가에 초점을 둔다. 유클(Yukl, 1981)은 스톡딜이 행한 1948년의 문헌논평으로 인해 많은 리더십 연구자들이 리더십 특성을 연구하는 것은 크게 줄어든 반면, 관리상의 선택(managerial selection)을 개선하는 것에 관심이 있는 산업심리학자들은 특성연구를 계속했다. 선택을 강조하기 때문에 그들의 특성연구는 지도자와

비지도자를 비교하는 것보다는 지도자의 특성과 효과성 사이의 관계에 초점을 두었다. 이러한 구별은 의미심장한 것이다. 누가 지도자가 될 것인가를 예측하는 것과 누가 보다 효과적인가를 예측하는 것은 아주 다른 일이다. 그리하여 소위 특성연구는 계속되지만 그것은 특정한 유형의 조직이나 환경에 있어서 행정가의 특성과 리더십의 효과성 관계를 조사하는 경향으로 나아간다.

차세대의 이러한 연구는 보다 지속적인 발견을 가져왔다. 사실 1970년에 또 다른 새로운 특성연구를 검토한 후에 스톡딜은, 지도자는 다음과 같은 특징을 가진다고 결론을 내렸다. 책임감과 과제완성을 위한 강한 충동, 목표를 추구함에 있어서의 활력과 지속성, 문제해결에 있어서의 과감함과 독창성, 사회적 상황 속에서 주도권을 행사하려는 충동, 자신감과 개인의 정체성에 대한 감각, 기꺼이 결정과 행위의 결과를 받아들임, 다른 사람의 행동에 영향을 미치는 능력, 당면한 목적에 합당하게 상호작용체계를 조직화하는 능력이다.

임머가트(Glenn L. Immegart, 1988)는 지능, 자신감, 많은 에너지와 활동 등이 일반적으로 지도자와 관련된다고 결론짓는다. 그럼에도 불구하고 리더십에 있어서 특성이 중요한 요인이라는 증거로 인해 '지도자는 만들어지는 것이 아니라 태어나는 것이다'라는 원래의 가정으로 회귀하지는 않는다. 오히려 그것은 보다 지각 있고 균형된 견해이며 특성과 상황 양자의 영향을 인정하는 견해이다.

개념의 과잉으로 인해 그리고 논의의 편의를 위해 여기서 우리는 통상적으로 효과적인 리더십과 관련되는 특성변수를 3가지 그룹 중 하나로 분류할 것이다. 그 범주는 성격, 동기유발, 기술에 관한 부분이다. 각각의 그룹 내에서 선택된 특성을 논의할 것이다.

표 11-1 **리더십과 관련된 특성 변수**

성 격	기 술	일에 대한 동기유발
자신감	전문적	과제
통합성	행정적	기대
정서적 성숙	개념적	가치
스트레스에 대한 내성	개인상호 간	개인상호 간 필요

Section
03 행동과학이론과 리더십

행동과학이론은 지도자의 행위에 관심을 두고 손다이크의 동물을 대상으로 한 행동과학적 접근과 마찬가지로, 직접적 관찰이나 측정이 가능한 행동만을 연구대상으로 삼아야 한다는 것이다. 즉, 지도자가 어떤 특성을 가지고 있느냐 보다 지도자가 어떤 행동을 하느냐가 더 중요함을 제시해준 연구이다.

행동과학적 연구들의 공통점은 거의 모든 연구가 표현의 차이는 다소 있으나, 지도자의 지도성 행위를 조직목표 및 구조를 중시하는 '과업중심'과 집단구성원을 배려하는 '인화중심'으로 나누고 있다는 점이다.

몇몇의 주요 연구를 소개하면 다음과 같다.

1. 아이오와대학교의 리더십 연구

레빈 등은 서로 다른 리더십행동이 집단에 미치는 영향에 관한 초기연구를 수행하였다(Lewin, Lippitt and White, 1939). 이 연구에서 설정한 리더의 3가지 스타일은 권위적 리더십, 민주적 리더십, 자유방임적 리더십이었다.

① 권위적 리더십: 지시, 명령적이며 구성원들의 참여를 허용하지 않았다. 구성원들을 위해 작업상황을 완벽하게 구조화시켰다. 리더들은 완전한 권한을 가지고 있었으며, 과업의 시작에서 완료까지 완전한 책임을 떠맡았다.

② 민주적 리더십: 구성원들의 참여를 촉진시켰으며, 토론 및 의사결정을 활성화시켰다. 구성원들과 그들과 관련된 정보를 제공하고 그들의 생각을 자유롭게 표현할 수 있는 허용적 분위기를 조성하였다.
③ 자유방임적 리더십: 구성원들에게 완전한 자유를 제공하였으며, 구성원 스스로 개인적인 결정을 하도록 내버려 두었다. 구성원들의 행동에 대해 일체의 간섭을 하지 않았다.

아이오와대학교의 리더십 연구결과들을 요약하면 다음과 같다.

① 조직의 생산성은 민주적 리더십 아래서 가장 높았으며, 자유방임적 리더 아래서 가장 낮았다.
② 주어진 3가지 리더십 스타일 중 구성원들이 가장 선호한 스타일은 민주형이었다. 그 다음으로 자유방임형, 권위형 스타일을 선호하였다.
③ 권위적 리더십은 권위에 의한 반발로 야기된 구성원의 공격형 행동이나 무관심한 행동을 유발하였다.
④ 자유방임적 리더십은 권위적 리더십보다 더 많은 공격형 행동을 야기하였다. 특히 권위적 리더십 아래서 무관심한 행동을 보이던 구성원들도 리더십 스타일이 자유방임으로 바뀌자 공격적 행동으로 변했다.

이 이론은 특히 학교에서 학교행정가와 담임교사의 생산성을 측정하는 데 많이 적용되기도 하였다.

2. 오하이오주립대학의 리더십 연구

오하이오주립대학의 리더십 연구의 산물로 지도자 행동기술척도인 LBDQ (Leader Behavior Description Questionnaire)가 개발되었는데, 이 질문지를 바탕으로 군대조직의 지휘관, 일반회사 간부, 대학행정가, 학교교사, 교장 등을 대상으로 한 연구가 실시되었다. 주 연구자인 핼핀(Halpin)은 지도자가 과업을 강조할 땐 과업지향적이라고 표현하고, 지도자가 인간에게 더 많은 관심을 나타낼 때는 인간관계지향적이라고 표현하였다.

지도자의 행동유형을 인화지향과 과업지향의 차원은 다음과 같은 4가지로 분류하였다.

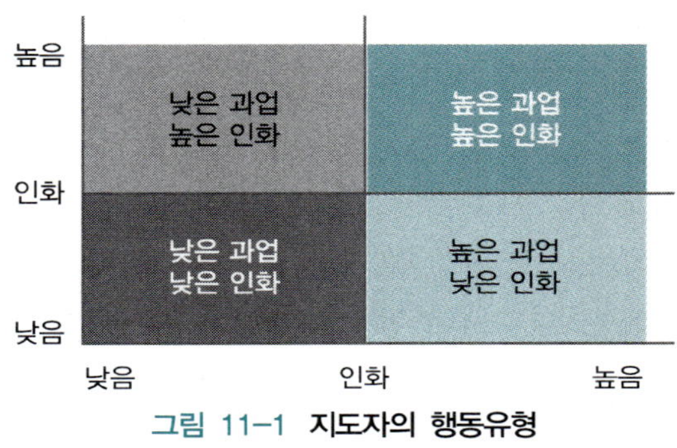

그림 11-1 **지도자의 행동유형**

3. 미시간주립대학의 연구

미시간주립대학의 연구센터는 여러 회사의 관리자와 하급자들과의 인터뷰를 통하여 리더의 행동유형을 생산 중심과 구성원 중심이라는 1차원 상으로 구분하였다. 연구결과 생산 중심적 리더는 리더가 수행해야 할 과업과 직무의 기술적인 측면이나 과업성취를 위한 제반계획이나 수행절차를 중요시하였고, 구성원 중심 리더는 조직구성원들을 지원하고 그들의 욕구를 충족시키는 데 보다 많은 관심이 있었다. 중요한 연구결과로는 구성원의 만족 수준이 직접적으로 생산성과 관련을 맺고 있는 것이 아니라는 점이다. 수많은 연구들이 기업, 병원 정부 및 다른 조직들을 대상으로 수행되었다. 초기의 연구결과들은 가장 생산적인 작업집단으로 구성원 중심 리더를 꼽았지만, 후속 연구들은 최고의 생산기록을 가진 리더들은 생산과 고용인 모두를 중시한 것이라고 결론을 내리고 있다. 이 연구의 결과를 오늘날 그대로 적용하기는 다소 무리가 따른다고 하겠다.

4. 블레이크와 모튼의 관리망이론

블레이크와 모튼(Blake & Mouton, 1964)은 리더십훈련 세미나 연수자료를 개발하는 과정에서 관리망 모형을 제시함으로써 리더십 유형을 새롭게 개념화하였다. 관리망이론은 오하이오주립대학의 연구(과업중심 차원과 인화중심 차원)를 이해하기 쉽도록 발전시킨 개념이라고 볼 수 있다.

관리망이론 역시 오하이오주립대학과 마찬가지로 과업중심과 인화중심으로 나누었으나, 각 차원에 각각 9가지의 유형으로 나눈 것이 차이점이다.

이론상 81가지의 지도자 행동유형을 나타낼 수 있는 관리망에 대한 개념은 그림 11-2와 같다.

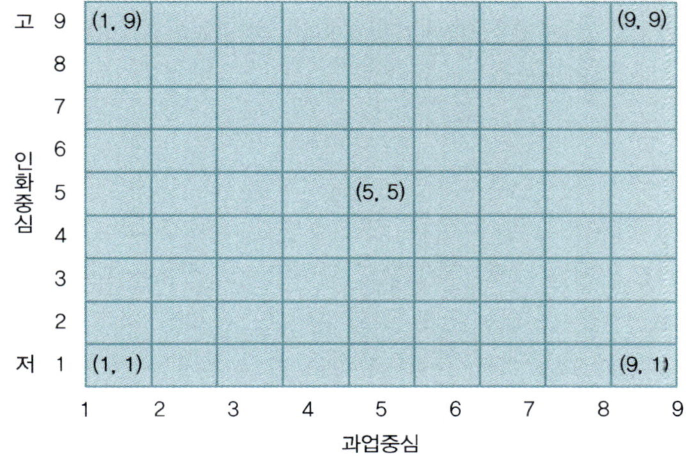

출처: Blake, Robert R. & Mouton, Jane S.(1964). The Managerial Grid. Houston, Texas: Gulf Publishing Co., p. 10.

그림 11-2 관리망

표시된 5가지 리더십 유형에 대한 설명은 다음과 같다.

① (1, 1) 무기력형 리더십: 상호작용에 최소한의 영향력을 행사한다. 과업과 구성원의 인화 모두 무관심하다. 모든 활동이 일상적으로 수행된다.
② (5, 5) 균형적 리더십: 리더의 목표는 높은 생산성과 좋은 인간관계 사이에 균형을 이루는 것이다. 따라서 리더는 적합한 사기 속에서 적절한 생산성을 올릴 수 있도록 중도노선을 취하려고 노력한다.
③ (9, 9) 통합형 리더십: 과업의 요구와 인화적 요구를 높은 수준으로 통합함으로써 생산목표를 달성한다. 이 유형의 리더는 구성원의 높은 사기를 바탕으로 참여를 이끌어내고 철저한 과업수행을 통해서 효율적으로 생산성을 높인다.
④ (1, 9) 관계지향형 리더십: 직장 내 구성원들과의 좋은 인간관계가 우선시된다. 생산은 좋은 인간관계의 부산물로 생각한다. 리더는 작업조직이 즐겁도록 조화로운 집단관계를 발전시키는 데 관심을 집중한다.
⑤ (9, 1) 과업지향형 리더십: 조직의 과업목표달성이 최우선시된다. 인간관계는 과업목표달성의 부산물이다. 리더는 과업목표 및 생산성 향상을 강조하기 때문에 모든 활동을 기획하고 지시하며 통제하는 데 모든 관심을 쏟는다.

나머지 76가지는 이론적으로는 가능하지만 현실적으로 실제 존재의 유형을 설명하기에는 대단히 어렵다.

블레이크와 모튼은 가장 이상적이고 효율적인 리더십 스타일로 통합형(9, 9) 리더십을 제시하였다. 그러나 현실적으로 일반기업과 같은 산업조직에서의 연구결과에 의하면 가장 전형적인 리더십 스타일은 균형형(5, 5)이고, 그 다음에 통합형(9, 9), 과업형(9, 1), 관계형(1, 9), 과업형(9, 1)이었다고 결론을 내리고 있다.

관리망이론의 주요 한계는 조직 내의 구성원 이외에 다른 외부구성원들에 대해선 거의 관심을 두지 않고 있으며, 조직의 구조적, 정치적 차원에는 거의 주목하지 않고 있다는 것이다. 이 이론은 조직의 구조가 적절치 않거나 주요 정치적 갈등이 생길 경우, 조직문화가 피폐될 경우에 대한 대책이나 고려가 없다. 즉, 조직의 상황의 변동대처에 대한 언급이 없다는 것이다.

Section

04 상황이론과 리더십

앞서의 특성론이나 행동과학이론들은 지도자 행위의 효과성이 환경이나 그 조직이 처한 상황적 요소에 따라 결과가 다르게 나타나는 것을 간과하였다. 상황이론(contingency theory)은 이러한 것을 보완한 이론이며, 지도성이론에 환경적인 요인을 생각하게 되었다. 지도자의 특성은 태어날 때부터 만들어지는 것이 아니며, 지도자의 행동만이 리더십 효과성을 결정하는 것이 아니라는 것이며, 상황에 따른 올바른 리더십의 전개만이 효과적이라고 보았다.

상황이론에 따르면 효과적인 지도성은 지도자의 개인적 특성, 지도자의 행위, 지도성 상황의 요인들 간의 상호작용의 결과로 결정된다는 것이다.

여기서는 휘들러의 상황이론과 허쉬와 블랜차드의 상황지도성 모형을 소개하고자 한다.

1. 휘들러의 상황이론

휘들러(Fiedler, 1967)는 지도자의 행동유형과 상황변수들과의 관계가 집단의 효과성을 높인다고 보았다. 그의 지도성 상황이론에 의하면 높은 집단성취를 이룩하는 효과성은 지도자의 동기체제와 지도자가 상황을 통제하고 영향을 주는 정도에 달려 있다.

1) 리더십 유형과 LPC점수(이군현, 2004)

휘들러는 LPC점수로서 리더십 유형을 결정하였다. LPC점수는 리더로 하여금 현재 또는 과거의 경험으로 가장 함께 일하기 싫어하는 사람을 한 명 생각하게 한 후에 그에 대한 반응을 보이도록 한 것이다. LPC점수가 높은 리더는 가장 싫어하는 동료를 비교적 긍정적으로 봄으로써 그를 수용할 만한 사람으로 생각하는 반면에, LPC점수가 낮은 리더는 가장 싫어하는 동료를 자신에게 해를 줄 사람으로 지각하고 부정적인 반응을 보인다. 요약하면 LPC점수가 높은 리더는 인화지향적인 리더이고 낮은 리더는 과업지향적인 리더이다.

2) 상황의 우호성

휘들러는 상황변수를 3가지로 보았다.

첫째, 리더와 구성원의 관계: 좋은가? 나쁜가?
둘째, 과업의 구조화(명료화) 정도: 구체적으로 명료화되어 있는가? 없는가?
셋째, 리더에게 부여된 권력의 정도: 강력한 지위나 권력이 있는가? 없는가?

휘들러가 상정한 가장 유리한 상황은 구성원과의 관계가 원만하고, 과업과 절차가 분명하고, 구체적으로 명세화되어 있고, 리더가 강력한 지위와 권한을 가진 경우이다. 3가지 요인을 모두 고려하면 총 8가지 상황이 가능하다.

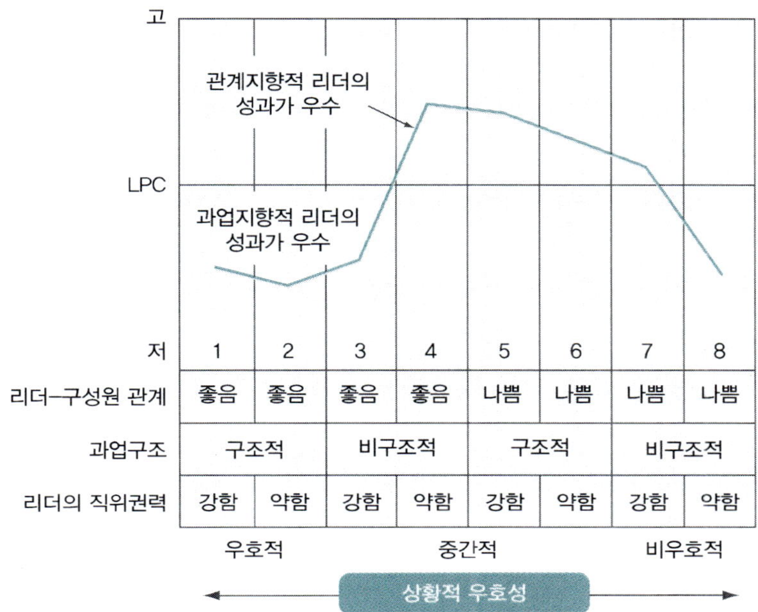

출처: Fred E. Fiedler and Martin M. Chemers(1974). Leadership and Effective Management. p. 80; Lunenburg, Fred C. and Ornstein, Allan C.(1996). Educational Administration: Concepts and Practices. 2nd ed. Belmont: Wadsworth Publishing Company. p. 135 재인용.

그림 11-3 휘들러의 상황에 따른 효과적 지도성

그림 11-3에서 휘들러 연구의 결과에 따른 효과적 지도성은 조직의 상황이 리더에게 호의적이거나(I, II, III유형), 조직의 상황이 리더에게 불리한(VIII유형) 상황에서는 과업지향적 성향(LPC점수에 의해서 판명된)의 리더가 효과적이며, 약간 호의적이거나(IV유형), 약간 불리한 상황(V, VI, VII유형)에서는 인화지향적 성향의 리더가 더 효과적이라는 것이다.

휘들러의 연구결과를 살펴보면 어떤 지도자가 상황에 따라 자신의 리더십 스타일을 바꾸기는 쉽지 않고 상황을 조절해서 자신의 리더십 스타일에 부합되도록 해야 한다. 조직의 상황 변화를 가져오기가 어렵다면 그 상황에 적합한 다른 리더를 영입하는 것이 바람직하다는 것이 휘들러의 가정이다.

2. 허쉬와 블랜차드의 모형

허쉬와 블랜차드(Hersey & Blanchard)의 리더십이론은 구성원의 성숙도를 주요 상황변인으로 보고, 효과적 지도성 형태는 구성원의 성숙도에 적합한 것이어야 함을 강조한다. 구성원에 따라 지도성 효과가 결정된다는 것은 구성원들이 지도자를 받아들이기도 하고 배척하는 존재이기 때문이다.

구성원의 성숙도(김정한 등, 2004)란 구성원 개개인이 자기의 행동에 대해서 책임을 질 수 있는 능력이나 자발성을 의미하는 것이다. 성숙에는 2가지가 있는데, 하나는 직무성숙이고 하나는 심리적 성숙이다. 직무성숙이 높은 개인은 지식, 능력, 기술이 있고 다른 사람의 지시나 감독 없이 자기 스스로 일을 해나갈 수 있음을 의미한다. 심리적 성숙은 어떤 일을 하려는 동기나 자발성을 의미한다. 심리적 성숙이 높은 구성원은 외적인 보상이나 격려보다는 내적 동기에 의해 작업에 임한다.

이들의 상황설정은 오하이오주립대학의 연구에서 기인된 지도성의 스타일을 과업지향형과 관계지향으로 구분하고, 여기에 효과성 차원을 추가하여 리더의 효과성(effectiveness)이 리더(leader), 구성원(follower), 기타 상황적 변수(situational variables)에 의해 좌우된다고 보았다. 이러한 리더십의 효과성은 E = f(L, F, S)라는 함수관계로 표시할 수 있다.

1) 구성원의 성숙도와 지도성 유형의 구분

허쉬와 블랜차드에 의하면 구성원의 성숙도는 다음과 같이 구분된다.

① M1: 구성원들은 무엇을 책임질 수 있는 능력, 자질, 의지, 자신감이 없는 매우 낮은 성숙상태이다.

② M2: 구성원들이 무엇을 하고자 하는 의욕과 동기부여는 잘되어 있으나, 일을 잘 해나갈 수 있는 능력이 부족하다.

③ M3: 구성원들은 조직의 목표달성을 위한 업무수행 능력과 리더의 요구를 들

어줄 수 있는 업무능력은 뛰어나나 하고자 하는 의욕과 동기가 부족하다.

④ M4: 구성원들은 뛰어난 업무능력과 하고자 하는 의욕과 동기 그리고 책임의식이 투철하다.

이를 구성원의 성숙도의 연속체로 표현하면 그림 11-4와 같다.

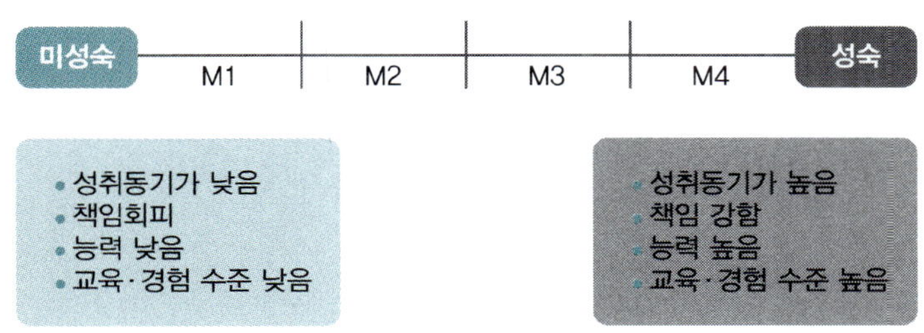

그림 11-4 **구성원의 성숙도 연속체**

허쉬(Hersey)와 블랜차드(Blanchard)는 이상의 요인들을 결합하여 그림 11-5와 같은 리더십 모형을 제시하였다. 그들의 모형에서 리더십 효과성의 핵심은 상황과 적합한 리더십을 결합하는 것이다. 그들은 다음과 같은 4가지 기본적인 리더십 스타일을 제시하고 있다.

① 지시적 스타일(directing style): 이것은 높은 과업과 낮은 관계의 리더십 스타일로써 하위자들이 동기부여와 능력 수준이 모두 낮을 때 리더십으로서 효과적이다. 구성원의 과업을 주도하며 구체적이고 분명하게 지시하는 유형이다.

② 지도적 스타일(coaching style): 이것은 높은 과업과 높은 관계의 리더십 스타일로써 하위자들이 적절한 수준의 동기부여와 낮은 능력을 가지고 있을 때 리더십으로서 효과적이다. 리더가 구성원에게 우호적이고 친밀한 태도로써 동기부여하는 유형이다.

③ 지원적 스타일(supporting style): 이것은 낮은 과업과 높은 관계의 리더십 스타일로써 하위자들이 적절한 수준의 능력과 동기부여의 수준이 낮을

때 리더십으로 효과적이다. 리더가 조직의 의사결정과 의견수렴 과정에 구성원을 적극적으로 참여시키는 유형이다.

④ 위임적 스타일(delegating style): 이것은 낮은 과업과 낮은 관계의 리더십 스타일로써 하위자들의 능력과 동기부여 수준이 모두 높을 때 리더십으로 효과적이다. 리더가 구성원에게 의사결정권한을 위임하여 거의 간섭하지 않는 유형이다.

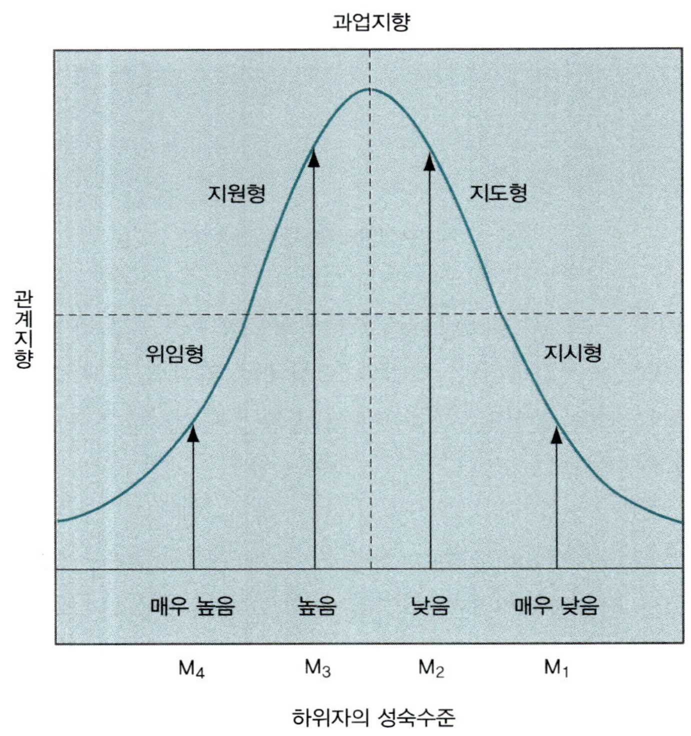

출처: Paul Hersey and Kenneth Blanchard(1988). Management of Organizational Behavior. 5th ed. Englewood Cliffs, N.J.: Prentice-Hall, p. 171.

그림 11-5 허쉬와 블랜차드의 상황적 리더십 모형

그림 11-5와 같이 이 모형은 조직구성원의 성숙 수준에 따라 효과적인 리더십 스타일이 결정된다. 즉, 리더는 구성원의 성숙수준에 상응하는 리더십 스타일을 활용할 수 있을 때 효과성을 극대화할 수 있다는 점을 시사하고 있다.

Section 05

새로운 리더십이론으로서의 변형적 리더십

변형적 리더십은 행동과학적 접근이론, 상황적응이론, 개인특성이론 등을 출발점으로 하여, 지도자의 행동특성 중에서 영감적이고 환상적이며 상징적 혹은 다소 비이성적 측면을 불러일으키는 새로운 연구가 나타났다(House, Spangler와 Woycke, 1991). 변형적, 카리스마적, 환상적 혹은 영감적 리더십 등 다양한 명칭으로 불리며 비슷한 생각에 근거를 둔 이 새로운 장르의 이론(genre of theory)은 학자들과 실천가들 사이에서 높은 수준의 관심을 불러일으키고 있다(Carey, 1992; House와 Howell과 Avolio, 1993).

변형적 리더십이론은 배스(Bernard M. Bass, 1985)에 의해 가장 명료하게 주장되는데, 번스(James MacGregor Burns, 1978)의 '교섭적 지도자(transactional leader)와 변형적 지도자(transformational leader)'라는 생각에 기초를 두고 있다. 위의 학자들의 대표적인 이론을 살펴보면 다음과 같이 요약할 수 있다.

번스(Burns)에게는 교섭적 정치지도자는 투표를 위한 일, 선거운동 기부금에 대한 영향 등 추종자들이 제공한 서비스에 대해 보상을 함으로써 그들을 동기유발시킨다. 학교와 같은 조직에서 교섭적 지도자는 직원들이 일로부터 무엇을 원하는가를 깨닫고, 그들이 이룬 성과가 합당하다면 그들에게 원하는 것을 제공하려 하며, 보상을 하고 노력에 대한 보상의 약속을 하며, 직원들이 일을 완수함으로써 즉각적인 자기이익을 얻을 수 있다면 그것에 응한다. 교섭적 지도자는 부하직원들이 제공한 계약된 서비스의 대가로 그들의 물질적·심리적 욕구에 응하는 비용–이익의 경제적 교환을 추구한다(Bass, 1985).

간단히 말하면 교섭적 지도자는 그가 원하는 것에 대한 대가로 부하직원들에게 그들이 원하는 것을 준다(Kuhnert와 Lewis, 1987). 상당히 대조적으로 변형적 리더십(transformational leadership, Bennis와 Nanus, 1985; Tichy와 Devanna, 1986; Howell과 Frost, 1989; Howell과 Avolio, 1993)은 요구되는 직무수행을 위한 교환유인을 훨씬 넘어선다. 변형적 지도자에게는 다음의 활동이 요구된다.

① 변화에 대한 필요를 규정한다.
② 새로운 비전을 창안하고 그 비전에 대해 열의를 집중시킨다.
③ 보다 높은 체제의 목표를 위해 추종자들이 그들 자신의 개인적 이익을 초월하도록 그들을 고무시킨다.
④ 조직을 변화시켜 기존의 비전 내에서 일하기보다는 비전을 조정하도록 한다.
⑤ 추종자들이 그들 자신의 개발과 다른 사람의 개발에 보다 큰 책임감을 갖도록 가르친다. 추종자가 지도자가 되고 지도자는 변화의 동인이 되며, 궁극적으로 조직을 변형시킨다.

변형적 리더십의 기초는 지도자의 개인적 가치와 신념에 있다. 개인적 표준을 표현함으로써 변형적 지도자는 추종자들을 단합시키는 동시에 전에 가능하다고 생각했던 것보다 더 높은 수준의 성과를 가져오는 방식으로 그들의 목표와 신념을 변화시킬 수 있다(Kuhnert와 Lewis, 1987). 카리스마적 리더십의 개념이 변형적 리더십에 대한 생각을 포착하는 것에 가까이 다가간다. 즉, 개인적 능력의 힘으로 추종자들에게 굉장한 영향력을 미칠 수 있는 사람이다(House, 1977; Shamir, House와 Arthur, 1993).

하우스와 하웰(House와 Howell, 1992)은 카리스마적 지도자는 여러 가지 성격특성으로 비카리스마적 지도자와 구별된다.

① 성취지향
② 굉장히 창의적이고 혁신적이고 영감적인 경향

③ 높은 수준의 에너지와 개입
④ 자신감
⑤ 도덕적이고 비착취적으로 힘을 사용하는 데 대한 강력한 관심을 가지며, 그것과 결부된 사회적 영향에 대한 높은 욕구

나아가 하우스(House, 1988)는 변형적 리더십은 사회적으로 바람직한 변화와 결과의 예를 나타내기 위해 은유와 이미지를 사용함으로써 힘의 필요를 효과적으로 표현하는 지도자에 달려 있다.

이와 비슷하게 배스(Bass, 1985)의 관찰에 의하면 지도자가 다른 사람들에게 그들의 일을 새로운 시각에서 보도록 자극하고, 조직의 임무나 비전에 대한 인식을 갖도록 하며, 동료와 추종자가 높은 수준의 능력과 잠재력을 개발하도록 하고, 그들이 자신들의 이익을 넘어서 집단에 유익한 이익을 보도록 동기유발시킬 때 변형적 리더십이 보인다. 변형적 지도자는 보다 도전적인 목표를 설정하고 교섭적 리더십의 확장으로 보고 있다. 그것은 이상화된 영향, 영감적 동기유발, 지적인 자극, 개인적 관심 등 4가지 중 어느 하나 혹은 그 이상을 이용하여 단순히 교환하고 협정하는 것을 넘어선다. 이상화된 영향(idealizes influence)은 추종자에게서 신뢰와 존경을 확립하는 것을 말하며, 개인이나 조직이 일을 하는 방식에 있어서 급진적이고 근본적인 변화를 수용하는 기초를 제공한다. 추종자들은 그들의 지도자와 동일시하고 그와 겨루기를 원한다. 지도자에 대한 그러한 신뢰와 충성이 없으면 조직의 임무를 변화시키고 방향 수정하려는 시도는 굉장한 저항에 부딪치게 될 것 같다(Avolio, 1994). 이상화된 영향은 추종자들에게 역할 모형으로 행동하는 변형적 지도자로부터 나온다. 변형적 지도자가 이상화된 영향을 행사함에 있어서 보여 주는 행동 중에는 다음이 포함된다.

① 높은 수준의 윤리적·도덕적 행위를 보여 준다.
② 목표를 설정하고 달성함에 있어서 추종자들과 위험을 공유한다.
③ 그들 자신의 욕구보다 다른 사람의 욕구를 고려한다.
④ 필요할 때만 힘을 행사하며 결코 개인적 이득을 위해서 행사하지 않는다.

초기의 형식화와 측정에서 이상화된 영향은 카리스마적 리더십으로 지칭되었다(Bass, 1990). 영감적 동기유발(inspirational motivation)은 집단구성원의 기대를 변화시켜 조직의 문제가 해결될 수 있다고 믿게 하는 것이다(Atwater와 Bass, 1994). 그것은 조직의 목표를 인도해 줄 비전을 개발하고 그 비전이 어떻게 작동될 것인가에 중요한 역할을 한다(Avolio, 1994). 영감적 동기유발은 주로 추종자들에게 의미와 일에 대한 도전을 제공하는 지도자 행동으로부터 나온다. 변형적 지도자는 사람들이 조직을 위한 비전과 매력적인 미래를 창출하는 데 개입되도록 하며 추종자들이 응하기를 원하는 기대를 분명하게 전달한다. 따라서 팀정신, 열의, 낙관주의, 목표에 대한 열성, 공유된 비전이 작업집단 혹은 조직에서 일어나며 병합된다(Bass와 Avolio, 1994).

지적 자극(intellectual stimulation)은 창의성의 문제를 언급한다(Atwater와 Bass, 1994). 변형적 지도자는 추종자들을 자극하여 가정을 의문시하고, 문제를 재구성하며, 새로운 방식으로 옛 상황에 접근하도록 함으로써 혁신적이고 창의적이 되도록 한다. 변형적 지도자는 새로운 절차와 진행, 문제해결로 창의성을 북돋우며, 배운 것을 버리기를 조장하고 일을 함에 있어 예전의 방식에 고착되지 않으며, 실수한 것에 대해 개인을 공적으로 비판하지 않는다(Bass와 Avolio, 1994). 지도자는 모든 것을 끊임없이 공개적으로 시험하며 변화에 대한 총체적 수용성을 주장한다(Avolio, 1994).

개별적 고려(individualized consideration)는 변형적 지도자가 성취와 성장에 대한 각 개인의 욕구에 특별한 관심을 기울이는 것을 의미한다. 개별적 고려의 목적은 다른 사람의 욕구에 관심을 기울이는 것을 의미한다. 그리고 다른 사람의 욕구와 강도를 결정하는 것이다(Atwater와 Bass, 1994). 이러한 지식을 사용하고 조언자로서의 역할을 하며, 변형적 지도자는 추종자들과 동료가 성공적으로 보다 높은 수준의 잠재력을 개발하고 그들 자신의 개발을 위해 책임을 떠맡는 것을 도와준다(Avolio, 1994). 이것은 지지적 분위기 속에서 새로운 학습기회를 창조하고, 욕구와 가치에 있어서 개인적인 차이를 인정하며 수용하고, 쌍방적 의사소통을 사용하며, 개인화된 방식으로 서로에게 상호작용함으로써 성취된다. 개개인에 대한 고려하는 지도자는 능동적이며 효과적으로 듣는다.

전반적으로 변형적 지도자는 사람들이 자신들의 이상적 지도자에 관해 기술할 때 마음속에 품고 있는 모습에 가깝다. 실제로 추종자들에게 단순히 교섭적 활동에 시간을 소비하느니 보다 높은 직무수행에 대한 기대를 개발하는 것을 의미한다.

다시 말하면 지도자는 사람을 발전시키는 자이며 팀을 형성하는 자이어야만 한다(Bass, 1990).

1) 다원적 리더십 질문지

지금까지 경험적 연구는 교섭적 리더십을 지배적으로 다루어 왔으나 변형적 리더십을 다루는 연구가 점점 더 증가하고 있다(Bass, 1990). 변형적 리더십을 시험하는 대부분의 조사연구는 변형적 리더십과 교섭적 리더십의 다양한 측면을 측정하기 위해 다원적 리더십 질문지(MLQ: multifactorial leadership questionnaire)를 사용해 왔다. MLQ는 정교화되어 가고 있으며 이제 초기의 버전보다 지도자의 행동을 관찰할 수 있는 보다 많은 항목들을 포함한다(Yukl, 1994). 그럼에도 불구하고 MLQ가 변형적 리더십의 주된 이론적 요소, 특히 힘과 그 힘의 사용을 적절하게 통합시키지 못한다는 비판이 계속되고 있다(Saskin과 Burke, 1990).

배스(Bass, 1990)는 LBDQ에서 구조주도와 배려, MLQ에서 변형적·교섭적 표지 사이에는 비교적 높은 관계가 있음을 보고한다. 그는 능동적 리더십은 구조주도와 배려, 변형적·교섭적 리더십 행동에 공통적이며 변형적 리더십과 배려 사이에는 특히 밀접한 연관이 있다고 결론짓는다. 구조주도와 배려의 교섭적 표지에 변형적 리더십 측정을 추가하면, 지각되는 지도자 효과성과 리더십 만족도를 예측하는 것이 굉장히 향상된다. 교섭적 지도자와 비교해 볼 때 변형적 지도자는 보다 높은 등급을 받으며, 보다 효과적인 조직을 이끄는 것으로 지각되며, 보다 노력을 많이 하는 부하직원을 두고 있다.

2) 연구와 평가

다양한 구조적 변화를 하고 있는 학교에 대한 4년간의 연구에서 레이스우드(Keith Leithwood, 1994)는 변형적 리더십의 효과를 평가했다. 그의 개념적 뼈대는 두 가지 주장에 기초를 두고 있다.

첫째, 변형적 리더십은 직원의 3가지 중요한 심리적 특징, 즉 학교특징의 지각, 변화에 대한 교사의 열성, 조직의 학습에 영향을 미치고 그것들이 다음에는 결과에 간접적으로 영향을 미친다.

둘째, 학교에서의 변형적 리더십은 학생의 목표성취에 대한 교사의 지각과 학생의 성적과 같은 학교의 결과에 직접적으로 영향을 미친다.

레이스우드는 이러한 연구에서 다음의 일반화를 도출한다.

① 변형적 리더십은 리더십의 모든 측면에 주의를 기울이는 것에 달려 있다. 예를 들어, 배스(Bass)의 용어로는 이상화된 영향, 영감적 동기유발, 지적 자극 그리고 개별적 고려이다.
② 학교조직은 개별적 고려에 기초를 두는 변형적 리더십의 독특한 형식화를 요구할 수도 있다.
③ 전문가의 사고를 제외하고는 변형적 리더십은 상황적 접근을 나타낸다.
④ 관찰된 행동의 면에서 관리와 리더십을 구별할 수는 없다.

따라서 레이스우드는 리더십의 변형적 형태가 학교를 구조조정하는 데 상당히 중요하다는 주장에는 확고한 지지를 받는다고 결론짓는다.

헌트(James G. Hunt, 1991)는 다음의 3가지를 근거로 하여 이론개발과 시험에 대한 배스(Bass)의 접근을 비판해 왔다.

첫째, 리더십 결과를 지도자 행동과 혼동하고 있다. 예를 들면, 지도자의 편에서 영감적 행동은 지도자에 대한 추종자들의 정서적 애착 대신에 가변적인 범주로 사용될 수 있을 터이다.

둘째, 그는 변형적 리더십에 대한 충분한 지식이 축적되기도 전에 질문지가 사용되었다고 믿는다. 초기에 서술적 인터뷰와 관찰적 방법에 의존하였다면

MLQ와 같은 질문지를 즉각 사용하는 것보다 더 강력하게 이론의 개발을 진전시켰을 터이다.

셋째, 번스(Burns)의 원래 접근에 아주 중요한 지도자-추종자 상호작용의 쌍방적 측면에 기울인 주의가 불충분하다.

전반적 평가로서 유클(Yukl, 1994)은 변형적, 카리스마적, 환상적 혹은 영감적 리더십이 리더십 과정과 결과를 설명하는 데 중요한 기여를 하고 있는 것 같다고 결론을 내린다. 특히 그 접근은 리더십의 상징적 측면의 중요성, 공유된 리더십의 중요성을 인정하고 있으며, 리더십 과정이 조직의 문화 내에서 개입되어 조직의 문화를 형성하고 또 그것에 의해 형성된다는 인식을 보여 준다. 그러한 것으로서의 리더십은 효과적 관리라는 전문적이며 개인상호적 측면 이상의 것이다. 리더십은 문화적 맥락 내에서 일어나며 상징적 측면을 지니고 있다. 그것은 행위뿐만 아니라 의미에 의존한다. 지도자는 의미를 만든다. 실제로 서지오바니(Thomas, J. Sergiovanni; Sergiovanni와 Corbally, 1984)는 지도자는 그 혹은 그녀가 무엇을 행하는가보다 무엇을 의미하는가가 더 중요하다고 주장한다. 그러나 유클(Yukl)은 교섭적·변형적 리더십의 구별이 또 다른 과도하게 단순화된 두 가지 요인이론이 되어서는 안 된다고 경고한다.

요약하면 학교현장에서의 리더십은 복합적인 교육목표달성 과정이라 할 수 있다. 그것은 일련의 기술을 숙달하는 것, 적합한 상황을 발견하는 것, 어떤 스타일의 행동을 보여 주는 것, 상황적 접근법에서의 요인들을 결합시키는 것, 심지어 변형적 지도자가 되기를 결심하는 것 이상의 것을 포함한다. 적절한 지도자 특성과 행동을 구체적 상황과 조화시키는 것이 중요하지만 리더십의 상징적·문화적 측면 역시 중요하다. 주된 문제는 도구적·행동적 활동으로서의 리더십과 상징적·문화적 활동으로서의 리더십 사이에서 어느 하나를 선택하는 것이 아니며 분명히 그 둘 다를 포함한다. 따라서 많은 리더십 모형은 학교현장에서의 리더십 능력을 향상시켜서 경영의 효과성을 높이기 위해 다양한 이론을 복합적으로 적용해야 할 것이다.

교육재정

제1절 교육재정의 개념과 역사
제2절 교육의 수익과 비용
제3절 교육재정의 확보와 배분

Section

01 교육재정의 개념과 역사

1. 교육재정의 개념

교육재정은 교육에 관한 재정이며 교육재정학은 말 그대로 교육재정을 연구하는 학문이다. 오늘의 교육은 국가의 공기업으로 국가의 경제활동과 밀접한 관계를 유지하면서 국가발전을 위한 장기적 투자로 인식되어 많은 관심이 고조되고 있다. 현대교육의 추세가 평생교육으로 그 의미가 확대되고, 또 기능적인 측면에서 '제4차 산업' 혹은 '지식산업(knowledge industry)'으로 발돋움함에 따라 교육이 하나의 거대한 사업으로 발전하게 되었다. 또한 재정적인 측면에서도 그 경비가 엄청나기 때문에 그 모든 경비를 정부에서 부담하기에는 불가능한 상태이다. 때문에 교육재정은 정부의 능력에 따라 부담하는 교육에 관한 재정이며 보다 구체적으로 정부가 부담하는 부분을 관리, 운용하는 것이다.

국가재정의 일부인 교육재정은 국가나 지방공공단체의 기능과 역할 중 교육이라는 특수한 분야의 활동을 지원하는 재정이므로 이의 범위를 보다 명확히 하기 위하여 먼저 '교육'과 '재정'을 구체적으로 정의할 필요가 있다.

교육에 관한 정의를 교육학 용어사전에서는 교육이란 "인간의 정신적·신체적 성장과 발달을 어떤 이상(理想)이나 목적 혹은 가치기준에 의하여 통제하거나 조력(助力)하는 일련의 인위적 과정"이라고 정의(교육학 용어사전, 1981)하고, 교육을 실시하는 형태에 따라서 학교를 중심으로 하는 형식교육과 일정한 계통이나 체계적인 계획 없이 실시되는 비형식교육의 2가지로 구분하고 있다. 여기서 형식교육은 학교교육을 의미하며, 비형식교육은 대체로 학교 외 교육을 의미하며 가정교육과 사회교육을 포함한다.

따라서 교육부 산하의 각급 학교교육뿐만 아니라 정부나 지방공공단체 또는 정부 관리 기업체가 행정의 능률향상과 생산성을 높이기 위하여 행정요원 및 기술자들을 양성하거나 재훈련을 실시하는 활동도 교육에 속하는 것이라 할 것이다. 예를 들면, 국방부 산하의 육군사관학교, 총무처 산하의 중앙공무원교육원, 한국전력의 훈련원 등도 교육활동을 하는 기관이라 할 것이다. 이외에도 사기업체의 부설교육기관이 기업의 생산성과 능률을 높이기 위하여 여러 가지 교육을 실시한다. 그러나 교육재정을 논의함에 있어서 교육은 교육부 소관의 제활동으로 국한해야 할 것이다.

재정에 관한 정의는 일반적으로 국가 및 지방공공단체가 공공욕구를 충족하기 위하여 필요한 수단을 조달하고 그것을 관리 사용하는 것을 의미한다. 또는 간단히 정부 또는 국가공공단체의 경제라고 정의할 수 있다(차병권, 1987). 이는 한 국가의 통치기구로서 중앙에 있는 정부나 지방에 있는 자치단체가 법령으로 규정하고 있는 그들의 역할과 기능을 수행하기 위하여 필요로 하는 재화를 일정한 절차에 따라 조달하고 지출하며, 이를 관리하는 일체의 과정과 활동을 의미하는 것이다. 재정을 재무행정이라고도 한다. 행정을 집행하는 데 있어서 조직론과 관리론이 정책형성의 구조적인 측면을 취급하고 있다면, 인사행정과 재무행정은 행정·관리과정에 있어서 운영적인 측면을 취급하는 것이라고 할 수 있다(Marshall E. Dimock et al, 1958).

정부 또는 국가공공단체의 경제라는 말에는 계획성의 의미가 내포되어 있다. 재정은 민간기업이나 가계와는 달리 원칙적으로 수입과 지출이 미리 숫자로 예정되고 확정된 계획에 의하여 일정한 질서 아래서 운영된다. 이 계획은 정부 경제에 일정한 행동기준을 부여하고 정부활동을 구속하는 데 이러한 계획을 예산이라고 한다. 이러한 정부예산은 정치·행정과정을 통하여 결정되므로 재정은 경제적 측면과 정치적 측면을 동시에 지니고 있다. 이와 같은 특성 때문에 핸드슨(Henderson)은 재정을 정치와 경제의 중간영역에서 생기는 복합현상이라고 하였다(P. D. Henderson, 1969).

정부의 경제인 재정은 자원배분기능, 소득분배기능, 경제안정화기능의 3가지 기능을 수행하고 있다. 자원배분기능이란 어떤 재화와 용역을 얼마만큼 생산할 것인가 혹은 생산자원을 사적 욕구충족과 공공 욕구충족 간에 어느 정도로 배분할 것인가를 결정하는 것을 말한다. 소득분배기능이란 개인 또는 가계 간에 생산물을 가급적 공평하게 분배하는 것을 말하며, 경제안정화기능이란 고용과 높은 생산수준을 유지하면서 물가를 안정시키는 것을 말한다.

재정은 편의상 중앙정부의 재정과 지방재정으로 구분되기도 하며, 국가나 지방자치단체가 수행하는 역할과 기능에 따라 구분하기도 한다. 예를 들면, 국가나 지방자치단체가 교육에 대한 역할과 기능을 수행하기 위하여 투입하는 제반경비를 교육재정이라 하는 것이다. 국가·공공단체의 경제로서 재정은 민간의 개별경제, 즉 개인의 가계나 기업과는 달리 강제성, 공공성, 존속기간의 영속성, 양출제입(量出制入), 균형보상, 일반보상 등의 특성을 가지고 있다.

이상과 같은 교육과 재정의 개념에 비추어 보면 교육재정이란 국가·사회의 공익사업인 교육활동을 지원하기 위하여 국가나 공공단체가 필요한 재원을 확보·배분·지출·평가하는 일련의 경제활동이라고 할 수 있다.

교육재정은 국가재정의 일부분을 이루고 있다. 일반재정이란 국가나 지방공공단체가 영위하는 경제활동으로서 그 본질은 재화나 노동력을 획득, 관리, 소비하는 일련의 활동이다. 즉, 한 국가의 통치기구로서 중앙정부나 지방공공단체가 법령으로 규정하고 있는 그들의 역할과 기능을 수행하기 위하여 필요한 재화를 일정한 절차에 따라 획득하고 이를 관리하며 지출하는 일체의 과정과 활동을 의미한다. 이러한 의미에서 일반재정을 국가의 공경제활동이라고도 한다. 교육재정도 많은 점에서 일반재정의 성격과 공통점을 가지고 있다. 전술한 바와 같이 교육재정이 국가재정의 일부분이며, 국가재정 중 교육활동에 관한 재정이기 때문에 그 근본적 성격은 같다고 할 수 있다. 즉, 교육경비를 조달하는 재원으로 국고(교부금, 교육세 등), 지방공공단체(전입금 등), 학교법인(재산조성비 등) 및 학부모(입학금, 수업료 등의 공납금) 등을 들 수 있으며, 교육재정은 예산의 형식으로 구체화된다. 예산은 경비조달에 관한 세입과 경비지출에 관한 세출로 구분된다. 세출예산은 회계절차에 의해 집행되며, 그 결과는 결산의 형식으로 검사를 받도록 되어 있다.

교육재정의 특성을 보다 잘 이해하기 위해서는 재정의 일반적 성격과 교육재정의 특수성을 살펴볼 필요가 있다.

2. 교육재정의 성격

교육재정을 국가 및 지방자치단체 경제활동의 일환이라는 점에서 파악하면 재정활동의 단순한 한 부분이라고 할 수 있겠으나, 그 재정활동의 목적적 견지, 즉 국가사업으로서의 교육활동을 위한 점에서는 특수성을 부인할 수 없을 것이다.

교육재정은 사회적·공공적 활동으로서 교육활동을 위하여 재원을 확보하고 보관하며 운용하는 활동, 다시 말해 교육활동을 위한 금전의 수입, 보관, 지출에 관련된 일련의 활동이라고 규정할 수 있다. 여기서 특히 교육재정의 규모 계량에 있어서 교육계획 상의 모든 요소적 규모로 인한 제약점을 가지고 있다. 다시 말해 교육재정의 규모는 교육재정 소요, 재정능력, 재정노력의 세 요인 간의 함수관계로 결정된다고 할 수 있기 때문이다. 이러한 교육재정은 그 개념상에서나 규모면에서 교육이라는 특수성을 고려해 다음과 같은 성격을 지니고 있다.

① 교육재정은 국가재정의 일부분으로서 경제원칙에 따라 운영되며 일반재정의 특성에 따른다. 그러나 교육의 자주성과 정치적 중립성 그리고 전문성을 살리기 위해 일반재정으로부터 분리·독립시키고 있다.

② 교육재정은 공경제활동으로서 국민 전체를 위한 공익교육이며, 교육경비의 부담을 수익자 부담원칙에 따른다. 교육이 역사적으로 언제나 지배계급의 입장에서 시행되어 왔음은 사실이다. 근대 이전의 교육은 대체로 소수특권 내지 지배계급의 이익과 직결되어 왔었으나, 근대시민사회에 있어서는 '모든 사람은 평등하게 창조되었다'는 이념 아래 선택된 소수를 위한 교육이 아닌, 국민 전체를 위한 교육이 되어야 한다는 사상에서 교육이 행해지고 있다. 이러한 측면에서 교육경비의 부담은 수익자 부담원칙이 아닌 조세에 의한 공비부담 원칙으로 행해져야 할 것이다. 그러나 이것은 이상으로 볼 수밖에 없으며 오늘날 거의 모든 국가에서 의무교육, 무상교육을 단계적으로 실시하고 있지만, 고등교육으로 올라갈수록 수익자 부담원칙에 따르고 있는 실정이다.

③ 교육재정은 교육활동의 지원을 목적으로 하는 수단이다.

교육재정은 근본적으로 교수나 학습활동의 필요에 따라서 발생되는 것이므로, 교수와 학습의 목표를 달성하도록 하는 수단인 것이며, 결코 교육재정 자체가 목적이 되어서는 안 된다.

즉, 교육재정은 교육목표의 효과적 달성을 위하여 인적·물적 및 환경적 제조건을 정비하고 확립하는데 필요한 경비를 조달하고 운용하여, 교육목표달성을 직접적인 목표로 하고 있기 때문에 교육재정은 이러한 목표달성을 위한 수단에 해당한다는 것이다.

④ 교육재정은 교육의 특수성으로 인하여 단기적 비긴요성과 비생산성을 들 수 있다.

정치, 경제, 국방, 외교 등이 주로 현실적이고 비교적 단기간의 문제에 관심을 갖는데 반해, 교육을 통한 인간자원의 확보는 그 당시를 겨냥하기보다는 오히려 보다 긴 안목으로 10, 20년 또는 그 이상을 내다보는 장래의 문제에 관심을 갖고 먼 장래의 문제에 초점을 맞추어서 인간의 삶을 향상시키려는 현재의 노력이다. 뿐만 아니라 교육은 그 효과가 전생애를 통하여 개인에게만 돌아가게 하는 것이 아니고 그가 소속한 사회, 나아가서는 전인류에게 기여하고 있다. 그러나 교육의 효과는 기간상으로 그 효과의 표출시간을 기다려야 하고, 또한 그 효과는 개인적으로나 집단적으로 장기간에 완만하게 눈에 보이지 않는 듯이 나타나서 가시적·계량적으로 쉽게 측정할 수는 없는 것이기 때문에, 교육에의 투자는 단기적으로 보면 비생산적이고 낭비적인 것처럼 그 효율성을 의심하게 되는 경향이 있는 것이다. 그리하여 교육경비는 재정운용 상 투자 순위 결정과정에서 항상 뒤로 미루려고 하는 속성이 있다.

또한 교육경비가 비생산적이라는 말은 교육의 결과가 무형적이기 때문에, 직접적인 생산을 가져올 수 없다는 데서 비롯된다. 그러나 이것은 인간자본론이 대두되면서 교육에 투입되는 경비를 소비가 아닌 투자로 보게 됨에 따라 교육의 생산성이 강조되고 있다.

앞에서 본 것처럼 교육재정은 일반재정의 성격을 가지면서도 교육의 특수성

을 지니고 있기 때문에 우리나라에서는 교육재정을 일반재정으로부터 분리·독립시키고 있으며, 재정운영에 있어서도 교육재정 관계법률에서 따로 규정하고 있다(이찬교·이상필, 1988).

3. 한국교육재정의 역사

교육행정의 일부로 취급되던 교육재정이 독립된 학문영역으로 발돋움한 시발점은 백현기의 『교육재정』이 출판된 1963년이라고 할 수 있다. 그 후 김재범의 『교육재정론』(교육출판사, 1977), 윤정일의 『한국의 교육재정』(한국교육개발원, 1985), 김영철·공은배의 『교육경제와 재정』(한국교육개발원, 1988), 윤정일의 교육재정학(세영사, 1992), 김남순의 『교육재정과 교육비 연구』(교육과학사, 1992)와 같은 교육재정학 교재들이 뒤이어 출판되었다.

교육재정에 관한 연구의 시발은 민윤기의 『학부형 부담 교육비 조사』(중앙교육연구소, 1963)라고 볼 수 있으며, 이를 출발점으로 하여 중앙교육연구소에서는 『표준 의무교육비에 관한 연구』(1964), 『연간 투입되는 교육비 총액 추정』(1969) 등 몇 가지의 교육재정에 관한 연구를 수행하였다. 그러나 중앙교육연구소가 문을 닫은 후에는 교육재정에 관한 연구가 한동안 주춤하게 되었다. 교육재정에 관한 연구가 본격적으로 다시 시작된 것은 1977년에 한국교육개발원에서 『교육비분석연구』(윤정일·박종렬, 1977)를 수행하면서부터라고 할 수 있다. 이 연구가 수행된 후 한국교육개발원을 중심으로 교육재정에 관한 연구 붐이 일어나기 시작했으며, 이후 한국대학교육협의회가 설치되어 이 기구를 중심으로 고등교육재정에 대한 연구가 지속적으로 수행되었다.

한편 해방 이후 우리나라 교육재정학 분야의 석사 및 박사학위 논문은 1970년까지 국내 석사논문은 한 편에 불과하던 것이 1971년부터 1980년까지 국내 석사논문 14편, 해외 박사논문 2편으로, 1981년부터 1991년까지 국내 석사논문 78편, 국내 박사논문 6편, 해외 박사논문 10편으로 양적으로도 괄목한 성장을 거듭해 왔다(최청일 등, 1995). 그 내용적인 측면에 있어서도 초기에는 주로 교육비나 교육예산 및 재정규모 등의 분석에 불과하였으나, 점차 교육비나 예산규모, 교육재정의 배분 및 확보에 관한 연구, 교육차관, 교육의 비용-수익 측정, 납입금, 장학금, 교원보수, 국제비교, 예산운영기법, 재정사 등 그 연구영역이 한층 다양해지고 있는 실정이다.

우리나라에서의 교육재정 연구의 발전방향을 김재범은 3가지 단계로 나누어 제시하였다.

제1단계는 1945년 해방부터 1950년대 중반까지로서 교육재정의 부족 상황과 부족한 재정확보의 필요성을 강조하는 정도이며, 구체적인 재정확보의 방법과 수요액은 밝히지 못하고 있다.

제2단계는 1950년대 중반 이후부터 1960년대 중반까지로서 당시 문교부 소관의 예산, 각급학교 또는 학교급별 예산 등 교육관계기관들의 경비실태, 과거의 경향, 미래의 전망 또는 소요를 예측하는 등 포괄적인 내용들이 취급되기 시작하였고, 예산의 편성과 재정실태의 비교에 준거가 되는 단위경비 및 표준교육비에 대한 연구가 시도되는 한편, 부족한 교육재정 확보 방안이 구체적으로 연구·검토되기 시작하였다.

제3단계는 1960년대 중반 이후부터 1990년대 초까지로서 교육재정 기본 성격의 규명, 교육재정운영 상의 생산성, 효율성 등 교육투자의 개념과 교육과 경제의 관계에 관한 교육경제적인 접근을 시도한 내용이 등장하면서, 단편적인 교육재정의 기존 시각을 타분야와 관련지어 종합적으로 보기 시작하였다. 또한 특정영역을 보다 깊게 전문적으로 연구하려는 경향이 나타나기 시작하였다. 이러한 세 단계에 더하여 제4단계로서는 1991년에 교육재정·경제학회의 출범 이후를 들 수 있을 것이다. 이 이후로는 교육재정분야에 관한 연구발표회를 정기적으로 개최하였고, 점차 교육재정에 대한 관심이 강해졌다. 또 1996년에 발족된 전국 규모의 한국지방교육경영학회는 부산, 대구, 광주, 제주 등의 학자들이 주축이 되어 교육재정 및 경영에 관한 학회 및 논문집 발간을 매년 해오며 교육재정분야의 발전에 큰 역할을 하였다.

그러나 여전히 교육재정분야의 연구는 미흡한 상태이다. 보다 많은 사람들이 이 영역에 대한 관심을 가지고 연구발전시켜야 할 문제가 많은 것이 현실정이다.

Section 02

교육의 수익과 비용

1. 교육의 수익

1) 교육수익의 개념

교육의 수익은 경제적인 것과 비경제적인 것이 있다. 교육수익분석에 대한 접근법은 학자에 따라 다양하며 어떤 측정방법일지라도 완벽한 분석은 불가능하다는 게 일반적인 견해이다. 와그너(Wagner)의 고등교육분석은 대표적인 교육의 수익에 대한 접근을 제시하나 그가 확인한 교육의 수익인 '문명의 발전', '연구활동' 등을 측정하는 데 많은 어려움을 안고 있다. 즉, 문명의 발전은 너무 광범위한 개념이므로 어떤 기준을 정해 측정한다는 것이 쉬운 일은 아니며 연구활동도 한 대학교수의 출판된 서적이나 논문의 수를 계산하는 것처럼 만족스러운 연구가치의 측정은 불가능하다.

또 교육의 수익유형은 인지적 차원과 심리적 차원으로 측정할 수 있는데, 여기서 인지적 차원은 추리력과 논리성과 같은 고등정신 기능의 이용을 요구하는 행동을 뜻하며, 비인지적 차원 또는 정의적 차원은 학생의 태도, 가치관, 자아개념, 열망 그리고 사회적 및 대인관계에 관계되는 행동으로 정의되고 있다. 이것은 또 자료의 성격, 즉 심리학적 자료이냐 또는 행동학적인 자료이냐에 따라 2차원적으로 분류할 수도 있다. 심리학적인 자료는 개인의 내적인 상태 또는 특성에 관계되는 것이며, 행동학적인 자료는 개인의 관찰대상 행동에 관계되는 것이다. 행동학적인 자료는 사람과 환경과의 상호작용이므로 사회학적인 것으로 대칭되기도 한다. 교육의 수익에 대한 측정은 수익 유형과 자료 유형에 따라서 함께 분류될 수 있다. 교육수익의 영역은 다음과 같다.

① 심리학적 인지적 영역: 지식, 지능, 사고능력, 기술, 특별한 적성, 학업 성취도
② 심리학적 정의적 영역: 자아개념, 흥미, 가치관, 태도, 신념, 성취를 위한 추진력, 만족도
③ 행동학적 인지적 영역: 교육달성 수준, 소득, 표창, 포상
④ 행동학적 정의적 영역: 진로선택, 취미, 정신건강, 시민정신, 대인관계

결론적으로 학생의 투입물과 수익물은 교육이라는 환경에 의해서 질적 변화를 가져오게 되는 것이라 하겠다. 투입물로써 재능, 기술, 학업 성취의 잠재력 등이 교육환경요인에 의하여 수익물로서 지식, 기술, 자아개념, 만족도 등의 심리학적 차원과 교육달성 수준, 직업성취도, 진로선택, 정신건강, 시민정신, 대인관계 등의 사회학적인 차원 등에서 질적 변화를 하게 되는 경우라 할 수 있다.

심리학적 측정방법이든 사회학적 측정방법이든 간에 대학교육을 통하여 인지적 영역과 정의적 영역 등은 학생의 수익에 있어서 바람직한 변화가 발생하게 되는 것이라 하겠다(Kaufman & Newcomb, 1979).

2) 교육수익과 소득과의 관련성

교육으로부터 얻어지는 수익은 경제학에서는 생애소득으로, 사회학에서는 사회적 지위상승으로, 공학에서는 보다 나은 생활환경으로, 인문과학에서는 문화의 전승과 창조 등으로 학문영역에 따라 다양하게 정의된다.

인간자본의 분배가 소득분배에 영향을 미친다면 인간자본 분배에 있어서 개인차는 어떠한 이유에서 나타나는가에 대한 문제에 관심이 고조된다. 인간자본에서 개인의 투자량은 투자생산성에 의한 수요측면과 투자비용에 의한 공급측

면에 의해 결정된다. 따라서 균형투자량(equilibrium amount of investment)은 추가 학교 교육연수가 투자비용과 동등한 절대 소득에 있어서의 증가가 기대될 때 달성될 수 있다. 이러한 적정선은 추가소득의 증가가 투자가 증가함에 따라 감소한다는 소위 수요측면에서의 수익체감 때문에 나타나며 또는 한계투자비용이 더 많이 증가하기 때문에 존재한다.

데니슨은 소득에 대한 교육의 효과 중에 약 40%를 능력변수가 설명한다(E. F. Denison, 1962)고 보았다. 인간자본에서의 능력은 이중으로 그 역할을 수행한다. 하나는 투자 이전에 존재하는 천부적인 재능으로서의 능력을 고려할 수 있고, 또 하나는 보다 유능한 사람은 같은 투자를 전제하더라도 보다 높은 수익률을 보장받을 수 있기 때문에, 능력은 하나의 상호작용 요인이나 효율성 파라미터로서 작용하는 것을 고려할 수 있다.

캐노이의 연구에 의하면 개발도상국가의 소득에 대한 교육의 효과는 선진국에서의 그것보다 훨씬 높은 것으로 나타났다(Martin Carnoy, 1982). 개발도상국가를 분석대상으로 한 연구에서는 학교교육과 사회·경제적 배경이 소득변량의 대부분을 설명하고 있으며, 사회·경제적 배경을 제외하면 학교교육이 더욱 중요한 소득의 결정요소로 작용한다.

3) 교육수익의 측정에 관한 이론

교육의 수익을 측정하는데 하나의 제한점은 비금전적 수익, 즉 금전으로 환산할 수 없는 수익은 측정이 곤란하다는 데 있다. 여기서도 역시 대표적인 금전적 수익인 소득과 금전으로 환산 가능한 수익을 중심으로 교육의 수익률을 측정하는 모형을 선보이고자 한다.

교육의 수익은 사회적 수익과 개인적 수익으로 나눌 수 있으며, 사회적 수익은 한 개인이 교육받은 후 교육받지 못한 사람보다 추가로 국민소득 형성에 기여할 몫을 말하고, 개인적 수익은 교육받을 당사자 또는 학부모에게 귀속되는 수익을 뜻한다.

교육수익을 측정하는데에는 여러 가지 방법을 열거할 수 있겠으나, 비용—수익분석(Cost-Benefit Analysis)법이 그 대표적이다.

비용-수익분석방법(Cost-Benefit Analysis)은 비용과 수익의 순현재가치(NPV)를 분석하는 방법과 내적수익률(internal rate of return)을 계산하는 방법이 있다. 이러한 방법의 개요는 다음과 같다(G. B. Atkinson, 1983).

① 현재가치 분석방법: 이 방법은 비용과 기대되는 수익 모두 금전적인 현재가치로 환산하여 수익과 비용을 비교하는 것이다. 이때 수익의 현재가치가 비용의 그것을 초과할 때 실제로 투자가 이루어질 수 있다. 이러한 결정을 하기 위해서는 비용과 수익의 흐름이 할인율에 의해서 현재 가치화되기 때문에 할인율의 선택은 중요하고도 매우 복잡한 문제라고 볼 수 있다. 그러나 학자들에 의해서 합의를 본 단일한 할인율은 존재하지 않으므로 할인율의 선택은 중요하고도 복잡한 문제라고 하겠다.

현재가치 분석방법은 다음과 같은 공식으로 유도될 수 있다.

$$NPV = \sum_{t=1}^{n} \frac{Ct}{(1+i)t} = \sum_{t=1}^{n} \frac{Bt}{(1+i)t}$$

여기서

NPV: 순현재가치
i: 할인율
t: 시간(연도)
Ct: *t*년도의 비용의 총액
Bt: *t*년도의 수익의 총액

투자할 수 있는 전제는 반드시 현재가치의 수익이 비용보다 크게 나타나야 하는 데 있다. 이상과 같은 현재가치를 분석하기 위해서 앞에서 지적한 바와 같이 할인율의 선택이 중요하게 작용한다.

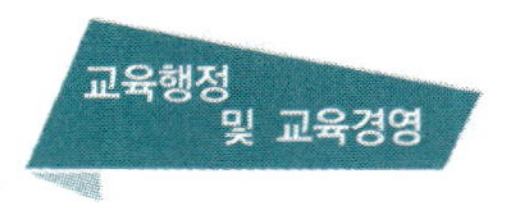

② 투자수익률 분석방법: 이 방법은 비용의 현재가치와 수익의 현재가치를 일치시키는 할인율을 직접 계산해내는 것이다. 이러한 과정에서 나타난 할인율을 내적 수익률이라고 할 수 있다. 넓은 의미로 볼 때 투자수익률 분석방법과 현재가치 분석방법은 거의 비슷하다고 볼 수 있다. 엄밀히 말해 이 두 방법의 차이점은 NPV 분석방법은 할인율을 사전에 결정해서 그것에 기초하여 비용과 수익을 현재가치로 환산하여 비교하고, 투자수익률의 경우는 할인율을 직접 계산하고 그것이 선정된 할인율과 비교해서 높은지 또는 낮은지를 판단한다는 데 있다. 두 가지 방법의 공통적인 점은 효과적으로 적용될 수 있는 할인율을 선정해야 한다는 데 있다.

2. 교육의 비용

교육은 투자없이 성립될 수 없다. 교육은 본질적으로 비용을 수반하며 자원의 투자를 요구한다. 자원의 투자가 바로 비용이며, 교육의 3요소라 할 수 있는 교사와 학생 그리고 교재가 자원이자 비용이다. 즉, 교재를 갖추려면 비용이 들고, 교육전문가인 교사의 시간을 확보하기 위해서도 비용이 들며, 학생 자신의 시간도 곧 비용의 개념에 해당된다. 교육의 비용은 교육학적, 교육경제학적, 교육재정학적 입장의 3가지 관점에서 약간씩 달리 기술할 수 있다(윤정일 등, 1995).

교육학적 입장에서 교육의 비용은 교육목적을 달성하기 위해 투입되는 비용이라고 볼 수 있다. 교육활동이 궁극적으로 교육목적을 달성하기 위하여 존재하는 것이라고 볼 때, 교육의 비용은 궁극적으로 교육목적을 달성하기 위해서 지출되는 경비이다. 이 경우 경비로서 지출되는 것은 물질적인 것뿐만 아니라 비물질적인 것, 즉 정신적인 것도 포함한다. 교육활동에서는 물질적이고 금전적인 비용의 투입 못지않게 비물질적이고 비금전적인 투입도 중요하다. 교육학적 입장에서 교육비는 교육목적을 효과적으로 달성하기 위해 필요한 만큼의 양이 확보되어야 하는 것이다.

교육경제학적으로 보면 교육의 비용은 교육이라는 서비스를 생산·공급하기 위해 투입되는 자원이라고 정의된다. 교육경제학에서는 흔히 교육생산의 비용과 그것이 거두는 효과를 비교하여 교육의 수익성을 논한다. 이 경우에도 교육의 비용은 교육생산의 직접적 투입인 금전적 비용과 인력자재를 포함할 뿐만 아니라, 간접적 투입인 심리적·정신적 투입 그리고 포기소득을 의미하는 기회비용을 포함하여 논의된다. 교육서비스를 생산하는데 소요되는 자원은 금전적인 것도 있고 비금전적인 것도 있으며, 직접적으로 지출되는 것도 있고 간접적으로 지출되는 것도 있으며, 물질적인 투입도 있고 심리·정신적인 투입도 있다. 특히 희생의 주체에 따라 공적인 희생을 공적비용, 사적인 희생을 사적비용이라 하는 데 이것은 경제적 분석에서 중요한 의미를 갖는다.

교육재정학적 측면에서 교육의 비용은 금전적 비용 또는 금전으로 환산 가능한 비용으로 한정된다. 재정학 상 비용 또는 경비란 통치단체가 그 생존목적 달성 상의 공무를 위해 지출하는 유형재, 특히 화폐를 가리킨다. 교육비는 국가 또는 지방공공단체가 교육계획을 유효하게 달성하기 위해 지출하는 화폐가치이다(伊藤和衛). 그러므로 교육재정학의 입장에서 교육비용을 금전적 비용으로 국한하는 것은 당연하다. 재정학적 측면에서 교육비용은 경비절약의 원칙 등 재정학의 제원리에 의해 지배되는 측면을 중시하여 해석한다.

교육을 그 어느 측면에서 보든지 간에 교육의 비용은 교육이라는 기능을 위한 자원의 희생이라고 할 수 있다. 이때 자원은 유·무형재, 금전적·비금전적, 사적·공적, 직·간접적 특성을 갖는 모든 자원을 가리킨다. 흔히 교육비라고 불리는 교육의 비용은 교육활동을 위해 투입되는 제 자원을 포괄하는 의미이다.

이러한 교육비를 분석목적과 관점에 따라 몇 가지 개념으로 나누어 살펴보고자 한다. 교육비의 구성요소는 분류하는 방법에 따라서 여러 가지로 나누어 볼 수 있다. 교육비의 투입과정에 따라서 직접교육비와 간접교육비로 나눌 수 있고, 교육의 재원적 측면에서 볼 때는 공교육비와 사교육비로 볼 수 있으며, 교육비의 투입목적에 따라서는 매년 소요되는 인건비, 운영비와 장기투자인 시설비로 나누어 생각해 볼 수 있다.

일반적으로 경제학자들은 교육비를 직접교육비와 간접교육비로 나누며, 직접

교육비에 공교육비와 사교육비를 포함하고, 간접교육비는 학교에 다니기 위해 포기된 소득인 기회비용을 말한다. 이외에도 교육비는 학생 또는 학부모가 부담하는 개인적 비용과 정부나 사회가 부담하는 사회적 비용으로도 나눌 수 있다.

1) 공교육비와 사교육비

공교육비란 교육활동을 재정적으로 지원하기 위하여 국가나 지방공공단체가 합리적인 회계절차에 의하여 지급하는 경비, 즉 예산에 계상되는 경비를 말한다. 교육재정의 대상이 되는 교육비는 보통 이 공교육비만을 포함시킨다(윤정일, 1985). 공교육비의 재원은 크게 정부 및 지방공공단체, 법인 그리고 학부모의 3가지로 나누어 볼 수 있다. 정부 및 지방공공단체가 부담하는 공교육비는 특별회계 예산, 시·군 교육비의 특별회계 예산을 말한다. 법인부담 교육비는 사립학교교육을 위한 예산인데, ① 학교법인체 예산과 ② 사립학교 교육비로 구성되며, ③ 학부형 부담 공교육비는 입학금, 수업료 그리고 학생을 통하여 별도로 납입하는 육(기)성회비, 실험실습비 또는 학생 자율적 경비로 세분될 수 있다. 이들 중 수업료가 가장 큰 부분을 차지하며 그 다음이 육(기)성회비이다. 한편 우리나라 공교육비 산출의 기초자료는 대체로 교육(문교)통계연보를 참고하는 것이 일반적이다.

사교육비란 합법적인 공공단체의 회계에 포함되지 않고 학부모가 학교교육을 위해서 사용되는 경비로 정의된다. 흔히 학부모가 부담하는 교육비를 모두 사교육비로 오해하는 경우가 있으나, 학부모부담 교육비 중 입학금, 수업료, 육(기)성회비 등은 모두 예산에 계상되기 때문에 공교육비에 속하며, 그 밖에 학부모가 부담하는 교재대, 부교재대, 학용품비, 과외활동비, 학교 지정용품비, 단체활동비, 교통비, 급식비, 하숙비 및 기타 학교위생비, 검사지대 등은 모두 사교육비에 해당한다. 이들 사교육비 항목 가운데 하숙비나 교통비는 학교에 다니지 않더라도 필요한 경비라 하여 사교육비에서 제외시키는 것이 좋다는 의견도 있다(이형행, 1987).

그러나 우리나라에서는 일반적으로 교육비라 할 때는 재원적 측면에서 공교육비와 사교육비를 말한다. 그리고 공교육비와 사교육비를 포함한 교육비와 교육기회경비를 합하여 총교육비라고도 한다(이형행, 1987).

교육기회경비는 다음의 간접교육비에서 언급하도록 한다.

2) 직접교육비와 간접교육비

교육비를 투입과정에 따라 분류하면 직접교육비와 간접교육비로 나눌 수 있다.

직접교육비는 교육목적 달성을 위하여 교육활동에 직접적으로 투입되는 경비로 공교육비와 사교육비가 모두 포함된다. 간접교육비는 교육기간 중에 취업할 수가 없기 때문에 포기한 수입(foregone earnings)을 의미한다(이형행, 상게서). 다시 말해 교육기회 때문에 간접적으로 포기한 유실소득이므로 기회경비(opportunity cost)라 한다. 기회경비란 간단히 말하면 학생이 학교에 취학하지 않고 취업하였다면 벌 수 있는 것으로 예상되는 수입이라 할 수 있는데, 교육비 중 가장 큰 부분이 기회경비라는 사실이 많은 연구에서 입증되고 있고, 이 기회경비는 교육수준별로 대단히 다양한데 초등학교 수준에서 가장 낮고 대학 수준에서 가장 높다. 그럼에도 불구하고 교육기회경비는 계산상 산출이 어렵다는 이유로 무시되는 경우가 있는 데 이는 바람직하지 못하다. 기회경비의 산출은 학력별·경력별로 추정된 임금에 의하여 할 수 있는데, 우리나라의 경우 노동부의 『임금구조 기본통계 조사보고서』가 공식적인 자료라고 보겠다.

한편 학자에 따라서는 공·사교육비를 직접교육비로 분류하는데 다소 불만이 있을 수 있다고 보고, 공교육비를 직접교육비로, 사교육비를 간접교육비로 보고 여기에 교육기회경비를 별도로 분류하는 학자도 있다(공은배·천세영, 1990).

3) 인건비, 운영비, 시설비

교육비는 사용 목적에 따라 인건비, 운영비, 시설비 등으로 나눌 수 있다. 인건비는 교육활동을 수행하거나 지원하는 데 필요한 용역을 구입하기 위한 경비로, 학교경비 중 교직원의 봉급, 정액수당, 연구수당 및 기타 수당을 말한다. 운영비는 교육활동을 수행하거나 지원하는데 필요한 경비로 학교경비 중에서 여비, 수용비, 실험실습비 등이 이에 해당된다. 시설비는 교육활동을 위해 장기간 사용이 가능한 자본형성을 위한 경비로 학교시설물의 신축, 개축 및 보수 등의 경비를 말한다.

Section 03 교육재정의 확보와 배분

우리나라 교육재정의 확보와 배분에 대한 정책을 살펴보면 다음과 같다.

1. 교육재정 확보

교육재정의 주요 재원확보제도는 국·공립의 경우는 크게 정부재원과 학부모재원의 2가지로 구성되어 있다. 사립의 경우는 법인부담재원이 추가된다. 정부재원은 중앙정부재원과 지방정부재원으로 구분할 수 있다.

1) 정부재원

현행제도에 따르면 중앙정부재원은 지방교육재정교부금과 지방교육양여금제도를 통해 확보되며, 지방정부재원은 일부 시·도에서의 중등교원봉급 전입금제도와 시·도세 전입금, 담배소비세 전입금제도 등을 통해 확보된다.

정부수준별로 재원확보제도를 살펴보면 다음과 같다.

(1) 중앙정부의 재원확보

중앙정부는 법이 정하는 바에 따라 지방교육재정교부금과 지방교육양여금은 매년 정부예산 편성과정에서 확보한다.

지방교육재정교부금은 현행 교육재정의 가장 중심재원으로서 크게 보통교부금과 특별교부금, 증액교부금으로 구분하여 다음과 같은 방식으로 확보된다.

보통교부금

- 봉급교부금: 의무교육기관 교원봉급 전액
  (봉급액을 기준으로 지급액이 산정되는 수당과 교육공무원법 제35조 각호에서 규정한 수당과 기타 수당 중 기획재정부장관과 교육부장관이 협의하여 정하는 수당을 포함함)
- 경상교부금: 내국세 13%의 10/11
- 특별교부금: 내국세 13%의 1/11
- 증액교부금: 국가예산이 정함

지방교육양여금은 교육세법(3차개정법, 1990. 12. 31, 법률 제4279호)에 의해 1991년부터 지방교육자치시대에 부응하기 위해 개정된 국세 및 지방세 체계에 따라 종전 방위세 재원을 상당부분 교육세로 바꾸고, 이 교육세 재원 전액을 양여금으로 확보하게 되었다. 지방교육양여금의 양여기준은 전전년도 11월 1일 시·도 인구비율에 비례하여 양여하며, 양여금의 재원은 국세분 교육세 전액(금융보험업자 수입금(0.5%), 특별소비세액(30%, 등유 15%), 주세액(10%), 교통세액(15%))이다.

현행 교육세의 세원과 세율은 표 12-1과 같다.

표 12-1 교육세의 재원과 세율

과세표준		세 율
교육세	• 금융·보험업자의 수입 금액	• 1000분의 5
	• 특별소비세법의 규정에 의하여 납부하여야 할 특별소비세액	• 100분의 30(등유 100분의15)
	• 교통세법의 규정에 의하여 납부하여야 할 교통세액	• 100분의 15(2003.12.31까지)
	• 주세법의 규정에 의하여 납부하여야 할 주세액	• 100분의 10(단, 주세율이 100분의 70 이상인 주류에 대해서는 100분의 30)
	• 지방세법의 규정에 의하여 납부하여야 할 등록세액	• 100분의 20
	• 지방세법의 규정에 의하여 납부하여야 할 레저세액	• 100분의 60
지방교육세	• 지방세법의 규정에 의하여 납부하여야 할 균등할 주민세액	• 100분의 10(다만, 인구 50만 이상의 도시는 100분의 25)

(계속)

	과세표준	세 율
지방교육세	• 지방세법의 규정에 의하여 납부하여야 할 재산세액 • 지방세법의 규정에 의하여 납부하여야 할 종합토지세액 • 지방세법의 규정에 의하여 납부하여야 할 자동차세액 • 지방세법의 규정에 의하여 납부하여야 할 담배소비세액	• 100분의 20 • 100분의 20 • 100분의 20 • 100분의 50(2005.12.31까지)

(2) 지방정부의 재원확보

지방정부가 부담하는 학교예산의 재원은 전입금이라는 명목으로 일부 시·도에서 확보된다. 우선 서울의 경우는 의무교육기관을 제외한 공립 각급학교 교원의 봉급 전액에 해당하는 금액을, 부산의 경우는 50%에 해당하는 금액을, 그리고 기타 광역시 및 경기도는 10%에 해당하는 금액을 지원한다. 한편 16개 시·도에서의 취득세, 등록세, 레저세, 면허세, 주민세, 자동차세, 주행세, 도축세, 담배소비세에 해당하는 시·도세액의 3.6%를 전입금 재원으로 확보하고 있으며, 서울 및 광역시의 경우 담배소비세 세입의 45%에 해당하는 금액을 지방교육비특별회계의 지방정부 전입금 재원으로 확보하고 있다. 물론 이외에도 지방정부는 지역사회의 특수한 목표를 설정하고 이에 따른 지방정부 재원을 확보할 수도 있으나 현재로서는 법정화된 재원의 확보에 그치고 있다.

2) 학부모재원

학부모재원은 수업료/입학금 그리고 기성회비 혹은 학교운영비 지원비로 나누어 볼 수 있다. 수업료/입학금은 교육법의 규정에 따라(교육법 제86조) 학교가 교육서비스를 제공하고 그 수익자로부터 받을 수 있는 수익자 부담금이다. 그러므로 의무교육을 실시하는 국·공립의 초등학교와 중학교에서는 수업료/입학금을 받지 못하게 되어 있다. 한편 기성회비는 1970년부터 학교의 교육활동을 지원하기 위한 학부모 후원기구로 발족(1970. 2. 10. 초·중·고등학교 육성회 운영관리지침(문교부 교재 1044-73))한 육성회 회원(학부모)의 회비로서, 학교의 기본교비예산과는 별개로 운영되는 육성회비예산의 재원이다. 1996년부터 학교 육성회가 다시 학교운영위원회로 바뀌면서 학교운영지원비 회계로 바뀌었다. 단 대학에서는 이를 기성회 또는 기성회비로 부른다.

3) 사립학교 법인 전입금

우리나라의 경우 사학이 차지하는 공교육에서의 역할이 매우 크다. 사립학교의 재원은 크게 정부의 지원금, 학생납입금 그리고 사학법인으로부터의 학교운영비 전입금으로 구성되도록 되어 있다(사립학교법 제15차 개정, 1990. 4. 7, 법률 제4226호). 사학법인의 전입금은 사립학교법의 규칙에 따라 법인의 수익용 자산운용 수입액의 100분의 80을 당해년도의 학교운영비로 전입하도록 규정하고 있다.

2. 재정배분제도

1) 정부 간 배분제도

재정배분제도의 실제는 복수정부 간의 재정조정제도에서 나타나는데, 이는 중앙정부로부터 지방정부로의 지방이전 재정제도를 말하며, 크게 국고보조금과 지방교부금으로 나누어진다.

국고보조금은 국가가 특정행정사무의 집행을 장려하거나 또는 지방자치단체의 재정사정 상 특히 필요하다고 인정할 때 교부하는 경비로서 보통 전자를 장려적 보조금이라 하고, 후자를 지방재정보조금이라고 한다(이계식, 1991). 따라서 국고보조금은 중앙정부가 재정을 이전하면서 사용 용도를 제한하고 있는 재원이며, 그 보조규모의 결정에 있어서 다시 정률보조금(matching specific grants)과 정액보조금(lump-sum specific grants)으로 구분한다. 전자는 특정사업을 위한 지방정부의 자체 수입에 의한 부담 규모에 따라 재정지원 규모가 가변하는 보조금이며, 후자는 지방정부의 자체 부담과 무관하게 일정한 금액을 보조하는 경우를 말한다. 일반적으로 국고보조금은 지방정부의 자율에만 맡길 수 없는 국가 전체적 사업을 수행하는 데 필요한 재원을 지원하는 데 쓰인다고 할 수 있다.

한편 교부금은 사용 용도가 정해지지 않은 채로 중앙정부로부터 이전되는 재원을 말하며, 이는 다시 조건부교부금(effort-related general grants)과 정액교부금(lump-sum general grants)으로 구분된다. 전자는 교부금의 규모가 지방정부의 조세징수 노력의 결과, 즉 실제 지방세 징수액에 따라 가변적이거나 적어도 중앙정부의 재정지원 이전의 공공지출 수준을 유지하여야 한다는 제약조건이 첨부되는 경우를 말하며, 후자는 이러한 징수노력이나 유지노력(maintenance-effort)과 무관하게 일정한 금액을 교부하는 것을 말하는데, 우리나라의 지방교부금이 바로 이 형태에 속한다(이계식, 1991). 일반적으로 교부금은 각 지방 간의 재정을 통한 지방공공재 공급의 형평을 기하기 위한 형평교부금의 역할을 담당하고 있으며, 조건부 교부금과 같이 지방정부 자치능력 제고를 고무하는 기능을 하게 된다.

물론 이상에서 구분해본 지방재정 재원들은 서로간의 기능이 중첩되기도 하지만, 대체적으로는 앞에서 살펴본 일차적 기능을 담당하면서 상호보완적으로 운영된다. 그리고 중앙정부의 재정조정제도인 국고보조금과 교부금은 각 지방정부의 자체 재원인 지방세 수입과 세외 수입의 규모와 구조를 감안하여 국가 전체적인 재정목표를 달성하기 위해 운용된다.

한국의 정부 간 교육재정조정제도는 지방교육양여금과 지방교육재정교부금제도를 양대 지주로 하고 있다. 지방교육양여금은 전전년도 4월 1일을 기준 인구수로 양여금을 배분하고, 지방교육재정교부금은 해당 지방정부의 기준재정수요액이 기준재정수입액을 초과하는 부분에 대해서 배분한다. 이때 기준재정수요액 = 측정단위 × 단위비용으로 계산되며, 측정단위와 단위비용은 교육부령으로 정하도록 되어 있다.

2) 학교재정배분

(1) 표준교육비

표준교육비는 공교육활동을 영위하기 위하여 기본적으로 필요한 최소한도의 경비를 말한다. 따라서 표준교육비는 어떠한 일이 있어도 교육활동을 영위하기 위해서는 반드시 확보되어야 하는 최저소요교육비라고 하겠다.

표준교육비는 교육예산의 편성과 교육계획 수립의 과학적이고 합리적인 기초자료가 되며, 교육의 기회균등을 보장하는 데 의의가 있다. 표준교육비는 적정교육비를 산출하는 기본자료가 될 수 있다.

한편, 윤정일은 표준교육비란 "일정 규모의 단위학교가 현재 교육목표 및 교육과정 등 제반 교육체제를 유지한다는 전제 하에서 정상적인 교육활동을 수행하는 데 필요한 최소한의 교육비로서, 최저소요교육비 혹은 적정(단위)교육비라고도 한다(윤정일, 1995)"고 하여 표준교육비와 적정교육비를 혼용하는 개념을 혼용하기도 하였다.

공교육제도의 발전과정에서 교육재원 확보와 배분방식은 중요한 문제가 되고 있다. 교육활동을 원활히 수행하기 위해서는 충분한 교육재원의 확보가 무엇보다도 필요하다. 그러한 면에서 표준교육비제도는 교육재원을 확보하는 데 있어서 합리적이고 타당한 논리적 근거를 제시해 준다. 표준교육비제도의 도입은 최소한(적정)의 교육재원 확보를 보장할 수 있을 뿐 아니라 최저교육에 대한 질을 보장해 주며, 교육재정배분의 기초자료로 활용할 수 있다는 의의를 가진다. 물론 시대와 상황에 따라 표준교육비의 배분요소는 많이 달라져 왔다. 특히 최근에 들어 학교자율책임경영제 중심으로의 교육개혁이 진행되는 과정에서 많은 나라에서 다양한 형태의 포뮬러 펀딩 배분방식이 고안되어 왔다.

최근 여러 나라에서 포뮬러 펀딩에서 사용하고 있는 요소들은 크게 학생기본경비(basic student allocation), 교육과정경비(curriculum enhancement), 학생특성보정경비(student supplementary educational needs), 학교특성보정경비(school site needs)와 같이 4가지 범주로 묶어볼 수 있다. 이 4가지 범주는 표 12-2와 같다.

표 12-2 포뮬러 펀딩의 기본구성요소

영 역	구 분	지 표
1영역: 학생기본경비 1(a) 기본경비 1(b) 가변경비	I(a) 총학생수 I(b) 학년별 학생수	I(a) 재학생총수 I(b) 학년별(학교급별) 재학생총수
2영역: 교육과정경비	2(a) 특별교육과정수요 2(b) 특별학급	2(a) 외국어반 재학생수 2(b) 특별학급 재학생수(기술학교 등)
3영역: 학생특성보정경비	3(a) 저소득층지원 3(b) 언어지원	3(a) 학습장애지원 3(b) 언어부진아학생비율

(계속)

영 역	구 분	지 표
3영역: 학생특성보정경비	3(c) 부진학생지원 3(d) 학습장애지원	3(c) 20백분위 이하 부진 학생비율 3(d) 학습장애자판정자수
4영역: 학교특성보정경비	4(a) 소규모학교경비 4(b) 벽지가산경비 4(c) 건물유지비	4(a) 초등 200명 이하, 중등 600명 이하 4(b) 50,000명 이상 도시로부터의 격리거리 4(c) 학교건물면적(㎡)

출처: Ross, K. N., & Levacic(1999). Needs Based Resource Allocation in Education(Unesco: IIEP).

(2) 학교회계제도

단위학교의 학교회계제도는 2001년부터 국·공립의 초·중·고등학교에 도입되었다. 학교회계는 3월 1일부터 이듬해 2월 말까지를 회계년도로 하고 있으며, 과거의 일상경비와 도급경비 그리고 학교운영지원비 등으로 구분되었던 것을 단일회계로 통합하여 운영하고 있다.

(3) 사립학교 재정보조제도

사립학교에 대한 공공재정 배분문제는 민주주의 사회의 이념에 따라 교육가치의 다양성을 제고함과 동시에, 다양한 교육을 추구하는 국민의 교육권을 보장해준다는 뜻에서 강조되어 왔다. 특히 우리나라의 경우는 국민기초교육 단계에 속한 중등교육단계에서부터 사립학교의 비중이 높기 때문에 교육기회의 공·사립 간 형평성을 도모한다는 측면에서도 소홀히 다룰 수 없는 문제가 되어왔다. 더구나 1968년에는 중학교 무시험 정책에 따라 중학교 단계에서의 공·사립학교 간의 학교선권이 없어졌고, 1974년부터는 고교평준화 정책에 따라 고등학교 단계에서도 대도시 지역들을 중심으로 공·사립 간의 학교 선택권이 없어졌다. 이로 인해 수업료 수준결정을 비롯한 사립학교의 재정권이 공립학교에 준해 제한됨으로써 사학에 대한 국가의 재정지원은 불가피하게 되었다. 결과적으로 국가는 공·사립 간의 기본 운영비, 즉 교원의 인건비와 학교운영비에 있어서는 공립과 같은 수준을 유지시켜 주어야 할 부담을 안게 되었으며, 그 결과 '사립 중·고등학교 재정결함보조금 정책'이 도입되었다.

학교경영 관리와 기법

제1절 학교경영계획
제2절 학교경영내용
제3절 학교관리
제4절 학교경영기법

Section 01

학교경영계획

1. 학교경영계획의 개념

학교경영의 개념을 국내 학자들은 여러 가지로 정의하고 있다. 대표적인 정의를 알아보면 김창걸(1989)은 학교경영을 "교수–학습의 원칙이나 준거에 따라 교육과정의 효율성을 극대화하고 생산성을 높이기 위하여 학교경영의 계획, 조직, 운영, 평가를 포함하는 일련의 활동과정을 의미한다"라고 정의하였다. 김종철 등(1991)은 "학교경영이란 단위학교, 특히 초·중학교에 있어서 교육목표를 설정하고 그것을 달성하기 위한 프로그램 및 인적·물적·기타 지원조건을 정비하고 확립하여, 목표달성을 위한 계획과 결정, 집행과 지도, 통제와 평가 등을 포함하는 일련의 봉사활동을 지칭하며, 학교조직 내에서의 집단적 협동행위를 위하여 효과적으로 지원하는 것을 본질로 하는 작용이다"라고 정의하였으며, 김윤태(1994)는 "교육목표를 세우고 그것을 효율적으로 달성하기 위한 조직적 활동"이라고 정의하였다.

국내 학자들이 제시한 대부분의 학교경영 정의는 조직의 목표달성, 자원의 확보와 활용, 경영의 과정에 초점을 두는 경영개념을 바탕으로 하고 있다. 이 모든 것을 종합하여 볼 때 학교경영은 학교장을 중심으로 학교의 교육목표를 효율적으로 달성할 수 있게 하는 모든 형태의 활동, 즉 인적·물적 자원과 기술, 정보의 활동 등을 조정, 배치, 통합하는 활동과정을 말한다.

즉, 단위학교의 경영이고 행정이며, 그것은 학교라는 단위교육기관을 기점으로 교육활동을 전개함으로써 그 목표를 성취하도록 조성하는 것을 위주로 하는 봉사활동인 것이다.

학교경영의 정의를 좀 더 설명하면 다음과 같다.

첫째, 학교경영은 학교의 목적을 추구하는 활동이다.

학교경영은 학교의 존재이유가 되는 학교의 교육목적을 성취하고자 한다. 학교교육의 일반적 목표는 학생들이 사회에서 인간다운 삶을 영위할 수 있도록 문화를 전수하여 그들의 성장과 발달을 도모하는 데 있다.

둘째, 학교경영은 교육자원을 획득하고 배분하고 활용하는 활동이다.

교육자원은 교육목적을 달성하기 위한 활동에 투입되어 공헌할 수 있는 힘을 지닌 모든 것을 말한다. 이런 교육자원에는 교직원, 학생, 학부모와 같은 인적자원과 건물, 시설, 설비와 같은 물적자원 및 운영비와 같은 금전적 자원 그리고 지식, 정보, 시간, 노력 등의 자원이 포함된다. 이러한 자원들을 획득하고 효율적으로 사용하는 일이 학교경영의 중요한 내용이 된다.

셋째, 학교경영은 계획, 조직, 지도, 조정, 통제 등의 일련의 활동과정으로 이루어진다. 이러한 일련의 경영과정은 학교운영을 합리적으로 수행하는 데 필요한 과정이다.

계획은 목표를 세우고 이를 성취할 수 있는 미래의 행동을 예정하고 준비하는 과정이다. 이 과정에서는 관련 자료를 바탕으로 하여 학교경영 목표와 방침을 설정하고, 학교경영의 여러 활동 및 영역별 실천계획과 평가계획을 학교경영안으로 작성한다.

조직은 공동목표를 달성하기 위한 분업적 협동체제의 구성을 말한다. 협동체제는 공동의 목표, 책임과 임무의 분담 및 지도체제를 포함한 협동적 관계의 수립을 요건으로 한다. 이 같은 요건으로 학교에서는 교수조직, 교무분장조직, 학교운영조직, 학부모조직, 학생자치활동조직, 특별활동조직 등이 구성된다.

지도는 계획에 따라 여러 가지 활동을 운영하고 실천하는 과정이다. 이 과정에서는 교과지도활동, 특별활동, 생활지도활동 등 학교경영 전반에 걸친 활동들이 전개된다. 이 과정에서는 학습목표를 향하여 학교구성원의 활동을 촉진시키고 유지하며, 조정하는 학교장의 지도력이 크게 요청된다.

조정은 조직의 여러 활동을 상호관련시켜서 조직 노력을 통합하고 조절하는 것이다. 교무부, 연구부, 학생부, 행정실 등 여러 부서의 활동을 상호관련시켜서 때로는 통합하고 조절하여 학교의 공동목표를 효율적으로 달성되도록 한다.

통제는 모든 활동이 계획된 대로 목표를 향하여 진행되도록 규제하는 활동이다. 학교의 모든 활동이 계획된 목표를 지향하고 있는가, 계획된 대로 실천하고 있는가를 점검하여 계획이나 목표를 이탈했을 때 이를 교정하는 활동이 통제활동이다. 이 단계에서 평가활동이 이루어진다.

위와 같이 학교경영의 요소는 서로 연계된 활동으로서 전체적으로는 학교의 목표를 효율적으로 달성하는 데 필요한 순환적 과정활동이다.

학교교육은 학교경영계획으로부터 시작한다. 학교교육활동 전 부문을 포괄하는 종합적 교육기획이다. 학교경영계획은 미래지향적이고 발전적인 학교경영을 가능하게 할 뿐만 아니라 합리적인 학교경영을 가능하게 한다.

학교경영계획에서 기획의 주체는 단위학교가 되고, 기획주기는 1년으로 하는 단기교육기획이며, 학교교육활동 전 부문을 포괄하는 종합적 교육기획이다. 학교경영계획은 평가의 기준이 되기 때문에 학교의 성과측정을 가능하게 한다. 교육내용, 방법면의 개선으로 전인교육을 도입하고 업무처리면을 개선하여 각 교사가 주체성을 가지고 학교경영에 참여하고, 조직적인 협력을 통해서 보다 높은 교육효과를 창조하기 위해서 경영계획의 수립이 필요하다. 따라서 학교경영계획 수립의 궁극적인 목적은 학교교육목표를 효율적으로 달성하는 데 있다. 학교경영계획은 내적 효율성과 외적 생산성, 즉 교육활동의 효율성과 사회적 타당성을 향상시키기 위한 것이다.

2. 학교경영계획의 원리

학교경영이 추구하는 중요한 가치로서 학교경영계획은 다음과 같은 원리에서 수립된다.

① 연계성의 원리: 학교경영계획은 국가교육계획이나 지역교육계획과 종적인 연계성을 유지하면서 수립되어야 한다. 따라서 계획의 기본방향과 목표를 선정하는 데 있어 상위계획의 테두리를 벗어나거나 서로 상충되어서는 안 된다.

② 합리성의 원리: 학교경영계획의 수립은 합리적인 의사결정을 요구한다. 문제를 파악하고 대안을 선정·결정하며, 해결방안을 추출·선정하고, 효과를 비교·분석하는 과정에서 합리적인 절차가 요구되는 것이다.

③ 종합성의 원리: 학교경영계획의 내용은 학교교육 목표달성을 위해 관련된 모든 요소들이 포함되어야 한다. 필요한 요소들이 통합적으로 모두 포함되지 않을 경우 목표달성을 제약하는 역기능적 요소로 작용할 수도 있기 때문이다.

④ 참여의 원리: 학교경영계획은 학교의 관리층만이 참여하여 수립하지 않고 모든 교직원들이 의견을 제시하고 조정하며, 학부모, 동창들까지도 참여할 기회를 주는 것이 바람직하다.

⑤ 현실성의 원리: 학교경영은 인적·물적·재정적·교육적 자원의 한계 내에서 목표를 달성하여야 한다. 따라서 수립된 계획안은 여러 가지 제약조건을 감안하여 실현 가능한 내용들로 구성되어야 한다.

3. 학교경영계획의 수립절차

학교경영계획을 수립하기 위해서는 대개 준비단계, 수립단계, 확정단계 등 3단계를 거치게 된다. ① 준비단계에서는 계획수립을 위한 계획위원회를 조직하고, 학교경영계획을 위한 계획서를 작성하며, ② 수립단계에서는 문제를 검토한 후 교육목표와 방침을 설정하고 학교조직을 편성하며, 교육활동에 필요한 교육조건을 마련한다. 학교경영계획은 문제규명, 교육목표 및 방침설정, 조직계획, 활동계획, 평가계획을 포함한다. ③ 확정단계에서는 수립단계에서 작성된 학교경영계획 시안을 바탕으로 학교경영계획서를 확정하고, 학교경영계획을 홍보하게 된다. 그러면 학교경영계획의 수립단계를 중심으로 해서 구체적인 수립절차를 제시하면 다음과 같다.

1) 문제의 규명

학교의 경영계획을 작성하는 기저로서 먼저 교육의 요구가 무엇이며, 현재 학교의 여건에서 교육의 문제는 무엇인가를 학교교육의 상위목표, 지역사회의 실태, 학교의 여건을 중심으로 분석한다. ① 헌법·교육법 등에 제시된 상위 교육목표와 교육청의 정책목표 또는 장학방침을 근거로 국가·사회가 요청하는 교육의 요구를 분석하며, ② 지역사회의 환경, 학부모의 사회·경제적 배경을 중심으로 지역사회가 요청하는 교육의 요구나 문제점을 분석하고, ③ 학생의 실태, 교사의 실태, 학교의 물리적 환경 등을 중심으로 학교교육의 문제점을 분석하고 전년도의 경영실적도 분석한다. 이러한 분석을 통하여 추출된 자료를 바탕으로 학교교육목표를 설정한다.

2) 목표 및 방침의 설정

학교교육목표는 장기적인 안목에서 학생들이 궁극적으로 도달해야 할 인간상을 제시한 것이거나 그 행동 특성을 종합적으로 명시한 것이다. 학교교육목표를 설정하는 데는 헌법이나 교육법 등의 자료가 기초가 된다.

교육목표의 추출원이 동일하더라도 학교별로 강조하는 교육목표가 다르기 때문에 진술상의 차이가 있을 수 있다.

교육목표는 ① 각 학교의 실정에 맞게 주체적으로 설정되어야 하며, ② 국가적 당면과제나 사회적인 요청에 부응하고, ③ 지역적인 특수성과 요청을 고려하여 설정되어야 하고, ④ 구체적이면서도 포괄성 있게 행동적 용어로 진술되어 교육내용에 대한 예측이 가능하도록 명료화되어야 한다. 또한 ⑤ 모든 학습활동에 반영되고 동시에 평가의 기준을 시사하는 것이어야 하고, ⑥ 연차목표, 학년목표, 학급목표 등으로 계열화되어야 한다. 교육목표에는 교육법에 제시된 교육목적, 시·도교육청 수준의 중점목표, 교육과정 목표(기준), 중·고등학교 교육목표, 각 학교교육목표, 학년목표, 학급목표, 각 교과의 목표 등이 있다.

학교경영목표는 교육목표달성을 위해 수행되어야 할 경영상의 기본 방향을 제시한 것이다. 이러한 경영목표는 경영활동이나 결정이 합리적인가를 판단하며, 아울러 경영성과의 측정과 평가의 기준이 된다. 따라서 학교경영목표는 학교가 학생을 교육하는 기본적인 단위경영체라는 입장에서 학교경영활동의 전 영역에 걸쳐서 포괄적으로 결정된다.

3) 조직계획

학교경영목표와 방침이 결정되면 실천단계에서 각종 활동이나 과업을 수행할 부서를 마련하고 담당자를 정하게 된다. 학생, 교직원, 지역인사들을 참여시켜 목표달성을 위한 교육지도조직, 교무분장조직, 운영협회조직, 지역인사조직 등을 만들고 이를 통해 협력체제로서 학교경영이 가능하도록 한다.

4) 활동계획

활동계획은 학교조직이 경영목표를 달성하고 경영방침을 실천하기 위한 일련의 세부활동계획이다. 이는 경영방침에 따라 구체적인 과업이나 활동을 합목적적으로 연결시키는 활동이며 사업들을 계획하는 과정이다. 활동계획은 교과

지도, 특별활동, 생활지도를 중심으로 하는 교육과정 운영, 교원의 연수, 연구활동 등을 통한 교원의 자질과 능력의 개발, 이러한 교육과정의 정상적인 운영을 가능하도록 하는 교육조건 관리활동을 포함한다. 활동계획은 교육과정 운영을 중핵으로 하여 여러 교육조건이 유기적으로 상호관련될 수 있도록 학교경영이 전 영역을 포괄해야 한다.

5) 평가계획

계획의 마지막 단계는 평가에 관한 계획을 수립하는 것이다. 학교경영계획에서 계량적으로 설정된 목표들이 달성될 수 있도록 모든 체제의 하위요소가 적절하게 투입되고, 그 과정에서 최적의 상호작용을 통해 그 산출을 극대화할 수 있는지를 검토하는 계획이 평가계획이다. 그렇기 때문에 경영의 목표달성이 가능한지를 투입요인을 중심으로 평가하고 투입에서 산출에 이르는 과정도 평가하며, 목표달성이 되었는지를 확인하는 산출을 평가하는 것 등에 관한 평가의 영역, 평가의 방법, 도구의 작성 등 총괄적인 학교평가계획과 피드백의 절차도 마련하여 계획을 완성하게 된다.

Section
02 학교경영내용

1. 학교경영 영역

학교경영의 영역이란 학교의 주 목적으로 볼 수 있는 교수-학습의 전 영역에 대한 포괄적인 활동으로 상호간에 긴밀한 관련을 가지고 있어서 그 사이에 명확한 구분을 하기가 어렵지만, 경영계획의 수립, 권한과 업무의 분담 또는 문제의 소재파악을 위해서는 학교경영활동의 내용을 영역별로 구분하는 것이 필요하다. 먼저 외국 학자들의 견해를 살펴보면 다음과 같다.

① 리팜과 호에(Lipham & Hoea, 1974): 학교경영 영역을 교수프로그램, 교직원인사, 학생인사, 재정과 시설, 지역사회 관계로 나누고 있다.
② 허그스와 우벤(Hughes & Ubben, 1978): 학교·지역사회 관계, 교직원 인사개발, 학생인사 개발, 교수프로그램, 사무와 건물관리로 나누고 있다.
③ 로우와 드렉(Loe & Drske, 1980): 수업, 교육과정, 학생, 교직원, 지역사회, 재정, 공간으로 구분하였다.
④ 그리피스(Griffiths, 1970): 수업과 교육과정개발, 교직원인사, 학생인사, 재정과 사무관리, 학교시설건물과 봉사, 학교와 지역사회 관계로 나누고 있다.
⑤ 고든(Gorton, 1983): 교직원인사, 학생인사, 지역사회와 학교의 관계에서의 지도성, 수업과 교육과정 개발, 학교재정과 사무관리, 학교시설건물,

일반적 과업을 학교경영의 과업으로 제시하고 있다.

이상에서 제시하는 내용들을 종합해보면 교수관계, 교직원, 학생, 지역사회 관계를 공통적으로 주요 과업으로 다루고 있다. 다만 재정, 시설, 사무에서만 좀 더 세분되거나 통합되는 차이가 있다.

한편 학교경영 영역의 범위를 우리나라 학자들의 견해를 살펴보면 다음과 같다.

① 백현기(1964): 교육과정관리, 교직원관리, 아동·학생관리, 학교사무관리, 물적관리, 대외활동으로 나누고 있다.
② 김영돈(1971): 첫째, 관리적(행정적) 기능에서 인적관리(교직원, 학생), 물적관리, 운영관리(교육계획, 교육과정, 학교관리)를, 둘째, 지도적 기능으로 교원의 복무에 관한 지도, 교육활동에 관한 지도를, 셋째, 대외적 기능으로 교육장과의 관계 지방공공단체 및 지역사회와의 관계, 학부모회와의 관계, 동창회와의 관계로 나누고 있다.
③ 강길수(1978): 장학, 인사관리, 시설관리, 재정, 사무관리, 지역사회 관계, 조직과 운영의 일로 나누고 있다.
④ 김종철(1985): 기획행정, 조직, 교육내용, 장학, 학생, 교직원인사, 재정, 시설, 사무관리, 연구·평가 및 홍보로 나누고 있다.
⑤ 김봉수(1978): 학교조직 편성과 관리 영역, 인사관리, 학교재정 회계경리, 학교사무처리 영역, 지역사회, 학교평가, 학교건강관리로 나누고 있다.
⑥ 문낙진(1978): 전반적 계획, 장학, 교직원 조직 및 인사관리, 학생관리, 시설행정, 사무행정, 재정관리, 학력평가 및 체제평가, 교육청 및 지역사회 관계를 학교경영의 과업으로 제시하고 있다.

우리나라 학자들도 학교경영의 내용을 보면 모두 비슷한데 이들의 견해를 종합해 보면 교육과정 운영과 장학, 학생관리, 교직원인사, 시설 및 재정관리, 사무관리, 대외관리로 나타난다. 다시 이들 내용을 세분화시켜 보면 다음과 같다.

① 교육과정 운영과 장학: 교육목표를 달성하기 위한 교육과정의 운영문제와 시간의 편성, 교사의 교수기술 향상과 교육과정 운영개선 그리고 학급 및 학년경영의 합리화를 위한 전문적 보조활동으로서 수업장학, 임상장학 등
② 학생관리: 입학, 재학, 퇴학, 특히 의무취학을 위한 제문제, 생활지도, 복지 등
③ 교직원 인사: 교직원의 채용, 능력발전, 사기 앙양문제 등
④ 시설·재정관리: 교지, 교사, 운동장 등의 제시설이나 교재, 교구 등 제설비를 실제 교육에 알맞도록 정비하는 문제, 학교를 운영·관리하기 위하여 필요한 제반 회계, 경리를 교육실정에 맞도록 합리화 등
⑤ 사무관리: 학교경영활동을 수행하는 과정에서 수반되는 제반기록과 장부의 작성 및 보관, 공문서 처리 등
⑥ 대외관계: 학부모와의 관계, 지역사회와의 관계, 교육청 관계 등

2. 학교경영의 과정

학교경영의 과정이란 학교의 교육목표를 효율적으로 달성하기 위하여 어떤 절차를 거치느냐 하는 것으로, 대개 준비단계, 수립단계, 확정단계 등의 단계를 거친다. 준비단계에서는 계획수립을 위한 계획위원회를 조직하고, 학교경영계획을 위한 계획서를 작성하게 된다. 수립단계에서는 문제를 검토한 후 교육목표와 방침을 설정하고 학교조직을 편성하며, 교육활동에 필요한 교육조건을 마련한다. 학교경영계획은 문제규명, 교육목표 및 방침설정, 조직계획, 활동계획, 평가계획을 포함한다. 확정단계에서는 수립단계에서 작성된 학교경영계획 시안을 바탕으로 학교경영계획서를 확정하고, 학교경영계획을 홍보하게 된다. 학교경영계획의 수립단계를 중심으로 해서 구체적인 수립절차를 알아보면 다음과 같다.

1) 문제의 규명

학교의 경영계획을 작성하는 기저로서 먼저 교육의 요구가 무엇이며, 현재 학교의 여건에서 교육의 문제는 무엇인가를 학교교육의 상위목표, 지역사회의 실태,

학교의 여건을 중심으로 분석한다. 헌법·교육법 등에 제시된 상위 교육목표와 교육청의 정책목표 또는 장학방침을 근거로 국가·사회가 요청하는 교육의 요구를 분석하며, 지역사회의 환경, 학부모의 사회·경제적 배경을 중심으로 지역사회가 요청하는 교육의 요구나 문제점을 분석하고, 학생의 실태, 교사의 실태, 학교의 물리적 환경 등을 중심으로 학교교육의 문제점을 분석하고 전년도의 경영실적도 분석한다. 이러한 분석을 통하여 추출된 자료를 바탕으로 학교교육목표를 성정한다.

2) 목표 및 방침의 설정

학교교육목표는 장기적인 안목에서 학생들이 궁극적으로 도달해야 할 인간상을 제시한 것이거나 그 행동 특성을 종합적으로 명시한 것이다. 학교교육목표를 설정하는 데는 헌법이나 교육법 등의 자료가 기초가 된다.

교육목표의 추출원이 동일하더라도 학교별로 강조하는 교육목표가 다르기 때문에 진술상의 차이가 있을 수 있다.

교육목표는 각 학교의 실정에 맞게 주체적으로 설정되어야 하며, 국가적 당면과제나 사회적인 요청에 부응하고 구체적이면서도 포괄성 있게 행동적 용어로 진술되어 교육내용에 대한 예측이 가능하도록 명료화되어야 한다. 또한 모든 학습활동에 반영되고 동시에 평가의 기준을 시사하는 것이어야 하고, 연차목표, 학년목표 등으로 계열화되어야 한다.

교육목표에는 교육법에 제시된 교육목적, 시·도교육청 수준의 중점목표, 교육과정 목표(기준), 중·고등학교 교육목표, 각 학교교육목표, 학년목표, 학급목표, 각 교과의 목표 등이 있다.

학교경영목표는 교육목표 달성을 위해 수행되어야 할 경영상의 기본방향을 제시한 것이다. 이러한 경영목표는 경영활동이나 결정이 합리적인가를 판단하게 하며 아울러 경영성과의 측정과 평가의 기준이 된다. 따라서 학교경영목표는 학교가 학생을 교육하는 기본적인 단위경영체라는 입장에서 학교경영활동의 전 영역에 걸쳐서 포괄적으로 결정된다.

3) 조직계획

학교경영목표와 방침이 결정되면 실천단계에서 각종 활동이나 과업을 수행할 부서를 마련하고 담당자를 정하게 된다. 학생, 교직원, 지역인사들을 참여시켜 목표 달성을 위한 교육지도조직, 교무분장조직, 운영협의조직, 지역인사조직 등을 만들고 이를 통해 협동체제로서 학교경영이 가능하도록 한다.

4) 활동계획

활동계획은 학교조직이 경영목표를 달성하고 경영방침을 실천하기 위한 일련의 세부활동계획이다. 이는 경영방침에 따라 구체적인 과업이나 활동을 합목적적으로 연결시키는 활동이며 사업들을 계획하는 과정이다. 활동계획은 교과지도, 특별활동, 생활지도를 중심으로 하는 교육과정운영, 교원의 연수, 연구활동 등을 통한 교원의 자질과 능력의 개발, 이러한 교육과정의 정상적인 운영을 가능하도록 하는 교육조건 관리활동을 포함한다. 활동계획은 교육과정운영을 중핵으로 하여 여러 교육조건이 유기적으로 상호 관련될 수 있도록 학교경영의 전영역을 포괄해야 한다.

5) 평가계획

계획의 마지막 단계는 평가에 관한 계획을 수립하는 것이다. 학교경영계획에서 계량적으로 설정된 목표들이 달성될 수 있도록 모든 체제의 하위요소가 적절하게 투입되고 그 과정에서 최적의 상호작용을 통해 그 산출을 극대화할 수 있는지를 검토하는 계획이 평가계획이다. 그렇기 때문에 경영의 목표달성이 가능하겠는지를 투입요인을 중심으로 평가하고 투입에서 산출에 이르는 과정도 평가하며, 목표달성이 되었는지를 확인하는 산출을 평가하는 것 등에 관한 평가의 영역, 평가의 내용, 방법, 도구의 작성 등 총괄적인 학교평가 계획과 피드백의 절차도 마련하여 계획을 완성하게 된다.

Section 03 학교관리

여기에서는 학교경영에 있어 실제 현장에서 이루어지고 있는 경영의 실제를 구체적으로 들어가서 살펴보도록 한다.

1. 인사관리

1) 학교장의 인사업무

학교에 있어서 인사권은 원칙적으로 설립자(국가, 시, 도, 학교법인)에게 있으나, 학교경영의 원활화와 효율화를 위하여 일정 부분이 학교장에게 위임되어 있다. 학교장에게 주어진 인사상의 권한은 인사내신권, 위임된 인사권, 고유의 내부인사권 등으로 구분된다.

인사내신권이란 전직, 전보, 면직, 휴직, 복직, 직위해제, 징계, 급여호봉재획정, 표창대상자 추천, 연수대상자 추천 등의 권한을 말한다. 학교장에게 위임된 인사권이란 보직교사 임면, 교원 및 일반직 공무원 정기 승급, 임시교사의 임면, 기능직 공무원의 임면 등의 권한을 말하며, 학교장 고유의 내부인사권이란 교과담당 명령, 학급담임 명령, 교무분장업무 담당 명령, 근무성적의 평정 등의 권한을 말한다.

학교경영에 있어서 학교장의 인사권 중 관심의 대상이 되는 부분은 보직교사의 임면과 학급담임 배정, 교무분장업무 담당 명령, 근무평정 등이라고 할 수 있는데, 학급담임 배정은 각급 학교의 상황에 따라 달라질 수 있기 때문에 상술하지 않으며, 여기에서는 보직교사 임면과 근무성적 평정 과정에 대하여 자세한 절차를 제시한다.

2) 보직교사의 임면

초·중등교육법 시행령 제33조 내지 제35조에 의하면, 각급학교에는 보직교사를 둘 수 있도록 되어 있다. 보직교사의 명칭은 교육감이 정하되 학교별 보직교사의 종류 및 그 업무분장은 학교의 장이 정하도록 규정하고 있다.

일반적으로 학교에 두는 보직교사는 교무부장, 연구부장, 학생부장, 학년부장, 윤리부장, 환경부장, 과학부장, 체육부장, 진로상담부장, 교육정보부장, 지역사회교육부장, 실과부장 및 분교장 부장, 기타 특수한 업무 또는 교과를 담당하는 부장 등이 있다.

보직교사의 자격요건을 보면, 보직교사는 1급정교사 자격증을 받은 자로 규정되어 있다. 다만 체육부장, 과학부장, 분교장 부장의 경우 임용할 1급정교사 자격증 소지자가 없을 경우 2급정교사 자격증을, 받은 자도 임용할 수 있다. 특별히 진로상담부장은 전문상담교사 자격증을 체육부장은 체육교사 자격증 소지자, 윤리부장은 윤리 또는 일반사회과 교사 자격증을 받은 자이어야 한다.

고등학교에 근무할 보직교사의 임면은 교육감이 행하고, 중학교와 초등학교에 근무할 보직교사의 임면은 교육장이 행하고, 직할학교에 근무할 보직교사의 임면은 직할 학교장이 행하되 보직교사의 임명은 임용후보자 명부에 등재된 순위에 의하여 결원된 직의 3배수 범위 내에서 임명해야 한다.

보직교사의 담당보직은 보직교사 임용자격에 따라 학교장이 행하고, 전보권은 보직교사 임명권자가 행한다. 교육감, 교육장은 보직교사 임용권의 전부 또는 일부를 학교장에게 위임할 수 있도록 되어있다.

보직교사가 다음 중 하나에 해당되는 경우에 학교장은 이를 해면할 수 있다.

학급의 감축 또는 학과의 폐지가 있어 필요한 경우, 휴직 징계처분·직위해제 처분을 받은 경우, 형사사건에 관련된 혐의가 있는 경우, 임용권자를 달리하는 기관에 전보되는 경우, 직무수행 능력이 부족하거나 근무성적이 극히 불량한 경우, 감사결과 인사조치의 경우, 기타 보직근무가 곤란하게 된 경우 등이다.

3) 근무평정

교육공무원승진규정에 의하면 승진임용의 기준은 경력평정(90점 만점), 근무성적평정(80점 만점), 연수성적평정(30점 만점), 가산점평정 등 4가지이다.

여기에서 경력평정과 연수성적평정, 가산점평정은 평정기준에 의하여 기계적으로 거치는 절차이기 때문에 문제가 안 되나, 학교장과 교감의 주관적 판단에 의해 좌우되는 근무성적평정은 인사행정상의 중요한 의미를 지닌다.

여기서 근무평정의 4가지를 좀 더 세부적으로 기술하면 다음과 같다.

(1) 경력평정

경력평정은 매년 12월 31일을 기준으로 하여 정기적으로 실시한다. 경력은 기본경력과 초과경력으로 나누고, 기본경력은 최근 20년을 평정기간으로 하며, 초과경력은 기본경력 전 5년을 평정기간으로 한다. 평정대상경력은 교육경력, 교육행정경력, 교육연구경력 및 기타경력으로 한다.

경력의 평정자와 확인자는 승진후보자 명부 작성권자가 정하며, 일선 학교의 경우 대체로 경력평정자는 소속기관의 인사담당관이며, 교장이 확인한다.

기본경력 및 초과경력의 등급별 평정점은 같다. 경력평정점을 계산함에 있어서 소수점 이하는 넷째자리에서 반올림하여 셋째자리까지 계산한다. 경력평정의 평정기간 중에 휴직·직위해제 또는 정직기간이 있는 때에는 그 기간을 평정에서 제외한다. 경력평정에 있어서 평정 경력기간은 월수를 단위로 하여 계산하되, 15일 이상은 1월로 계산하고, 15일 미만은 경력기간에 산입하지 아니한다. 경력평정의 채점은 기본경력 평정점수와 초과경력 평정점수를 합산하여 행한다. 경력평정의 결과는 평정대상자의 요구가 있을 때에는 알려주어야 한다.

(2) 근무성적평정

근무성적평정은 교원의 근무실적·근무수행능력 및 근무수행태도를 객관적 근거에 의하여 종합적으로 평가하여 승진, 전보, 포상 등에 반영하는 것이다. 근무성적평정도 경력평정과 마찬가지로 매년 12월 31일을 기준으로 정기적으로 실시한다.

근무성적의 평정자 및 확인자는 승진후보자 명부 작성권자가 정하는데, 일선 학교의 경우 근무성적평정자는 당해 학교 교감이며, 학교장이 확인한다.

근무성적평정자는 평정대상자로 하여금 평정대상기간 동안의 업무수행 실적에 대하여 매년 12월 31일을 기준으로 '교육공무원 자기실적평가서'를 작성하여 제출하게 하여야 한다. 근무성적은 직위별로 타당한 기준에 의하여 평정하되, 근무성적평정 시 다음의 4가지 기준과 평정대상자가 작성하여 제출한 '교육공무원 자기실적평가서'를 참작하여 객관성, 신뢰성, 타당성이 보장되도록 평가해야 한다.

근무성적평정의 결과는 공개하지 아니하며, 그 결과는 승진서열, 상급자격 연수대상자 선정, 전직, 전보, 포상대상자 선정 등에 활용한다.

교사에 대한 근무성적의 평정은 크게 자질 및 태도에 대한 평정과 근무실적에 대한 평정으로 구분되는데, 자질 및 태도에서는 교육자로서의 품성과 사명의식을 평정하고, 근무실적에서는 학습지도, 생활지도, 학급경영 교육연구 및 담당업무 등을 평정한다. 교육자로서의 품성에서는 국민교육철학, 겨레의 스승으로서의 자각, 교육애의 발양, 일상 언행 및 성격, 자기수양 및 품위유지 등을 기준으로 평가하며, 상명의식에서는 지시명령 수행, 제반복무, 준법성, 교내외 협동, 지역사회 계도, 창안제출, 개선의 적극성 등을 기준으로 평가한다. 학습지도에서는 교재연구(지도안), 지도목표 및 방법, 수업의 질, 평가 등을 기준으로 평가하며, 생활지도에서는 계획 및 방법의 합리성, 학생 및 가정의 이해, 학생의 인성 및 진로지도, 문제성향 학생지도 등을 기준으로 평가하고, 학급경영·교육연구 및 담당업무에서는 경영안 활용, 경영방침 및 실천, 환경구성, 계획처리의 정확성 및 신속성, 연구수업, 연구발표, 자기연수 등을 기준으로 평가한다.

근무성적은 상대평가로 수(72점 이상) 20%, 우(64점 이상 72점 미만) 40%, 미(56점 이상 64점 미만) 30%, 양(56점 미만) 10%의 비율로 평정하도록 되어 있다. 평정점의 분포비율을 적용함에 있어서 평정자 및 확인자는 소속 평정대상자의 직위별로 평정분포 비율에 맞도록 평정해야 한다. 그리고 특별한 사정이 없는 한 평정대상 교육공무원의 근무성적 총 평정점은 동점을 부여할 수 없도록 되어 있다. 근무성적 평정점의 만점은 80점으로 하되 평정자의 평정점과 확인자의 평정점을 각각 50%로 환산한 후 그 환산된 점수를 합산하여 산출한다. 확인자가 교감, 장학사 및 교육연구사의 근무성적을 평정할 때에는 근무성적평정 확인위원회 심의를 거쳐야 한다. 근무성적의 결과는 공개하지 아니하며, 근무성적평정의 결과는 전보·포상 등의 인사관리에 반영하도록 하고 있다.

(3) 연수성적평정

연수성적의 평정은 교육성적평정(직무연수성적과 자격연수성적으로 나누어 평정한 후 이를 합산한 성적으로 한다)과 연구실적평정(연구대회 입상실적과 학위취득실적으로 나누어 평정한 후 이를 합산한 성적)으로 나뉜다. 교육성적 평정점은 직무연수 18점, 자격연수 9점으로 만점이 27점이다. 연구실적평정은 3점을 초과할 수 없다. 따라서 연수성적평정의 만점은 30점인 셈이다.

(4) 가산점평정

가산점은 공통가산점과 선택가산점으로 구분된다. 공통가산점은 교육부장관이 지정한 연구학교(시범·실험학교를 포함한다)의 교원으로 근무한 경력, 교육공무원으로 재외국민교육기관에 파견근무한 경력, 교원 등의 연수에 관한 규정 제6조 제1항의 규정에 의한 직무연수 중 동규정 제8조의 2의 규정에 의하여 기록·관리되는 연수이수학점 등이다.

선택가산점은 1급정교사가 보직교사로 근무한 경력, 장학사 또는 교육연구사로 근무한 경력, 도서·벽지교육진흥법 제2조의 규정에 의한 도서벽지에 있는 교육기관 또는 교육행정기관에 근무한 경력 또는 한센병 환자의 자녀가 있는 학급을 담당한 경력, 읍·면·동 지역의 농어촌 중 명부작성권자가 농어촌교육의 진흥을 위하여 특별히 지정한 지역의 학교에 근무한 경력, 특수학교에 근무하거나 특수학습 또는 특수교육진흥법 제2조제6호의 규정에 의한 통합교육을 위한 학급을 직접 담당한 경력, 교육감이 지정한 연구학교의 교원으로 근무한 경력, 국가기술자격법 제9조의 규정에 의한 기술자격증 또는 선박직원법 제5조의 규정에 의한 해기사면허증을 소지한 경우, 교육과정운영·생활지도 또는 특별활동지도 등과 관련된 교육활동에 있어서 명부작성권자가 인정하는 경력 및 실적이 있는 경우 등 9가지의 항목 중에서 승진후보자 명부 작성권자가 정한다.

가산점을 산정함에 있어서 동일한 평정기간 중의 경력이 중복될 경우 그중 유리한 경력 하나만 인정한다. 가산점의 평정경력기간은 월수를 단위로 계산하되 15일 이상은 1월로 계산하고, 15일 미만은 이를 계산하지 아니한다. 가산점의 평정은 매년 12월 31일을 기준으로 실시하거나 명부조정 시기에 실시한다.

(5) 승진후보자 명부의 작성

교사를 포함하는 교육공무원의 승진후보자 명부는 자격증 소지자를 그 승진될 직위별로 나누어 작성하되, 경력평정점 90점, 근무성적평정점 80점, 연수성적평정점 30점을 각각 만점으로 평정하여 그 평정점을 합산한 점수의 다점자를 순위로 등재한다.

근무성적평정점은 명부의 작성기준일부터 2년 이내에 당해 직위에서 평정한 평정점을 대상으로 하여 다음 계산방식에 의하여 산정한다.

근무성적평정점=(최근 1년 이내에 평정한 평정점 × 60/100) +
(최근 1년 전 2년 이내에 평정한 평정점 × 40/100)

근무성적평정점을 산정함에 있어서 평정대상기간 중 평정점이 없는 평정단위 연도가 있을 때에는 그 평정단위 연도의 전후에 평정한 평정점의 평균을 그 평정단위 연도의 평정점으로 한다. 이 경우 평정점이 없는 평정단위 연도

전의 평정점이 없는 때에는 그 평정단위 연도 전의 평정점은 55점으로 한다. 근무성적평정 계산에서 소수점 이하는 넷째자리에서 반올림하여 셋째자리까지 계산한다. 명부는 매년 1월 31일을 기준으로 작성한다.

명부의 작성에 있어서 동점자가 2인 이상인 때에는 ① 근무성적이 우수한 자, ② 현직위에 장기근무한 자, ③ 교육공무원으로서 계속 장기근무한 자의 순위에 의하여 그 순위자를 결정한다. 이에 의하여서도 순위가 결정되지 아니할 경우에는 명부작성권자가 그 순위를 결정한다. 명부작성권자는 명부에 등재된 교육공무원의 요구가 있는 때에는 본인의 명부 순위를 알려 주어야 한다.

2. 교육과정관리

초·중등교육법 제23조 제3항에 의하면 유치원을 포함한 초·중등학교의 교과를 대통령령으로 정하며, 교육과정의 기준과 내용에 관한 기본적인 사항은 교육부장관이 정하도록 되어 있다. 아울러 교육감은 교육부장관이 정한 교육과정의 범위 안에서 지역의 실정에 적합한 기준과 내용을 정할 수 있다. 지방교육자치에 관한 법률 제22조에서도 교육과정 운영에 관한 사항을 교육감의 관장 사무로 규정하고 있다. 초·중등교육법 제23조 1항에서는 각 학교는 소정의 교육과정을 운영해야 한다고 되어 있다. 따라서 교육내용에 관한 전국적인 공통적 기준인 교육과정을 결정하는 권한은 교육부장관에 있으며, 교육과정 운영의 책임은 시·도교육감에게 있고, 각 학교는 소정의 교육과정을 운영할 책임이 있음을 알 수 있다.

3. 조직관리

학교장의 조직관리의 영역은 학교운영조직관리와 교수–학습조직관리로 구분되는데, 학교운영조직에서는 교무분장조직과 각종 위원회 조직이 포함되며, 교수

—학습조직에는 학급조직과 학년조직, 특별활동조직이 포함된다. 그러나 학교경영에서 가장 중심이 되는 것은 교무분장조직이라 할 수 있다. 학년조직은 대개 학급담임의 배치로 완성되며, 학급조직은 학급담임 교사의 소관사항이기 때문이다. 여기에서는 교무분장조직을 중심으로 조직관리의 실제를 제시한다.

학교는 하나의 조직체인만큼 조직운영에 필요한 여러 가지 다양한 업무가 있기 마련이다. 시설, 회계 등에 관한 업무를 제외하고는 대부분의 업무를 교사들이 분담하여 처리해야 한다. 교과담당 및 학급담임 업무를 제외한 학교의 업무를 구분하면 다음과 같다.

학교의 제업무

구 분	세 부 업 무
학생관리에 관한 업무	• 입학, 전·퇴학, 졸업 등의 업무 – 학적부의 작성, 관리, 학적 증명 등의 업무
교과지도에 관한 업무	• 교과시간 배당, 교사배당, 일과표 작성과 추진 – 연간, 월간 교육과정 운영계획 추진 – 학습지도의 개선 – 학습평가에 수반되는 업무
학생생활지도에 관한 업무	• 교내외 생활습관 및 질서지도 – 개인적 부적응상태 시정을 위한 지도 – 진학, 취업 등을 위한 진로지도에 관한 업무
학생생활조장에 관한 업무	• 학생자치활동, 학급활동 – 환경관리를 위한 학생활동 – 각 방면의 클럽활동, 봉사활동 조장 – 학교 제행사에 관한 업무
학생·직원의 보건위생에 관한 업무	• 학생의 건강·위생 – 학생, 직원의 체력증진 – 학교의 소독, 살충 등 환경관리 – 특수한 학생, 부상 – 발병학생의 양호에 관한 업무
학생의 교육적 서비스에 관한 업무	• 도서실의 정비운영 – 방송실, 실험실 등의 정비운영 – 인쇄실, 협동조합 등의 운영에 관한 업무
문서관리에 관한 업무	• 문서작성, 수발, 처리 – 제인사서류의 처리 – 법정장부, 보조장부 등의 보관, 처리에 관한 업무
재정관리에 관한 업무	• 예산 및 결산 – 세입에 수반되는 여러 가지 업무

(계속)

구 분	세 부 업 무
재정관리에 관한 업무	– 제반 현금과 예금관리 – 경리장부와 제반 증빙서류의 처리와 보관에 관한 업무
물품관리에 관한 업무	• 교구, 비품의 관리 – 소모품의 수급에 관한 업무
시설관리에 관한 업무	• 시설재산의 구입과 건설에 수반되는 업무 – 건물, 기타재산의 유지와 영선방호(營繕防護)에 관한 업므
대외적인 업무	• 관계기관과의 연락 – 지역사회, 제단체와의 협력 – 동창회 등 졸업생들과의 협력에 관한 업무
기타의 업무	• 학교, 학생의 방호에 수반되는 여러 가지 업무

이러한 업무들을 처리하기 위해서는 적절한 교무분장조직을 필요로 한다. 교무분장조직을 하는 데 있어서 지켜야 할 원칙은 다음과 같다.

① 적재적소주의 원칙: 학교장은 교무분장을 할 때 가능한 한 개개인의 개성, 적성 그리고 희망 등을 고려해야 한다.
② 변화성의 원칙: 각 교사의 장래를 생각해서 다른 부면의 다양한 경험을 얻도록 해 주어야 한다.
③ 공정성의 원칙: 사무의 공평한 부담을 의미한다. 공평한 부담을 위해서는 계획서 등에 기재된 사무항목을 고려할 것이 아니라 그 일의 실시활동의 내용을 고려해야 할 것이다.

4. 문서관리

1) 문서의 작성 및 시행

공문서의 작성 및 관리, 각종 보고사무, 자료관리, 사무자동화 등에 관한 사항은 사무관리규정과 동 시행규칙에 규정되어 있다. 여기에서는 교직생활에 기본적으로 필요한 사무관리 내용을 개관한다.

공문서의 종류는 크게 법규문서(법령, 규칙 등), 지시문서(훈령, 예규 등), 공고문서(고시, 공고 등), 비치문서(비치대장, 비치카드 등), 민원문서, 일반문서 등으로 구분하며, 흔히 공문서라고 할 때는 일반문서를 지칭한다.

문서(전자문서 제외)는 당해 문서에 결재가 있음으로써 성립되며, 특별한 규정이 없는 한 일반문서는 수신자에게 도달함으로써 효력을 발생한다. 다만 공고문서의 경우에는 다른 법령 및 공고문서에 특별한 규정이 있는 경우를 제외하고는 그 고시 또는 공고가 있은 후 5일이 경과한 날부터 효력을 발생한다. 전자문서는 다른 법령에 특별한 규정이 있는 경우를 제외하고는 수신자의 컴퓨터 파일에 등록된 때에 그 효력을 발생한다.

2) 결재 및 문서관리

기관의사를 결정할 권한이 있는 자가 그 의사를 결정하는 행위를 결재라 하는데, 결재에는 정규의 결재, 전결, 대결, 후열 등이 있다. 전결은 기관의 장으로부터 사전에 결재권을 위임받은 자가 행하는 결재이다. 대결은 결재권자가 출장, 휴가, 기타의 사유로 상당기간 부재중일 때 그 직무를 대행할 수 있는 자가 대리로 행하는 결재이고, 후열은 대결한 문서 중 그 내용이 중요한 문서는 업무처리의 계속성을 위하여 결재란 내 오른쪽 여백에 '후열' 표시한 후 정규 결재권자의 결재를 받는 것이다. 후열 시 결재권자는 공람하는데 그치며, 그 내용을 수정할 수 없다.

문서는 당해 문서에 대한 결재가 끝난 즉시 결재일자 순에 따라 문서등록번호를 부여하여 문서등록대장에 등록한다. 내부결재 문서인 경우에는 문서등록대장의 수신처란에 '내부결재'라고 표시한다. 기안한 모든 문서와 기타 방법으로 작성하여 당해 기관장의 결재를 받은 모든 문서 및 처리과의 장이 중요하다고 인정하는 문서는 등록해야 하며, 기안용지에 의하여 작성되지 아니한 보고서 등의 문서는 그 문서 왼쪽 위에 문서번호, 보존기간 및 결재일자 등을 표시한 후 등록해야 한다.

5. 재무관리

학교재정은 학교교육활동의 운영을 위하여 학교가 주체가 되어 경비를 조달하고 그것을 관리, 사용하는 것으로서 교육재정의 좁은 의미로 사용된다. 그 성격은 학교교육활동계획의 기초 내지 기준, 학교교육활동에 대한 봉사적 내지는 지원적 성격, 학교 교육경비 조달과 사용 등을 내용으로 하고 있다.

1) 학교예산의 운용

예산이란 일정 기간을 기준으로 하여 금액으로 표시한 교육사업계획서로서 세입과 세출로 구분·작성되며, 학교예산은 학교회계예산을 말한다.

일반적으로 예산은 일반회계예산과 특별회계예산, 본예산과 추가경정예산으로 구분된다. 일반회계예산은 정부예산과 같이 국가 또는 지방자치단체의 일반적인 활동에 관한 세입과 세출을 포괄적으로 편성한 예산이며, 특별회계예산은 특정한 세입으로 특정한 세출에 충당함으로써 일반의 세입·세출과 구분·경리하는 예산을 말한다. 지방교육비는 지방교육자치에 관한 법률 제40조에 의하여 특별회계로 설치되어 있다.

본예산은 당초예산이라고도 하며, 회계년도 개시 전에 국회나 지방의회의 심의의결을 거쳐 성립된다. 추가경정예산은 예산이 국회나 지방의회에 통과하여 성립된 후에 생긴 사유로 인하여 이미 성립된 예산에 변경을 가할 필요가 있을 때 사용하는 제도이다.

2) 학교예산의 편성과 집행

초·중등교육법은 국·공립의 초등학교·중등학교·고등학교 및 특수학교에 학교회계를 설치하도록 하고 있다. 학교회계의 세입은 국가의 일반회계 또는 지방자치단체의 교육비특별회계로부터의 전입금, 학교운영지원비, 학교발전기금으로부터의 전입금, 수업료 기타 납부금 및 학교운영지원비 외에 학교운영위원회의 심의를 거쳐 학부모가 부담하는 경비, 국가 또는 지방자치단체의 보조금 및 지원금, 사용료 및 수수료, 이월금, 기타수입 등이며, 세출은 학교운영 및 학교시설의 설치 등을 위하여 필요한 일체의 경비이다.

학교회계는 예측할 수 없는 예산외의 지출 또는 예산초과지출에 충당하기 위하여 예비비로서 상당한 금액을 세출예산에 계산할 수 있다. 학교회계의 회계연도는 매년 3월 1일에 시작하여 다음 해 2월 말일에 종료하며, 학교의 장은 회계연도마다 학교회계 세입·세출 예산안을 편성하여 회계연도 개시 30일 전까지 학교운영위원회에 제출해야 한다. 학교운영위원회는 학교회계 세입·세출 예산안을 회계연도 개시 5일 전까지 심의해야 한다. 학교의 장은 예산안이 새로운 회계연도가 개시될 때까지 확정되지 아니한 때에는 교직원 등의 인건비, 학교교육에 직접 사용되는 교육비, 학교시설의 유지관리비, 법령상 지급의무가 있는 경비, 이미 예산으로 확정된 예산에 의하여 집행된 예산은 당해연도의 예산이 확정되면 그 확정된 예산에 의하여 집행된 것으로 본다. 학교의 장은 회계연도마다 결산서를 작성하여 회계년도 종료 후 2월 이내에 학교운영위원회에 제출해야 한다.

3) 회계책임과 교직원

학교장은 학교경영자로서 학교운영 전반에 관한 책임적 지위에 있으며 회계적으로 분임징수관(세입)과 분임경리관(세출)으로서 예산집행상의 제 원칙과 회계관계 규정을 준수함은 물론이고, 교직원도 준수하도록 할 책임을 지닌다.

교감의 회계에 관한 책임과 권한은 제한적이다. 교감은 초·중등교육법 제20조에 의한 교장 유고 시 임시 분임징수관과 임시 분임경리관의 직을 수행하는 교장대리권, 교특재무회계규칙 제30조에 의한 예산품의 시 협의권 등을 가지나 예산품의권은 강제규정이 아니고 권장규정이기 때문에 교감에게는 실질적인 회계관계 책임과 의무가 없는 셈이다. 교사의 경우도 회계에 대한 권한은 거의 없다. 다만 교과운영이나 교무운영 등에 소요되는 예산은 관계 교직원과 사전협의를 거쳐 집행·품의하도록 되어 있기 때문에, 교사는 물품구입 시 구입 요구물품에 대한 검사공무원으로 지정받을 수 있고 그 지정받은 물품에 대하여 검사할 수 있는 정도이다.

6. 물품 및 시설관리

1) 물품관리

지방재정법 제90조에 의하면 물품이란 지방자치단체가 소유하는 동산과 지방자치단체가 사용하기 위하여 보관하는 동산 중 현금, 유가증권, 공유재산 등을 제외한 동산을 말한다고 규정되어 있다. 학교에서 보관, 사용하는 물품도 이 범위에 속한다고 할 수 있다. 물품은 효율적으로 관리, 운영하기 위하여 교특소관물품관리조례 시행규칙 제2조에 의하여 물품관리관(교장), 물품출납원(서무책임자), 분임물품출납원(학교장이 임명, 주로 보직교사) 등이 지정되어 있다. 물품관리관은 물품의 취득, 보관, 사용 및 처분 등의 물품관리 사무를 집행하는 책임이 있다. 분임물품출납원은 물품관리관의 필요에 의하여 임명하는 임의적 설치기관으로 장부나 카드를 비치하여 필요한 사항을 기록하는 등의 책임이 있다.

물품관리공무원은 회계관계공무원과 같이 책임이 있으며 물품관리관직에 지정되지 아니한 교직원이라도 물품사용 공무원으로서 그 사용과 보관에 속하는 물품에 대한 선량한 관리자로서 의무를 다하여야 하며, 망실 또는 훼손 시에는 변상의 책임이 있다.

비품은 품질현상이 변하지 않고 비교적 장기간 사용할 수 있는 물품으로 내용년수(耐用年數)가 1년 이상인 비소모성 물품(내용년수가 1년 미만이라도 취득단가가 5만 원 이상인 물품은 비품에 속함)을 말하며, 소모품은 사용함으로써 소모되거나 파손되기 쉬운 물품과 공작물 기타의 구성부분이 되는 것으로서 한 번 사용하면 원래의 목적에 다시 사용할 수 없는 물품, 내용년수가 1년 미만으로서 사용에 비례하여 소모되거나 파손되기 쉬운 물품(사무용품, 공구 등), 내용년수 1년 이상으로 취득단가가 3만원 이하의 물품으로서 사용에 비례하여 소모, 파손되기 쉬운 물품 등을 말한다.

학교교육활동과 각종 사무를 집행함에 있어서 물품의 수요와 보유량이 증가하고 있는 추세이다. 따라서 물품관리는 학교교육활동 또는 각종 사무를 수행하기 위한 수단으로서 필요한 여러 종류의 물품을 양호한 상태로 관리하고 사용목적에 따라 효율적이고 적정하게 운용하기 위한 것이다. 물품관리에는 물품이 취득(수급관리), 보관(재고관리), 사용(재물활용), 처분(불용품 처분) 등의 활동이 포함된다.

2) 시설관리

학교시설이란 학교교육의 목표에 따른 학교의 교육적 기능을 원활히 수행할 수 있도록 설치된 학교의 물리적 환경을 총칭한다. 그러므로 학교시설은 학교의 교육목표를 달성하기 위한 수단으로서 이해되어야 하고, 이는 학교시설이 학교의 기능에 따라 결정되어야 한다는 것을 의미한다.

이러한 학교시설에는 학교의 물리적 환경을 구성하는 교지, 학교건물, 설비, 기기, 교재·교구 등이 포함된다. 학교시설은 외곽시설과 내부시설로 대별된다.

7. 교사의 복무관리

1) 공무원의 의무와 책임

교육공무원을 비롯한 공무원의 복무에 관한 사항은 국가공무원법, 교육공무원법, 국가공무원복무규정 등에 규정되어 있다.

이에 의하면 다음과 같은 의무를 지닌다.

① 선서의 의무: 취임 시 소속기관장 앞에서 선서해야 한다.

② 성실의 의무: 담당 직무를 수행함에 있어서 법령을 준수하고 성실히 직무를 수행해야 한다.

③ 복종의 의무: 직무를 수행함에 있어서 소속 상관의 직무상의 명령에 복종해야 한다.

④ 친절공정의 의무: 국민 전체의 봉사자로서 친절하고, 공정하게 업무를 처

리해야 한다.

⑤ 비밀엄수의 의무: 재직 중은 물론 퇴직 후에도 직무상 취득한 비밀은 엄수하여야 한다.

⑥ 청렴의 의무: 직무와 관련하여 사례, 증여, 향응수수를 해서는 안 된다.

⑦ 품위유지의 의무: 직무 내외를 불문하고 체면, 위신을 손상하는 행위를 해서는 안 된다.

⑧ 연찬의 의무: 직무를 수행하기 위하여 부단한 연구와 수양에 노력해야 한다.

이상이 의무와 책임이며 공무원으로서의 금지행위는 다음과 같다.

① 직장이탈 금지: 기관장의 허가 또는 정당한 이유 없이 직장을 이탈하지 못한다.

② 영리업무 및 겸직 금지: 공무 이외에 영리목적의 업무에 종사하지 못한다. 영리업무가 아닌 다른 직무를 겸직하고자 할 때에는 소속기관장의 사전 허가를 받아야 한다. 허가는 담당 직무에 지장이 없는 경우에 한 한다.

③ 정치운동 금지: 정당, 정치단체 결성에 관여, 가입할 수 없다. 선거에 있어서 특정 정당, 특정인 지지 또는 반대행위를 할 수 없다.

④ 영예제한: 대통령의 허가 없이 외국정부로부터 영예 또는 증여를 받지 못한다.

2) 근무시간

교육공무원의 근무시간은 오전 9시부터 오후 5시(일반공무원은 하절기는 오전 9시에서 오후 6시, 동절기는 오전 9시부터 오후 5시)까지이다.

지정시간까지 출근하지 못할 때에는 미리 신고하여야 하며, 정오까지 신고가 없을 시에는 결근 처리한다. 행정기관의 장은 사무처리상 긴급을 요할 시 시간외 근무 및 공휴일 근무를 명할 수 있다.

그 경우에 다음 정상근무일 또는 다른 정상근무일을 지정하여 휴무할 수 있다. 근무시간외 근무자 및 휴일근무자에 대하여는 예산의 범위 내에서 수당을 지급한다.

3) 각종휴가

국가공무원 복무규정에 의하면 휴가는 연가, 병가, 공가 및 특별휴가로 나눌 수 있다. 교원의 하계, 동계휴가 중 연수는 휴가에 해당하지 않는다. 휴가를 얻고자 하는 자는 반드시 학교장의 허가를 얻어야 한다. 긴급한 경우에는 당일 정오까지 소정의 절차를 밟도록 할 수 있으며, 경우에 따라서는 타교 직원이 대신하여 절차를 밟도록 할 수 있다.

휴가기간 중 공휴일수는 휴가기간에 산입하지 아니한다. 단 휴가기간이 1개월을 넘을 때에는 그렇지 아니한다. 공무원 복무규정이 정하는 휴가일수를 초과하였을 때에는 결근으로 취급한다. 연가일수는 근속기간에 따라 다르다. 근속기간에는 휴직기간, 정직기간 및 직위해제기간은 산입하지 아니한다. 다만 법령에 의한 의무수행이나 공무상 질병 또는 부상으로 인하여 휴직한 경우에는 예외로 한다. 결근(지각 또는 조퇴 3회는 결근 1일로 간주), 휴직(단, 법령상의 의무수행, 공무상 질병 또는 부상으로 인한 휴직은 제외), 직위해제, 정직일수는 연가일수에 산입한다. 연가일수가 7일을 초과할 때는 연 2회 이상 분할하여 허가하는 것이 원칙이다.

근속기간별 연가일수 중 미사용일수에 대하여는 예산의 범위 내에서 매년말 연가보상금을 지급하고 연가에 갈음할 수 있는 연가 대상일수는 20일을 초과할 수 없다.

병가는 질병 또는 상해로 인하여 직무수행이 불가능할 때 전염병의 이환(罹患)으로 다른 공무원의 건강에 영향을 미칠 우려가 있을 경우에는 허가한다. 일반적 질병의 경우 연간 2개월 이내이며, 공무상 질병, 부상의 경우 6개월까지 연장 가능하다. 병가일수 7일 이상일 경우에는 의사의 진단서를 첨부하여 출원하여야 한다.

공가는 병역법 기타 법령에 의한 징병검사, 수집, 검열점호, 동원, 훈련참가, 공무와 관련하여 국회·법원·검찰 등 국가기관에 소환될 때, 법률규정에 의한 투표참가, 승진·전직시험에 응시할 때, 원격지 간의 전보발령을 받고 부임할 때, 천재지변·교통차단·기타 사유로 인하여 출근이 불가능할 때에 허가한다. 공가일수는 최소한의 필요기간으로 하며 원격지일 경우에는 실제 왕복 소요일수를 가산한다.

결혼, 회갑, 출산, 사망, 포상 등의 경우에는 특별휴가를 받을 수 있는데 휴가기간 중의 공휴일은 그 휴가일수에 산입되지 않는다.

Section

04 학교경영기법

학교경영계획을 포함하여 계획을 수립하고 관리하는 데는 여러 가지 수단과 방법이 동원된다. 과학적이고 합리적인 수단과 방법에 의한 계획작성과 운영은 계획의 질과 효율성을 증대시킨다. 계획을 수립하고 그것을 실천 관리하는 방법에는 정보를 제공·관리하는 방법, 미래를 예측하는 방법, 목표를 설정하고 관리하는 방법, 예산을 편성하는 방법, 계획추진과정을 설계하는 방법 등이 있고, 각 방법에는 여러 가지 현대적 기법들이 활용된다. 각 방법과 관련 기법들을 살펴보고자 한다.

1. 정보관리체제(MIS)

경영계획은 장래라는 미래의 세계를 지향하는 경영활동이기 때문에 그것이 되도록 구체적이고 합리적이며, 실현가능성이 있는 성질이 되기 위해서는 각종 정보가 그 기반이 된다. 따라서 계획의 수립과 실천에는 필요한 자료를 신속히 제공해 주는 정보관리체제가 필요하다.

정보관리(information management)란 경영관리를 위한 각종 정보의 수집·분류·정리·분석·평가·축적·이용 등에 관한 관리를 뜻하며, 넓은 의미에서는 여러 가지 정보처리 전체 과정의 효율화를 달성하는 방법이 주가 된다(한의영, 1987). 여기에서 정보(information)란 사용자에게 의미 있고 또한 의사결정에 도움을 주는 가치 있는 처리(가공)된 자료(data)를 말한다(Davis, 1974). 정보는 특정한 목적에 대해서 의미 있는 사실 또는 지식을 뜻하며, 자료는 특정한 현상 내지 사실에서 직접 끄집어낸 현상 내지 그 자체를 말한다(한의영, 1987). 원자료는 처리과정을 거쳐서 사용자에게 의미를 부여하게 된다. 이와 같은 정보는 필요한 시간에 맞추는 적시성이 있어야 하고, 착오가 없어서 정확성이 높고 신뢰성이 있어야 하며, 아울러 얻으려는 정보가 문제해결에 바로 관련성을 가지고 있어야 한다.

경영활동에 필요한 정보를 신속히 제공해 주는 체제를 정보관리체제(management information system: MIS)라고 한다. 일반적으로 관리정보체제는 다루는 정보의 성질에 따라 하위 정보관리체제로 구성된다.

서부 캐나다지역 대학연구팀이 제시한 정보관리체제를 보면 정보체제를 3단계 정보계층으로 나누었는데, 제일 하부체제를 정보체제, 중간체제를 정보관리체제 그리고 상부체제를 기획관리체제로 분류하였다. 정보체제에서는 운영보고를 위한 예산과 경비, 학생등록, 과목일람, 급여, 학생의 성적, 시설설비목록 등 학교관련 각종 정보자료를 취급하고, 정보관리체제에서는 분석적 보고를 위하여 경비분석, 교사활동 및 부담분석, 졸업생 수요분석, 교육산출분석 등의 정보분석을 취급하고, 기획관리체제에서는 예측보고를 하기 위하여 목표와 우선순위, 프로그램별 등록학생수 예측, 프로그램 및 조직단위별 재정소요판단 및 인적요원 소요판단 등의 정보를 다룬다.

이상과 같은 정보관리체제를 위한 하부체제들은 학교의 실정에 따라 다양하게 설계·운영될 수 있을 것이다. 오늘날 일반화되어 가고 있는 전산화 작업은 정보처리·관리를 위한 필수적 요건이다.

2. 미래예측기법

미래의 행동노선을 설정하는 계획이며 미래상황에 대한 예측은 필수적 전제가 된다. 여기에서 예측(forecasting)이란 어떤 지속적인 법칙성이나 재현성에 기초를 두고 설명할 수 있는 근거에 입각해서 미래를 내다보는 것을 뜻한다(Bell, 1976). 미래를 예측하는 방법은 크게 질적(qualitative) 방법과 통계적 또는 정량적(quantitative) 방법으로 구분된다. 정량적 방법은 다시 시계열 분석과 인과분석으로 구분된다(김신복 등, 1996).

1) 질적 예측방법

질적 예측방법은 인간의 판단과 질적 정보에 의해서 장래의 상황을 예측하려는 것이다. 질적인 예측방법은 추정하려는 문제와 관련된 모든 정보와 판단을 종합적으로 고려할 수 있으며, 이해가 용이하고 사용이 간편하다는 등의 장점이 있다. 그러나 주관이나 편견이 개재될 가능성이 높으며, 어떤 규칙성에 입각한 객관적인 설명근거를 제시하기 어렵다는 약점이 있다. 질적인 예측방법에서는 역사적 유추법, 위원회 토의법, 델파이 기법 등이 있다.

① 역사적 유추법(historical analogy): 과거에 있었던 비슷한 사례를 참고하여 미래를 예측하려는 것이다. 즉, 예측하려는 문제와 유사한 지난날의 사례를 비교 검토하여 앞으로도 같은 결과가 나타날 것으로 전망하는 방법이다.

② 위원회 토의법(panel consensus): 예측하려는 문제와 관련된 전문가들의 상호 토의를 통해서 중지를 모아 장래를 전망하는 방법이다. 한 사람의 지혜보다는 여러 사람의 지혜가 더 정확하고 합리적인 것이라는 원칙에 입각하여, 대면적(face-to-face) 토의를 통해 신속히 짧은 시간 안에 의견을 종합하려는 것이다.

③ 델파이 기법(Delphi technique): 특정한 주제(topic)에 대하여 숙지된 판단(informed judgement)을 체계적으로 유도하고 대조(systematic solicitation and collation)하는 방법이라고 정의할 수 있다. 즉, 델파이 기법은 어떤 문제를 예측·진단·결정함에 있어서 의견의 일치를 볼 때까지 전문가 집단으로부터의 반응을 체계적으로 도출하여 분석·종합하는 하나의 조사방법이다. 이 방법은 배심토의(panel)나 위원회와 같은 집단회의에서의 직접적인 토론을 체계적으로 구성된 일련의 설문으로 대치하여 정보와 의견을 교환할 수 있도록 고안된 것이다.

2) 통계적(정량적) 방법

미래를 통계적 또는 수량적 모형분석을 통해서 예측하는 방법이다. 이 기법은 주로 추세분석과 인과분석에 많이 사용된다. 통계적 방법에는 시계열분석, 인과분석기법 등이 있다.

① 시계열분석(time series analysis): 시간의 경과에 따른 어떤 변수의 변화경양(trend)를 분석하여 그것을 토대로 미래의 상태를 예측하려는 방법이다. 즉, 시간을 독립변수로 하여 과거로부터 현재에 이르는 변화를 분석함으로써 미래를 예측하려는 분석방식이다. 따라서 시계열분석에는 변동경향을 잘 나타내는 경향선(trend line)을 파악하는 것이 중요하다. 경향선을 산출하는 방법에는 목측법, 이동평균법, 지수평활법(exponential smoothing method), 최소자승법 등이 있다.

② 인과분석기법: 인과분석기법은 여러 변인들 간의 관계, 특히 독립변수(들)와 종속변인 사이의 인과관계를 분석하여 그 함수관계 또는 모형을 기초로 미래를 예측하는 방법이다. 전술한 시계열분석도 넓은 의미에서는 시간을 독립변수로 하는 인과분석방법이라고 할 수 있다. 인과분석에서는 시간 외에 다양한 연관변인(들)을 포함시키게 되며, 그만큼 고려되는 변화요인이나 정보가 많다. 이는 예측의 타당성을 높여 주기 때문에 장점이기는 하지만, 실제 함수관계의 설정이나 자료수집이 어렵다는 점에서 단점이 되기도 한다. 인과분석에는 회귀분석, 요인분석 등이 포함되는데, 가장 널리 쓰이는 방법이 회귀분석이다.

3. 목표관리기법(MBO)

경영계획이 조직구성원의 전체적인 참여에 의할 때보다 효율적일 것이라는 관점에서 경영계획의 예비적 조건으로서 흔히 목표에 의한 관리(management by objectives: MBO)가 앞세워진다(한의영, 1987). 목표에 의한 관리 또는 목표관리란 일찍이 드러커(Drucker, 1954)에 의해서 처음으로 제창되었으며, 그 후 오디언(Ordiorne, 1965)에 의해 널리 보급되기에 이른 경영목표, 나아가 경영계획의 효율적인 달성을 위한 하나의 관리방안이라 할 수 있다.

오디언(Ordiorne, 1965)은 목표관리란 상·하 관리자들이 협조하여 그들의 공통적인 목표를 명확히 하고, 예상되는 결과의 측면에서 책임의 한계를 규정하며, 이것을 조직의 운영지침으로 활용하고, 그에 따라 조직구성원의 업적을 평가하는 과정이라고 정의하였다. 즉, 목표관리란 종래 상급자에 의한 부하의 업적평가 대신에 부하가 자기 자신 혹은 상급자와 협의에 의해 양적으로 측정 가능한 구체적이며 단기적이 업적목표를 설정, 스스로가 그러한 업적목표 달성의 정도를 평가하여 그 업적을 보고하게 한다는 관리제도에 그 핵심이 있게 된다. 따라서 목표관리는 조직구성원 각자가 경영 전체의 목표와 자기가 소속하는 부문의 목표를 충분히 이해하여, 거기에 자기의 노력목표를 맞춤으로써 모든 조직구성원으로 하여금 경영의 전체 목표 달성에 이바지하게 함과 동시에, 구성원 각자에게 자기가 경영에 있어서 주체적인 역할을 담당하고 있다는 의식을 높이는 동기유발적인 관리제도라 할 수 있다(한의영, 1987).

목표관리의 일반적 특징에 의거하여 교육에서의 목표관리는 ① 교육목표설정에 교직원의 공동참여, ② 목표 달성을 위한 각자 책임영역의 명료화와 합의, ③ 공동작업에 의한 목표실현의 노력과 성과의 평가와 보상, ④ 교직원 각자의 자기통제를 통한 목표도달 등이 순환과정을 밟아 이루어지는 역동적 교육경영체제이다(김윤태, 1994).

교육경영에 적용하는 목표관리의 절차를 호이(Hoy)와 미스켈(Miskel, 1982)은 다음과 같이 4단계로 구분하였다.

① 단계 1: 교육목적의 개발
② 단계 2: 각 지위에 따른 목표수립
③ 단계 3: 목적에 따른 목표의 통합
④ 단계 4: 측정 및 통제절차의 결정

각 단계를 학교경영에 적용해 보면 다음과 같다.

제1단계는 전반적인 교육목적을 개발하는 것이다. 전통적으로 교육목적은 일반적이고 추상적으로 진술되었다. 그러나 목표관리에서 교육목적은 구체적이고 명확히 진술되어야 한다. 즉, 학교목적은 교사들이 학교목적과 그들의 학교업무와의 관계를 이해하고 업무수행의 지침으로 활용할 수 있도록 조작적으로 진술되어야 한다. 제2단계는 각 지위에 대한 목표를 수립하는 단계로서 교장, 교감, 주임교사, 학급교사, 실무직원들의 지위에 따라 각자가 성취해야 할 목표를 설정한다. 제3단계는 목적에 따른 통합의 단계로서 모든 부서가 동일한 전체적인 목표를 성취하기 위하여 여러 가지 다른 직위의 목표를 조정·통합한다. 예를 들어, 학교의 목표로 수학성적을 높이는 것으로 정하였다면 수학담당 교사들의 목표도 이에 부응하여야 하며, 수업계획이나 새로운 교수–학습자료의 개발이 이 목적의 달성을 위해 수반되어야 한다. 제4단계는 결과를 측정할 수 있는 수량적 방법을 개발하는 것이다. 계량적 성취와 평가를 강조하지만 그렇다고 해서 수량화할 수 없는 중요한 산출에 대한 질적 평가를 무시해서는 안 된다. 평가결과는 교사업무의 개선에 활용한다.

목표관리를 학교경영의 기법으로 적용하는데 문제점으로 지적되는 것은 단기적이고 구체적인 목표에 대한 강조, 측정가능하고 계량적인 교육목표의 평가와 이에 의한 교사업무평가 등의 과정을 중시하므로, 장기적이고 전인적인 목표를 내세우는 학교교육활동에는 부적합한 측면이 있다는 것이다. 그러나 목표관리를 학교경영기법으로 활용하는 경우 모든 학교활동을 학교교육목표에 집중시킴으로써 교육의 효율성을 제고시킬 수 있고, 교직원의 참여의식을 높이고, 교직원의 역할과 책무성을 명료히 하는 이점이 있다(윤정일 등, 1998).

4. 선망계획관리기법

선망계획관리기법이란 선망관리기법(network-based management procedures)에 의하여 작성되는 계획관리방법들을 일컫는다. 선망관리기법은 수행과업의 상호관련성과 진행과정을 시간관계에 따라 선망(network)으로 구성하여 나타내는 방법이다. 이 방법은 계획된 변화를 위한 여러 가지 중요한 과업을 계획하고 관리하는 데 사용하는 관리도구이다(Buckner, 1970).

선망관리기법의 작성과정은 크게 두 단계로 나누어진다. 첫 번째 단계는 분석단계로서 여기에는 임무분석, 기능분석, 과업분석 그리고 방법－수단분석이 포함된다. 임무분석은 달성하고자 하는 목적이나 목표를 분석하여 목표를 우선순위에 따라 작성하는 것이며, 기능분석은 임무분석을 통해서 설정된 목표들과 관련된 조직활동을 구성하는 것이다. 과업분석은 분석된 조직의 목적과 기능에 따라 개별적 또는 집단적으로 수행할 활동을 정의하는 일이다. 방법－수단분석은 앞의 제분석을 바탕으로 하여 관련되는 수단과 방법을 정하는 일이다.

두 번째 단계는 첫 번째 단계의 분석결과를 바탕으로 최종 목표에 이르기까지의 활동들의 선후관계, 연계성, 상호작용, 상호의존관계 등을 드러낼 수 있도록 시간단계나 경비단계에 따라 종합적이고 체계화된 과업선망을 작성하는 단계이다. 이때 선망은 부서별, 관리단계별, 운영별로 나누어 작성할 수 있다.

이와 같이 작성된 과업선망조직은 계획관리의 시각적 의사소통의 매체가 되어 여러 가지 복잡한 작업활동을 일목요연하게 파악할 수 있게 하고, 관리자에게 복잡한 과업수행과정을 효과적이고 효율적으로 관리할 수 있는 지침을 제공해 준다. 또한 선망조직은 개인과 집단의 책임을 과업과 관련시켜서 분명히 해주며, 조직의 목적, 우선순위, 정책과 관련된 사업에 대한 결정을 내리는 데 도움을 준다.

과업선망관리절차를 사용한 계획관리기법에는 갠드막대도표, 이정도표, 진행도표, 계획평가검토기법(PERT)/최중요노선법(CPM) 등이 있다(Buckner, 1970).

1) 갠드막대도표

갠드막대도표(gantt bar chart)는 시간단계에 따라 과업활동을 계획하고 관리하기 위해 과정 중심으로 작성된 선망조직이다. 갠드도표는 실행을 통제하고 평가할 수 있도록 과업을 시간단계에 따라 배열하여 작성한 도표인 것이다. 이와 같은 도표는 과업의 시간계획과 진행상황을 나타내며, 일차적으로 계획된 과업진도를 측정하기 위해서 사용된다. 갠드도표의 제한점은 과업의 상호관련성이 도표에 나타나지 않으며, 현재 실행되고 있는 과업에 대한 평가가 주관적이라는 점이다.

2) 이정도표

이정도표(milestone chart)는 시간단계에 따라 일어나는 사건(event) – 단계 – 을 계획하고 관리하기 위해서 결과 중심으로 작성된 선망조직이다. 사건이란 어떤 특정 시간에 일어나는 과업의 시작이나 끝을 나타낸다. 따라서 과업의 시작과 끝이 시간관계에 따라 표시된다. 사건 또는 단계는 자원이 투입되는 활동이 아니며 활동의 선후관계만을 나타내는 지시물이다. 이와 같은 이정표는 과업의 개략적인 상태를 보고하는 수단으로 이용한다. 이정도표는 갠드도표와 마찬가지로 과업의 상호관련성과 계열성을 드러내지 못하는 제한점이 있다.

3) 진행도표

진행도표(flow chart)는 시간단계에 따른 논리적 순서를 계획하고 시각적으로 나타내는 기법이다. 활동 간의 상호관계를 규정하고 진행도표에 시각적으로 나타낸다. 갠드도표와 이정도표의 특성을 살리면서 그 제한점을 보충한 중요한 기법이다. 진행도표는 과업이 수행되는 동안에 통제와 평가를 위한 조회체제가 된다. 진행도표는 다음에 설명할 PERT/CPM의 바로 전 단계의 기법으로서 활동의 상호의존성과 상호관계를 나타내고 있다.

4) 계획평가검토기법(PERT)

계획평가검토기법(planning, evaluation and review technique; PERT)은 앞에서 설명한 세 가지 기법에서 더욱 발전된 비교적 새로운 형태의 계획관리기법이다. 진행도표가 반복적 사업에 사용하는 방법이라면 PERT는 사건, 비용, 사업규모, 중요성 및 복잡성에 따라 변용되는 비반복적 프로그램 개발에 적용될 수 있는 과업선망 조직절차에 의한 계획관리기법이다. 이 방법은 관리과정에서 계획과 평가와 검토의 각 단계에 사용되는 관리도구이다.

PERT를 보다 구체적으로 정의하면 그것은 달성해야 할 목표와 이 목표를 달성하기 위한 활동과 과업 및 이들에 선행해서 이루어져야 할 여러 사항들을 논리적 순서와 관계로 배열하며, 진행과정을 시간단계나 비용 측면에서 직선적 혹은 병렬적 선망조직으로 작성하는 사업계획도라 말할 수 있다. 시간단계에 따른 PERT, 즉 PERT/시간은 설정된 목표를 달성하는데 필요한 시간을 결정하고, 계획하고, 관리하는 기법이다. 비용단계에 따른 PERT, 즉 PERT/비용은 계획된 사업활동과 사업결과와 계획된 자원활동과 사용된 자원을 비교하여 일치시키려고 하는 관리기법이다.

① 최중요노선법(CPM)

최중요노선법(critical path method; CPM)은 계획된 과업진행과정에서 가장 중요한 활동노선(critical path)을 결정하는 방법이며, CP는 최종목표에 이르는 시간이 가장 오래 걸리는 과업순서이다. 다시 말해 목표달성에 이르는 데 시간이 가장 많이 소모되는 행동노선을 결정하는 데 CPM이 사용된다.

PERT와 CPM은 초기에는 개념상 차이를 나타냈지만–가장 두드러진 것은 활동시간 추정–오늘날에는 계획과 통제기법으로 함께 사용되고 있다.

② PERT/CPM 작성과정

PERT/CPM의 작성과정에서 염두에 두어야 할 것은 선망계획관리기법에서는 과업의 내용보다는 과업 및 활동의 논리적 관계가 더 중요하다는 점이다. 여기서 논리란 구별하고, 구별하는 이유를 드는 것이라고 정의할 수 있다.

PERT/CPM 작성에 포함되는 단계는 다음과 같다.

① 1단계: 과업분류표 작성: 목표의 세분화에서 출발하여 임무, 기능, 과업, 방법, 수단 등을 분석하여 과업세분화구조표(work breakdown structure)를 작성한다.

② 2단계: 활동진행구간도표 작성: 과업분석이 끝나면 과업수행활동의 논리적 순서와 관계를 밝혀 주는 활동진행구간도표(function flow block diagrams)를 작성한다. 그 도표는 과업을 원으로, 단계는 번호로, 활동을 화살표로 표시하여 작성한다. 과업진행구간도표를 작성한 후 단계진행구간도표를 작성한다.

③ 3단계: 선망일정표 작성: 1단계와 2단계의 과업 및 활동분석표를 토대로 활동과 단계에 소요되는 시간을 결정한다.
PERT/CPM을 작성하기 위해서 다음의 시간을 계산하여야 한다.
- 활동에 걸리는 기대소요시간(expected elapsed time: TE)
- 단계에 걸리는 최단기대시간(earliest expected time: ET)
- 단계에 걸리는 최장허용시간(latest allowable time: LT)
- 단계에 허용되는 여유시간(slack)
- 여유시간이 전혀 없는 경로는 최중요노선(critical path: CP)이 된다.

각 활동 및 단계에 소요되는 이상의 시간들은 각각의 공식에 의해서 정확하게 계산되어야 하므로 관련 참고문헌을 참조하여 작성한다.

④ 4단계: 선망계획관리표(PERT) 작성: 목표와 작업진행 계획과 가용자원과 균형을 유지하도록 PERT를 작성한다.

이상과 같은 단계에 따라 작성된 PERT/CPM으로 업무추진과정과 여유시간을 분석하여 계획추진현황을 계속적으로 평가하고, 추진과정을 전망하여 교정적 관리행동이 필요한 문제를 적기에 확인하면서 계획을 추진한다.

학급경영 및 관리

Section 01 학급경영의 이해

1. 학급경영의 의의

학교교육은 학급을 기본단위로 하여 전개된다. 학교의 교육목적을 직접적으로 수행하는 교수–학습조직의 기본단위로 볼 수 있다. 학생은 학급에서 배우고 경험하며 성장하고 발달한다. 학습활동뿐만 아니라 집단생활을 통한 사회적·심리적 활동을 한다. 학생들은 하루의 대부분을 학급에서 보내면서 급우들과 사회적 인간관계를 맺고 심리적 경험을 하면서 집단생활을 한다. 이러한 학급의 교육적 기능 및 사회적 기능으로 인하여 학급을 어떻게 운영하고 관리하느냐 하는 학급경영상의 제문제는 학교의 교육성과와 일맥상통한다. 그러므로 교육의 질적 향상에 대한 관심이 높아질수록 학급경영의 중요성은 강조된다. 이러한 학급의 성격을 바탕으로 학급경영의 의의를 알아보자.

먼저, 학교교육의 발전은 학급을 기반으로 한다. 학급의 바람직한 변화를 수반하지 못한 교육개혁은 진정한 교육개혁이라고 할 수 없다. 교육개혁의 궁극적 목적은 학생교육의 향상에 있고, 이러한 성과를 거둘 수 없는 개혁은 오히려 행정적 부담만을 가중시킬 뿐이라는 것이 교육개혁의 평가를 통해서 얻어진 결론이다. 그래서 교육개혁의 초점은 교실개혁으로 모아지고 있다. 진정한 교육개혁은 교육이 실제로 이루어지는 학급의 변화를 통해서 가능하게 된다는 점에서 학급경영은 중요하다.

둘째, 학급경영방식이 학생의 학업성취와 인격형성에 크게 영향을 미친다. 학급경영과 수업은 분리하기 어렵지만 분리하는 입장의 연구들도 수업보다 교사의 학급경영방식이 학생의 학업성취와 사회성 발달에 크게 영향을 미친다는 점에서 학급경영은 중요하다.

셋째, 학급은 학생들이 매일 생활하는 장소이다. 학생은 하루의 대부분을 그리고 인생의 많은 시간을 교실에서 보내면서, 교사와 학생 그리고 학급환경 속에서 배우고 경험하고 느끼고 생각하면서 성장 발달한다. 학급 경험은 학생들의 하루의 삶 자체이며, 학급경험의 질이 곧 그들의 삶의 질이 된다. 이러한 매일의 학급생활 경험이 누적되어 그들의 인격과 인생의 삶의 질을 결정하게 되므로 학급에서의 경험은 중요한 것이다.

넷째, 학급은 교육이 실제로 이루어지는 곳이다. 교육관련 기관과 조직은 교육부를 비롯하여 층층이 많이 있지만 학생교육을 직접적이고 구체적적으로 수행하는 곳은 학급이다. 따라서 학급에서 교육이 어떻게 이루어지느냐에 따라 교육의 질과 성과가 결정된다고 하여도 과언이 아니다.

다섯째, 학급은 교사의 전문성을 신장·발전시키는 곳이다. 교사는 학급에서 그의 전문적 지식과 기술을 사용하여 학급을 경영하고 학생을 지도하며, 이들 경험과 연구를 통해서 그들의 전문적 지식과 기술을 발전시킨다. 즉, 학급은 교사들에게 그들의 전문성을 발전시키는 학습장이며, 전문성을 실현시키는 작업장이기도 하다.

2. 학급경영의 정의

학급경영(classroom management)은 다양하게 의미가 전해지고 있다. 학급경영의 의미를 분류해 보면 질서유지로서의 학급경영, 조건정비로서의 학급경영, 교육경영으로서의 학급경영으로 나눌 수 있다.

(1) 질서유지로서의 학급경영

학급경영을 학급활동의 질서를 유지하기 위해 교사가 학급에서 행하는 모든 활동을 학급경영으로 보는 관점이다. 학급이나 학교에서 발생하는 학생의 문제행동을 다루는 일을 학급경영으로 보는 훈육의 관점과 학생의 문제행동을 예방하고 선도하는 일이라고 보는 생활지도의 관점 그리고 학급상황에 따라 요구되는 행동을 수행하도록 하는 일이라고 보는 학급행동지도의 관점 등이 여기에 속한다.

(2) 조건정비로서의 학급경영

조건정비로서의 학급경영 개념은 훈육적 차원에서 벗어나 '수업을 위한 학습환경 조성'이라는 관점에서 학급경영을 파악한다. 이 관점의 대표적 정의는 "학급경영은 교수와 학습이 일어날 수 있는 환경을 확립하고 유지하는 데 필요한 조건과 규정으로 구성된다"라고 규정한 듀크(Duke, 1979)의 정의이다. 또한 같은 입장에서 존슨(Johnson)과 바니(Bany, 1970)는 학급경영을 "교육목적의 달성을 위해서 (학급)집단의 내적 환경과 학급의 제반조건을 확립하고 유지하는 과정"으로 정의하고, 학생들이 교육목적을 달성할 수 있도록 인적 그리고 환경적 요소들을 조직하여 수업환경을 조성하는 데 학급경영의 초점을 두고 있다. 조건정비로서의 학급경영관은 수업과 경영을 분리하는 입장을 취하고, 경영을 수업을 위한 조건정비와 유지활동으로 본다.

(3) 교육경영으로서의 학급경영

학급경영을 경영학적 관점에서 교육조직을 경영한다는 차원으로 보는 입장이다. 이 관점은 학급조직도 다른 조직과 유사한 기능을 수행한다고 보고 다른 조직을 경영하는 방식을 학급경영에도 적용하려고 한다. 다만, 학급이 교육조직이므로 교육조직의 독특한 경영특색이 반영되어야 한다고 보고 있다. 경영을 목표의 성취에 필요한 조정과 협동에 관심을 갖는 조직의 기능이라고 정의하고, 그러한 조직의 기능을 수행하는 교사의 활동을 학급경영으로 보는 존슨(Johnson)과 브룩스(Brooks, 1979)가 이 관점의 대표자들이다.

3. 학급경영의 성격

학급경영을 교육경영으로 보는 입장에서 정의하면, 학급경영은 학급의 목적을 수립하고, 이를 효율적으로 달성하기 위하여 인적·비인적 자원을 확보하고 활용하여 학급활동을 계획, 조직, 지도, 통제하는 일련의 활동과정이다. 이 정의 속에 포함된 주요 요소는 조직의 목적, 자원의 사용, 경영과정이다. 이들 요소를 중심으로 학급경영의 성격을 살펴보면 다음과 같다.

첫째, 학급경영은 학급의 목적을 추구하는 활동이다.

학급의 목적 또는 목표는 학급이 본질적으로 추구하는 것으로 학급의 존재 이유가 되는 것이다. 학급의 목표를 크게 두 가지로 나누어 보면, 하나는 학교의 교육목적을 바탕으로 하여 세워진 학급의 교육목표이며, 다른 하나는 학급 구성원의 개인적 혹은 집단적 욕구와 필요에 의한 학급구성원의 개인적 또는 집단적 목표이다.

학급의 교육목표는 학교의 교육목표를 실현하는데 있고 학교의 교육목표는 국가의 교육목표를 실현하는 데 있다. 우리나라 교육의 기본목표는 홍익인간의 이념 아래 모든 국민으로 하여금 인격을 도야하고, 자주적 생활 능력과 민주시민으로서 필요한 자질을 갖추게 함으로써 인간다운 삶을 영위하게 하고, 민주 국가의 발전과 인류공영의 이상을 실현하는 데에 이바지하게 함을 목적으로 한다(교육기본법 제2조).

이러한 교육이념을 바탕으로 교육과정이 추구하는 인간상은 ① 전인적 성장의 기반 위에 개성의 발달과 진로를 개척하는 사람, ② 기초 능력의 바탕 위에 새로운 발상과 도전으로 창의성을 발휘하는 사람, ③ 문화적 소양과 다원적 가치에 대한 이해를 바탕으로 품격 있는 삶을 영위하는 사람, ④ 세계와 소통하는 시민으로서 배려와 나눔의 정신으로 공동체 발전에 참여하는 사람이다. 이 교육과정이 추구하는 인간상을 구현하기 위해서 학교급별로 추구하는 교육목표는 다음과 같다.

(1) 초등학교

초등학교의 교육은 학생의 학습과 일상생활에서 필요한 기초 능력 배양과 기본 생활 습관을 형성하는 데 중점을 둔다.

(2) 중학교

중학교의 교육은 초등학교 교육의 성과를 바탕으로, 학생의 학습과 일상생활에서 필요한 기본 능력을 배양하며, 민주시민의 자질 함양에 중점을 둔다.

(3) 고등학교

고등학교 교육은 중학교 교육의 성과를 바탕으로, 학생의 적성과 소질에 맞는 진로 개척 능력과 세계 시민으로서의 자질을 함양하는 데 중점을 둔다. 학급경영은 이와 같은 학교의 일반적 교육목표를 학급수준에서 구체화하여 달성하려는 활동인 것이다.

또한 교사는 학급경영을 통해서 학급구성원이 개인적 혹은 집단적 수준에서 추구하는 목표를 달성하고자 한다. 예를 들어, 교사는 학생들이 개인적으로 추구하는 욕구(예: 소속의 욕구)나 필요(예: 취업)를 학급경영의 목표로 삼을 수 있으며, 학급구성원들의 집단적 요구사항(예: 환경개선)을 학급의 목표로 삼을 수 있다. 또한 학급경영은 지역사회와 학부모의 학교에 대한 다양한 기대와 욕구를 충족시켜야 할 필요성도 가지게 된다.

이와 같은 학급경영은 교육과정에 나타난 학교교육의 목적뿐만 아니라 학급구성원 개개인의 독특한 필요와 욕구, 집단적 필요와 욕구 및 사회적 기대까지 학급의 목표로 수용하여 추구하는 활동이다.

둘째, 학급경영은 교육자원을 획득하고 배분하고 활용하는 활동이다.

교육자원은 교육목적을 달성하기 위한 활동에 투입되어 공헌할 수 있는 힘을 지닌 모든 것을 말한다. 이런 교육자원에는 교직원·학생 및 학부모와 같은 인적자원, 건물·시설·설비와 같은 물적자원, 운영비와 같은 금전적 자원 그리고 지식, 정보, 시간, 노력 등의 자원이 포함된다. 이러한 자원들을 어떻게 획득하고 효율적으로 사용하느냐 하는 것이 학급경영의 중요한 내용이 된다.

여기에서 주목할 점은 학급경영의 입장에서 보면 학급의 인적·물적 자원 및 금전적 자원은 비교적 고정되어 주어지는 자원인 반면에, 지식, 정보, 시간, 노력 등과 같은 교육자원은 학급교사가 창출해 낼 수 있는 자원이라는 점이다. 학급의 인적구성은 인위적 학급편성으로 결정되며, 학급의 시설이나 설비 및 운영비 등은 학교 내지 국가의 재정 형편에 따라 결정된다. 학급경영의 측면에서 보면 이들 자원을 어떻게 효율적으로 활용하느냐 하는 문제가 경영의 초점이 된다.

그런데 지식, 정보, 시간, 노력 등과 같은 교육자원은 학급경영자가 창출해 낼 수 있는 자원인 동시에 교육활동에 가장 직접적으로 관련되는 자원이라는 점에서 다른 어떤 자원보다도 중요한 학급의 교육자원이라고 할 수 있다. 학급교사의 노력과 역량에 따라 보다 많은 지식과 정보를 학급에 투입할 수 있으며, 보다 많은 학습시간과 학습노력을 획득하고 사용하여 교육효과를 높일 수 있는 것이다. 따라서 인적·물적 자원을 확보하고 활용하는 일도 중요하지만, 지식, 정보, 시간, 노력 등의 교육자원을 창출하여 교육활동에 사용하는 교사의 경영활동이 학급경영에서 보다 중요시된다.

셋째, 학급경영은 계획, 조직, 지도 및 통제 등의 일련의 활동과정으로 이루어진다. 이러한 일련의 경영과정은 학급운영을 합리적으로 수행하는 데 필요한 과정이다.

계획은 목표를 세우고 이를 성취할 수 있는 미래의 행동을 예정하고 준비하는 과정이다. 이 단계에서는 관련 자료를 바탕으로 하여 학급경영 목표와 방침이 설정되고 학급경영의 여러 활동 및 영역별 실천계획과 평가계획이 학급경영안으로 작성된다. 조직은 공동목표를 달성하기 위한 분업적 협동체제의 구성을 말한다. 협동체제는 공동의 목표, 책임과 임무의 분담 및 지도체제를 포함한 협동적 관계의 수립을 요건으로 한다. 이 같은 요건으로 학급에서는 분단조직, 학생자치활동조직, 특별활동조직, 학부모조직, 봉사활동조직 등이 구성된다.

지도는 계획에 따라 여러 가지 활동을 운영하고 실천하는 과정이다. 이 단계에서는 교과지도활동, 특별활동, 생활지도활동 등 학급경영 전반에 걸친 활동들이 전개된다. 이 단계에서는 학습목표를 향하여 학급집단원의 활동을 촉진시키고 유지하며 조정하는 교사의 지도력이 크게 요청된다. 통제는 모든 활동이 계획된 대로 목표를 향하여 진행되도록 규제하는 활동이다. 학급의 모든 활동이 계획된 목표를 지향하고 있는가, 계획된 대로 실천되고 있는가를 점검하여 계획이나 목표를 이탈했을 때 이를 교정하는 활동이 통제활동이다. 이 단계에서 평가활동이 이루어진다.

이상과 같은 학급경영의 요소활동들은 서로 분리된 활동으로서가 아니라 서로 연계된 활동으로서 학급의 목표를 효율적으로 달성하는 데 필요한 순환적 과정활동이다.

4. 학급경영의 과업

학급경영의 과업과 관련하여 두 가지 다른 입장이 있다. 하나는 학급활동을 수업활동과 경영활동으로 구분하고, 수업활동을 제외한 학급활동을 경영의 영역으로 삼으려는 입장이다. 이 입장은 학급활동에서 수업과 경영을 분리하고 경영활동을 수업을 위한 조건정비와 질서유지기능으로 파악한다. 다른 하나는 수업활동과 경영활동을 구분하지 않고 학급활동 전체를 경영의 대상으로 삼는 입장이다. 이 입장은 학급경영을 수업을 포함한 학급활동 전체를 대상으로 하는 활동으로 본다. 그러나 수업과 경영을 분리하려는 입장에서도 수업활동과 경영활동은 서로 밀접히 연계되어 있다고 보는 것이 공통적인 견해이다.

존슨(Johnson)과 바니(Bany, 1970)는 수업과 학급경영을 개념적으로는 분리하고 있지만, 경영활동을 수업활동에 통합된 중요한 활동부분으로 간주한다. 그리고 교사가 수행하여야 할 경영과업을 조장활동과 유지활동으로 구분하였다.

조장활동(facilition activities)은 학급을 협동적 사회체제로 발전시키는 활동으로서 학급의 내적체제의 확립에 초점을 맞춘다. 여기에 포함되는 활동에는 학급집단의 통합적이고 협동적인 관계수립, 학급에서의 행동기준이나 규칙 및 절차의 확립과 그것들의 조정과 합의, 집단의 문제해결을 통한 학급체제의 조건개선, 개인 또는 집단활동을 제약하는 학급체제 조건의 수정이나 변화 등이 있다.

유지활동(maintenance activities)은 학급의 집단과정(남들과 더불어 일하는 과정)에서 발생하는 문제를 해결하여 역동적이고 안정감 있는 학급분위기를 조성 유지하는 활동으로 학급집단과정의 효율성을 높이기 위한 것이다. 여기에 포함되는 활동에는 갈등해소, 사기진작, 환경변화에 대한 적응력 배양 등이 있다.

수업활동을 포함한 학급활동 전체를 학급경영활동으로 보는 렘레크(Lemlech, 1979)는 학급경영은 교육과정과 계획, 절차와 자원의 조직, 환경정비, 학생지도의 점검, 학급에서 발생 가능한 문제의 예측 등을 통해 학급생활을 조화시키는 활동이라 하였다.

교육현장에서 학급경영과업은 통상적으로는 학급활동의 영역별로 분류한다. 각 영역별 주요 활동은 다음과 같다.

① 교과학습 영역: 학습지도안 작성, 가정학습지도, 특수아지도 등
② 생활지도 영역: 인성지도, 학업문제지도, 진학진로지도, 건강지도, 여가지도 등
③ 사무관리 영역: 학사물관리, 학습지도에 관한 사무, 학생기록물 관리, 가정연락물 관리, 각종 잡무관리 등
④ 학급경영계획의 수립: 목표설정, 학생·가정환경·지역사회조사 등
⑤ 특별활동 영역: 자치활동, 클럽활동, 학교행사 등
⑥ 집단조직 및 지도 영역: 규칙 및 절차의 수립과 시행, 소집단 편성 및 지도, 학급분위기 조성 등

⑦ 환경시설관리 영역: 물리적 환경정비, 시설관리, 비품관리, 게시물관리, 청소관리 등
⑧ 가정 및 지역사회와의 관계관리 영역: 가정과의 유대, 지역사회와의 유대, 교육유관기관과의 유대, 지역사회 자원활용, 봉사활동 등

5. 학급경영의 원리

학급경영을 구상하고 전개하는데 학급을 어떠한 원칙에 입각하여 어떠한 방향으로 운영하겠다고 하는 학급경영의 방침 내지 원리가 필요하다. 다음에 제시하는 학급경영의 일반적 원칙이나 방침은 학급경영활동 그 자체에 이미 내재되어 있거나 또는 학급경영활동을 효율적으로 수행하기 위해서 필요한 요건들을 바탕으로 하여 도출한 것이다.

1) 교육적 학급경영

교육적 학급경영은 모든 학급경영활동이 교육의 본질과 목적에 부합되도록 운영하는 것이다. 이는 학급경영 그 자체가 교육활동이기 때문이다. 교육은 인간성향의 가변성을 믿고 개인이 지닌 잠재적 가능성을 최대로 발전시키고자 하는 노력이다. 따라서 학급경영은 인간이 교육을 통해서 성장·발전한다는 신념 아래 학생 개개인의 흥미, 적성, 능력과 창의성을 최대로 계발하여 자아실현된 인간에 도달할 수 있도록 운영되어야 한다. 특히 학급경영방식이 학생들에게 교육적으로 긍정적 또는 부정적 영향을 미치기 때문에 학급경영방식 자체가 교육적 본질과 목적에서 벗어나지 않아야 한다.

2) 민주적 학급경영

민주적 학급경영은 민주주의의 원칙에 입각하여 학급을 경영하는 것을 말한다. 인간존중, 자유, 평등 및 참여와 합의 등은 민주주의를 특징짓는 이상과 원칙들이다. 따라서 민주적 학급경영은 이러한 민주주의의 기본 원칙에 의하여 학급을 조직하고 운영하는 것을 의미한다. 즉, 민주적으로 운영되는 학급에서는 학급구성원 개개인의 인격이 존중되고, 자유스러운 학급분위기가 조성되며, 학생 스스로 결정할 수 있고 책임질 수 있는 자율적 행동이 조장된다. 또한 평등하고 공정한 처사에 의하여 학급이 운영되고, 학급구성원이 학급운영에 참여할 수 있는 절차와 과정이 마련되고 존중된다. 이러한 민주적 학급운영은 학급이 민주주의의 학습장이라는 의미에서도 그 의의가 크다고 할 수 있다.

3) 학생이해의 학급경영

학생이해의 학급경영은 학급경영의 구상과 전개가 학생의 이해를 기반으로 하여 이루어져야 한다는 것이다. 학급경영은 학생을 대상으로 전개하는 활동이므로, 경영의 제활동이 학생 행동심리의 이해를 바탕으로 하여 구상되고 전개되는 것은 당연한 일이다. 학생의 심리적 욕구충족, 학습동기 유발, 부적절한 행동의 수정, 과업수행을 극대화하는 집단운영, 집단의 갈등해소와 사기진작 등의 경영과업은 학생 심리에 대한 이해 없이는 효율적으로 수행될 수 없을 것이다. 따라서 효과적인 학급경영을 위해서는 학생의 발달단계에 따른 지적·정서적·신체적·사회적 발달의 제특징과 학습능력 및 준비도, 그리고 집단역학과 사회적 심리의 이해를 근거로 하여 학급의 제활동이 구성되고 운영되어야 한다. 이런 맥락에서 학생이해의 학급경영은 학급경영의 심리적 원칙이라고 부를 수 있을 것이다.

4) 효율적 학급경영

효율적 학급경영은 효과적이고 능률적으로 학급을 운영함을 말한다. 학급경영의 효과성은 학급의 목표가 성공적으로 달성되는 것을 의미하며, 능률성은 학급의 자원을 경제적으로 사용하여 최대의 성과를 얻는 것을 말한다. 효율성은 일반적으로 효과성과 능률성이 동시에 나타나는 상태를 지칭하는 것이다. 또한 효율성은 집단구성원의 심리적 만족을 의미하는 뜻으로 사용되기도 한다. 따라서 효율성이 지니는 의미를 포괄하여 학급의 자원을 경제적으로 사용하여 학급의 목표를 달성함과 아울러, 학급구성원의 심리적 만족을 충족시키는 학급운영을 효율적인 학급경영이라고 할 수 있다. 실천적 측면에서 교사가 지켜야 할 학급경영의 원리를 김봉수(1983)는 다음과 같이 제시한다.

(1) 자유의 원리

현대 민주교육의 기본적 특징의 하나로 학습자의 인격을 존중하고, 그들의 개성을 발전시킬 수 있도록 생활조건을 확보해 주어야 한다.

(2) 협동의 원리

민주생활 기본원리의 하나로서 학급집단의 안전과 이익을 위하여 협동생활을 할 수 있도록 생활환경적 조건을 마련해 주고 지도해야 한다.

(3) 창조의 원리

학급 내외의 생활이 언제나 과학적인 마음, 즉 자료의 모집과 분석, 통합, 정리, 활용하는 방법을 지도하고 실제 생활에서 그러한 기회를 만들어 주어야 한다.

(4) 노작의 원리

노작활동은 자기활동인 동시에 자기표현이기도 하다. 정신적·신체적 활동을 통해서 유형·무형의 창작물이 나올 수 있는 것이다. 따라서 학습활동이나 특별활동 등에서 스스로가 각자의 목표를 세우고 그것을 실현하도록 이끌어 주며 또 그러한 기회를 자주 만들어 주어야 한다.

(5) 흥미의 원리

흥미는 학습활동의 동기를 주며 학습활동의 원동력이 된다. 따라서 평소 학급생활에서 학습자들이 흥미를 갖게 할 수 있는 생활환경을 조성해 주고, 가능한 한 그들의 생활주변의 환경조건을 새롭게 해주어야 한다.

(6) 요구의 원리

학교교육은 당면한 사회적 요구나 과제, 학습자의 요구, 가정의 요구 등을 발견하여 교육적 가치가 있다고 인정되는 내용은 가급적 충족시켜 주어야 한다.

(7) 접근의 원리

참된교육의 성과는 교사와 아동·학생이 거리감 없이 가장 친근할 때 더욱 효과를 올릴 수 있다. 이러한 점에서 교사와 학습자, 아동과 아동이 서로 존중하고, 신뢰하며 인격적으로 대할 때 학급은 부드러워지고 학급구성원 전체의 발전·향상을 기할 수 있다.

(8) 발전의 원리

학급교사는 꾸준한 자기반성·평가를 비롯하여 일상의 학습자의 생활실태, 학급의 교육적 제환경 조건을 관찰, 평가, 반성하여 보다 나은 방향으로 변화될 수 있도록 해야 한다.

Section 02 학급경영계획

1. 학급경영계획의 의의

학급담임이 맨 먼저 수행할 학급경영상의 과제는 학급경영계획을 세우는 일이다. 학급경영계획은 앞으로의 학급활동을 구상하고 준비하는 활동이다. 따라서 학년 초가 되면 교사는 새학급의 실태를 파악하여 일정한 기간 동안 학급이 성취할 목표를 세우고, 이의 달성을 위한 여러 가지 조건과 활동방안을 구안하고, 그것을 실천할 구체적인 방법을 학급경영계획안으로 작성하게 된다. 계획은 설계도와 같은 것으로 잘 짜인 학급경영계획은 학급을 합리적이고 효율적으로 운영하는 데 길잡이 역할을 한다.

학급경영안 작성의 의의는 다음과 같이 정의할 수 있다.

첫째, 학급활동의 구상과 수행해야 할 내용을 보다 명확히 한다. 불명확한 구상을 보다 명확히 하고, 이제까지 간과하고 있던 지도요점을 보다 구체적으로 명확히 할 수 있다.

둘째, 학급담임의 지도방침을 명확히 보여 준다. 학급경영안은 학급담임의 경영방침·내용을 학교 내의 다른 교사에게 명시하고 자신의 자세와 입장을 명확히 하는 역할을 한다.

셋째, 동료·선배교사로부터 학급경영에 관한 조언을 받을 수 있는 자료가 된다. 학급경영안은 항상 개방되어 있어야 한다. 학급경영자는 교장을 포함한 동료·선배교사로부터 지도조언, 때로는 비판을 받을 유연한 자세가 필요하며, 그때 학급경영안은 지도조언을 받을 수 있는 중요한 창구가 된다.

넷째, 교육소재의 책임을 명시하고 있다. 학급아동에 대해서 책임을 지고 있는 교사에게 의도적·계획적 학급경영의 설계가 요구되고, 이런 학급경영안은 교사로서 스스로 교육책임의 소재를 공적으로 표명하는 것이기도 하다.

2. 학급경영계획의 수립과정

학급경영계획은 학급교육목표의 설정, 학급경영목표의 설정, 학급경영방침의 설정, 학급활동계획, 학급경영평가계획, 학급경영안 작성 등의 절차를 거쳐 수립된다. 각 단계별 주요 내용을 살펴보면 다음과 같다.

(1) 학급교육목표의 설정

학급교육목표는 학교-학년-학급으로 이어지는 교육목표의 연계체제 속에서 학급을 단위로 하여 전개되는 교육활동의 목표이다. 따라서 학급교육목표는 학급단위에서의 교육과정 운영, 학생실태 및 경영실태를 고려하여 학급에서 성취할 수 있는 교육목표로 구체화된다. 학급교육목표는 지적, 정의적, 사회적 영역 등에서 학생들이 성취하여야 할 행동이나 행동특성으로 구체적으로 진술한다.

(2) 학급경영목표의 설정

학급경영목표는 교육목표를 효과적으로 달성하기 위해 전개되어야 할 경영상의 목표로, 학급의 교육목적 달성을 위해서 마련되어야 할 조건과 수행되어야 할 활동에 관련된 것이다. 학급경영목표에는 교육목적 달성과 관련된 학급의 제반경영활동이 포함된다. 학급경영목표는 각 영역별로 보다 구체적으로 진술하되, 가능한 한 성과기준을 계량화하여 정하고 평가의 지표로 삼도록 한다.

(3) 학급경영방침의 설정

학급경영방침은 학급경영목표를 달성하기 위한 행동전략으로 경영목표를 달성하기 위한 구체적인 경영활동 또는 행동노선으로 진술한다. 또한 이는 경영활동의 지침으로도 사용된다.

학급경영계획을 수립하는 데는 여러 가지 자료가 필요하며, 무엇보다도 학급의 학생실태를 다각적으로 조사하여 그들에 관한 개인적·집단적 제반 실정을 정확하게 파악하는 것이 중요하다. 학급담임교사는 이러한 자료를 수집하기 위하여 필요한 제반 기초조사를 실시함은 물론이고, 전(前)학년까지의 담임교사가 보유하고 있는 학생이해에 관한 자료와 의견 등도 가능한 한 광범위하게 수집하여 각종 계획수립 시 활용한다.

(4) 학급활동계획

활동계획은 경영방침을 실천하기 위한 세부실천계획으로 누가·무엇을·언제 수행할 것인가를 정확하게 그리고 상세하게 기술한다.

세부실천계획을 구체화하는데 포함되는 주요 사항에는 활동의 대상, 동원될 사람, 필요한 물적자원, 소요비용과 같은 투입될 자원, 실시 시기와 같은 시간계획, 담당자와 그들의 권한, 의사소통계통과 같은 운영체제 등이 있다.

(5) 학급경영평가계획

학급경영평가계획에서는 학급경영의 성과를 진단·평가할 수 있는 평가방법을 구체화한다. 계획과 실천은 연속적 순환과정으로 상호보완적 관계에 있으므로, 경영평가자료는 계획의 수정과 보완 및 차기의 학급경영계획에 활용한다. 학급경영평가계획은 학급경영 영역 또는 활동별로 작성하여 구체화한다.

(6) 학급경영안 작성

학급경영안의 작성은 학급경영계획 단계별로 구상되고 구체화된 학급경영계획을 일정한 양식에 따라 기록·작성하는 일이다. 학급경영안은 학교의 통일된 일정한 양식에 따라 작성될 수도 있고, 교사 자신이 학급경영안 양식을 개발하여 사용할 수도 있다.

학급경영안에 포함되는 주요 내용은 학급교육목표, 학급경영목표, 학급경영방침, 학급활동계획(활동 영역, 대상, 필요한 자원, 시간계획, 운영계획 등), 학급경영평가계획 등이다. 이는 학급경영계획 단계별 주요내용들이기도 하다.

Section 03 학급관리

1. 학급환경관리

학급환경은 학급에서 개인 외부에 있는 모든 것을 지칭한다. 한 학생의 주위에 있는 교실공간, 책상과 걸상, 교사와 학생들, 전시와 게시물, 창밖의 전망, 분위기 등 이 모든 것이 그 학생의 학급환경이 된다. 환경은 의식할 수도 있고 의식하지 못할 수도 있으나, 그것이 학생에게 자극을 주고 영향을 미치게 되므로 매우 중요하다. 교사는 학생을 직접 지도하는 일 뿐만 아니라, 학생에게 긍정적 영향을 미칠 수 있는 학급환경을 정비하고 조성하는 일에 특별한 관심을 가져야 한다.

1) 물리적 환경의 정비

(1) 물리적 환경요소

학급의 물리적 환경정비는 물적 요소인 학급시설, 설비 및 자료를 구비하여 구성 배치하는 활동이다. 학급의 물적 요소를 어떻게 구성 배치하고 활용하느냐에 따라 학생의 교육적 경험, 학습의 역동성 및 학급분위기가 달라질 수 있으므로 물리적 환경정비의 교육적 의의는 크다.

학급의 물리적 환경요소는 건축환경, 구성환경, 제공환경의 3가지가 있다.

① 건축환경(architectural environment): 건축물과 건축물의 구조를 말한다. 교실 건축환경에는 교실의 형태, 크기, 창문의 위치와 수, 전기시설, 냉·난방시설, 부속실 등이 포함된다. 학교가 일단 건축되면 건축환경은 변경하기 어렵게 된다.

② 구성환경(arranged environment): 각종 설비물과 그것들의 기능적 배치를 말한다. 설비에는 책상과 걸상을 포함하여 크기·형태·높이 등이 다른 여러 종류의 테이블과 의자, 이동용 선반, 보관함 등이 있다.

③ 제공환경(provisional environment): 학급활동에 제공되는 각종 자료와 재료이다. 여기에는 각종 교수자료, 교재, 학용품, 실험 및 공작 원료 등이 포함된다.

(2) 물리적 환경정비의 일반적 원칙

물리적 환경정비는 단순히 교실의 물적 환경의 정비에 국한된 것이 아니라 수업방법, 내용, 학습형태 등을 비롯해서 학습자의 의욕 등 심리적 측면까지 걸쳐 있는 것으로 파악하고 계획을 세울 필요가 있다.

학급의 물리적 환경정비의 원칙이나 방침은 다음과 같다.

첫째, 학급의 물리적 환경은 교육활동에 필요한 시설, 설비, 자료가 충분히 갖추어져야 한다.

둘째, 학급활동은 교수-학습활동이 촉진될 수 있도록 정비되어야 한다. 교실의 채광, 조명, 온도 및 소음은 학습환경을 저해하지 않도록 조절되어야 하고, 책상과 걸상 그리고 교탁은 교사의 시선이 모든 학생에게 미칠 수 있고, 학생들이 교사의 수업전개를 충분히 볼 수 있는 곳에 위치하여야 하며, 교사와 학생, 학생과 학생 사이에 상호접촉이 용이하도록 배치되어야 한다. 교수-학습을 위한 시설물이나 자료는 학생들이 자유스럽게 접근할 수 있고 사용이 편리하도록 설치되어야 한다.

셋째, 학급환경은 아름답고 명랑한 생활공간이 되도록 정비되어야 한다.

넷째, 학급환경은 학생의 보건과 위생 및 안전에 적합하여야 한다.

목표, 학급목표, 각 교과의 목표 등이 있다.

2) 학급풍토 조성

(1) 학급풍토

여러 학교나 교실을 관찰해 보면 각 학교나 교실은 그 나름대로의 각기 다른 분위기를 가지고 있음을 느낀다. 이런 분위기를 분명하게 규정하기는 어렵지만 집단이 지니는 전체적 특징의 요약으로 나타나는 이런 분위기를 풍토(climate)라고 한다.

세일러(Seiler, 1984) 등은 풍토를 "교육의 과정에 관여하는 사람들 혹은 그것을 관찰하는 사람들의 느낌이나 견해 속에서 지각된 모습을 나타내는 학교 혹은 교실의 분위기"라고 정의하였다.

앤더스(Anderson, 1981)는 학교풍토에 관한 모형을 종합하여 학교풍토는 4가지 측면의 요소들의 총합으로 구성된다고 하였다. 즉, 물리적 측면, 구성원 특성 측면, 조직적·사회적 측면, 문화적 측면이다.

물리적 측면의 요소에는 건물의 모양새, 학교 및 학급규모 등이 포함된다. 그리고 구성원 특성 측면은 개인 또는 집단의 특성으로 학생특성, 교사특성, 교사와 학생의 사기 등의 요소가 포함된다. 조직적·사회적 측면은 학교의 운영과 구성원 상호간의 관계와 관련된 것으로 경영조직 형태, 교수프로그램, 학생집단편성 방법, 의사결정의 형태, 의사소통, 교사－학생관계, 학생의 참여기회, 교사와 행정가 및 동료교사와의 관계 등이 포함된다. 문화적 측면은 집단 구성원의 신념체계, 가치, 인지구조 등이 포함된다.

이러한 요인들로 인해서 어떤 학교나 교실은 그 나름대로의 하나의 분위기를 만들어 내며, 학교나 교실구성원과 그들의 관계에 대한 인상을 갖게 된다. 그리고 그것은 구성원들의 행동에 영향을 미친다.

(2) 효과적인 학급풍토와 비효과적인 학급풍토

많은 연구들은 어떤 학급풍토는 교수–학습을 촉진시키고 문제행동을 억제하며 구성원의 사기를 높여 주는 반면에, 어떤 학급풍토는 그렇지 못함을 말해주고 있다. 교사와 학생들이 서로 지원하는 분위기의 학급은 자긍심과 기본적 동기를 만족시켜 준다. 또한 그러한 학급은 학생들의 지적 능력을 최대한으로 발휘할 수 있는 기회를 준다(Schmuck & Schmuck, 1983). 그러나 경쟁심, 적의, 소외감 등의 학급 분위기는 많은 학생들의 불안과 걱정의 원인이 될 뿐만 아니라 지적 발달을 도모하지 못한다. 즉, 학급풍토에는 학습에 대해 긍정적·효과적 풍토가 있고 부정적·비효율적 풍토가 있다.

세일러(Seiler, 1984) 등은 효과적인 혹은 비효과적인 학습풍토는 구성원들이 조성한 다음과 같은 대조적 성격으로 구분된다고 하였다. 개방 대 방어, 자신감 대 불안, 수용 대 거부, 소속감 대 소외감, 신뢰 대 불신, 높은 기대 대 낮은 기대, 질서 대 혼란, 통제 대 갈등이 그것이다.

학습에 효과적인 학급풍토는 개방성, 자신감, 수용감, 소속감, 신뢰감, 높은 기대, 질서, 통제감 등의 특징을 가지고 있고, 비효과적인 학급풍토는 방어성, 두려움, 거부감, 소외감, 불신감, 낮은 기대, 혼란, 좌절감 등의 특징을 가지고 있다. 교사는 학급풍토가 다양한 요소들이 복합적으로 작용하여 형성된다는 점에 유의하면서 효과적인 학급풍토의 특징이 나타나는 환경을 조성하여야 한다.

2. 수 업

1) 수업의 정의

학교에서 수업(instruction)이란 통상적 의미에서 교육과정을 통해 제시된 내용과 행동을 가르치고 배우는 과정으로 이해된다. 수업지도는 교사가 학급에서 하는 일 중에서 가장 핵심적인 활동이다. 교육지도자들은 한결같이 수업의 질이 학생의 학업성취와 행동에 영향을 미치는 핵심적인 요소임을 강조하고 있다. 따라서 교사들은 학생들이 성공적으로 학습할 수 있는 다양한 수업방법과 수업경영기법을 개발하여 학습효과를 향상시켜야 한다.

코리(Corey, 1967)는 수업이란 "개인으로 하여금 명시된 조건 아래에서 명시된 행동을 나타내게 하거나 일정한 상황에 대한 반응으로서 그러한 행동을 할 줄 알게 하기 위하여 그의 환경을 의도적으로 조작하는 과정"이라고 정의하였다.

이 정의는 명시된 행동을 나타내게 하는 의도적인 조작을 수업활동의 특징으로 파악하고 있다.

진위교(1991)는 수업을 "학습자로 하여금 특정목표 행동유형을 성취할 수 있도록 학습자의 내·외 조건과 상황을 구조화하여 특정매체의 체계적 제시와 더불어 가르치고 배우는 과정을 실행해 가는 과정"으로 정의하고 있다.

2) 수업의 단계

교사의 활동 중에 가장 핵심적인 활동은 학습지도이다. 학습지도는 수업체제를 구안하고 실천하는 활동으로서, 학습목표와 내용을 선정하고 학습조건을 갖추어 수업을 전개하는 일련의 교수–학습활동을 말한다. 이런 수업활동은 교육과정을 기초로 하여 교과별로 이루어진다. 그리고 학습자로 하여금 수업목표를 효율적으로 달성하도록 한다.

학습지도는 수업계획, 수업전개, 수업평가의 세 단계로 이루어진다(변영계·김영환, 1996).

(1) 수업계획

수업계획이란 수업목표를 학습자들에게 효율적으로 성취시키기 위해서 제공될 여러 가지 조건과 행동에 관한 사전계획을 말한다. 수업계획 또는 수업설계는 학교에서 단원전개계획, 학습지도안, 수업안 등이라 하고 연간, 월간, 주간, 일안, 시안 등으로 세분화하여 작성된다. 어떠한 수준의 계획에서나 수업계획에는 다음의 3가지 사항에 대하여 구체적으로 계획되어야 한다. 첫째, 학습자가 무엇을 학습해야 하는가를 계획한다. 둘째, 학습자들이 수업목표를 효과적으로 성취하기 위해서 어떠한 절차와 자료가 적합한가를 찾아내어 계획한다. 셋째, 학습자들이 수업목표를 달성했는지를 어떻게 밝힐 것인가를 계획한다.

(2) 수업전개

수업전개는 본수업이 진행되는 단계로서 대개 도입, 전개, 정리의 세 단계로 이루어진다. 도입 단계에서는 학습의 구체적 목표를 학생들이 알도록 제시하고, 선수학습을 확인하고, 학습동기를 유발한다. 전개는 학습내용을 학생들에게 제시하고 학생들은 이에 반응하여 이해해 나아가는 단계인데, 이때 여러 가지 학습지도방법과 교육매체를 활용하며 시간과 자원을 효과적으로 관리한다.

마지막 정리 단계에서는 학습된 내용을 정리하고, 확실히하며, 연습을 통해 강화시키며, 새로운 사태에 적용하고 일반화할 수 있도록 지도하는 단계로 보충학습자료를 제시하며, 다음 시간의 학습내용을 예고한다.

(3) 수업평가

수업지도의 마지막 단계는 수업평가이다. 수업평가는 수업의 전과정을 종합적으로 평가한다. 이는 수업계획안의 검토와 수업계획에 따른 실천여부, 수업내용과 과정의 분석검토 및 수업의 효과 등을 교사, 학생 및 수업자료를 통해서 체계적으로 판단하는 과정이다. 그러나 일반적으로 수업평가는 의도된 수업목표가 실제로 어느 정도 달성되었는지를 학생의 학업성취평가로 알아보는 것을 말한다. 이러한 평가의 결과는 학생들의 성적을 판단하는데 이용되며, 수업과정의 질적인 관리를 위하여 사용된다.

3) 효과적인 수업전략

교사의 일차적 임무는 수업을 잘하는 것이다. 교사는 학습지도를 위해 수업의 질을 향상시킬 수 있는 수업방법과 교수기법을 개발하여 지니고 있어야 한다. 지난 수년간 수업의 질에 초점을 두는 연구와 학교현장의 관심은 크게 두 가지 흐름으로 모아지고 있다.

하나의 흐름은 많은 연구에서 학생들이 기본적 학습요소에 관한 기초적 지식을 충분히 알고 있지 못하다는 것을 보여 주기 때문에, 학생들이 기본적 학습요소를 습득하도록 도와주는 데 필요한 교수기법들을 교사들이 습득하는 것이 매우 중요하다는 것이다. 다른 하나는 주로 교육자 집단에서 주장하는 것으로서 중요한 기초기능뿐만 아니라 보다 높은 수준의 인지적 기능과 대인관계 기술의 습득을 목적으로 하는 수업활동에 학생들을 적극적으로 참여시키는 수업방법의 개발이다. 이러한 경향은 학업성취가 학생의 책임감과 자기통제에 의한 학습에서 증가한다는 주장과 부합하여 학생의 적극적 학습참여를 중요시한다.

이 두 경향을 종합하면 교사는 학생들을 직접 가르치는 과정에서 그들에게 체계적으로 학습자료를 제시하는 기법을 가져야 하며, 또한 학생들이 학습목표를 설정하고, 자신들이 스스로 학습하고, 그 결과를 평가하고, 학습과정에서 협동하고, 분석력·종합력·탐구력과 같은 고등인지과정 기술을 개발하도록 도와주는 기법을 가져야 한다는 것을 알 수 있다.

3. 창의적 체험활동

1) 창의적 체험활동의 의미

창의적 체험활동은 종래의 재량활동과 특별활동을 통합한 교육과정 활동 영역으로 교과활동과 상호보완적 관계에 있으며, 교과 이외의 활동으로서 자율활동, 동아리활동, 봉사활동, 진로활동의 4개 영역으로 구성된다. 교과활동이 교과를 가르치는 일을 중시하는 교육과정의 한 영역이라면, 창의적 체험활동은 교과와는 달리 학생들이 앎을 적극적으로 실천하고 나눔과 배려의 실천을 통해 창의성과 인성을 겸비한 미래지향적인 인재 양성을 목적으로 하는 포괄적 교육활동이라는 점에서, 우리나라 교육과정이 추구하는 인간상 구현에 있어 교과활동 못지않게 중요성을 지니고 있다. 초·중·고등학교의 구분 없이 하나로 묶은 총괄 목표는 "학생들은 창의적 체험활동에 자발적으로 참여하여 개개인의 소질과 잠재력을 계발·신장하고, 자율적인 생활 자세를 기르며, 타인에 대한 이해를 바탕으로 나눔과 배려를 실천함으로써 공동체 의식과 세계 시민으로서 갖추어야 할 다양하고 수준 높은 자질 함양을 지향한다"는 것이다(교육과학기술부, 2009). 즉, 창의적 체험활동 교육과정을 통하여 학생들이 궁극적으로 달성하여야 할 민주 시민으로서의 기본적인 자질 함량을 포괄적으로 기르고자 한다.

이러한 창의적 체험활동은 총괄목표를 달성하기 위해 4개의 하위 영역의 활동을 갖는다.

(1) 자율활동

자율활동이란 학생들이 자발적으로 참여하는 활동으로서 다양한 의견을 서로 존중하고 자신이 속해 있는 단체에 대한 소속감을 갖고, 공동체 의식을 드높여 바람직하고 창의적인 방향으로 이끌어 나가도록 도와주는 활동이다.

창의적 체험활동 교육과정의 자율활동 영역에서 달성하고자 하는 교육목표는 다음과 같다.

① 전입학과 진급 등에 따른 생활변화에 적응하고 이를 주도하는 능력을 길러 원만하고 즐거운 학교생활을 한다.
② 다양한 협의 및 실천 경험을 통해 문제를 합리적으로 해결할 수 있으며, 민주적인 의사 결정의 기본 원리를 익힌다.
③ 학급과 학교에서 일어나는 제문제에 대해 적극적으로 참여하여 협의하고

실천함으로써 협동심과 유대감을 기른다.

④ 교내외에서 실시되는 여러 행사의 의의와 중요성을 이해하고, 행사에 자발적으로 참여하여 학교와 지역사회의 발전을 위해 노력하는 태도를 가진다.

⑤ 학급, 학년, 학교의 특성 및 학습자의 발달 단계에 맞는 다양한 특색활동을 계획하고, 이에 참여함으로써 자신감과 창의성을 기른다.

⑥ 학교의 전통을 계승하고 이를 창의적으로 발전시키는 노력을 통해 소속감과 애교심을 기른다.

(2) 동아리활동

동아리활동은 학생들의 공통의 관심사와 동일한 흥미, 취미, 소질, 적성, 특기 등을 지닌 학생들이 모여서 자발적인 참여와 운영으로 자신들의 능력을 창의적으로 표출해 내는 것을 주 활동으로 하는 집단활동으로 교과활동뿐만 아니라, 교과 외 활동을 통해서 학생들의 특기나 개성 발휘의 기회를 부여하는 등 학교 교육의 전반에 걸쳐 실시할 수 있는 체험활동이다.

창의적 체험활동 교육과정의 동아리활동 영역에서 달성하고자 하는 교육목표는 다음과 같다.

① 흥미, 취미, 소질, 적성, 특기가 비슷한 학생들로 구성된 활동 부서에 자발적으로 참여하여, 창의성과 협동심을 기르고, 원만한 인간관계를 형성한다.

② 다양한 활동에 참여하여 자신의 잠재 능력을 창의적으로 계발·신장하고, 자아실현의 기초를 닦는다.

③ 여가를 선용하는 생활 습관을 형성한다.

④ 지역 내 학교 간 각종 동아리 경연대회를 통해 우의를 다지는 협력과 공정한 경쟁을 익히도록 한다.

(3) 봉사활동

봉사활동이란 어떤 대가를 목적으로 하는 활동이 아니라, 자발적인 의도에서 개인이나 단체로 다른 사람을 돕거나 사회에 기여하는 무보수의 지속적인 활동으로, 인간의 존엄성에 대한 인식뿐만 아니라 더불어 사는 사회의 이해, 협동 의식의 고취 등의 다양한 의미를 부여할 수 있는 활동이다. 창의적 체험활동 교육과정의 봉사활동 영역에서 달성하고자 하는 교육목표는 다음과 같다

① 타인을 배려하는 너그러운 마음과 더불어 사는 공동체 의식을 가진다.
② 나눔과 배려의 봉사활동 실천으로 이웃과 서로 협력하는 마음을 기르고, 호혜 정신을 기른다.
③ 지역사회의 일들에 관심을 가지고 참여함으로써 사회적 역할과 책임을 분담하고, 지역사회 발전에 이바지하는 태도를 가진다.

(4) 진로활동

진로활동은 개인이 자신의 적성과 흥미, 가치관에 대해 진지하게 성찰하고 다양한 직업 탐색과 체험 등을 통해 직업 전반에 대한 이해도를 높이며, 자신의 진로를 계획하고 준비해 나가는 것을 도와주는 활동이다.

창의적 체험활동 교육과정의 진로활동 영역에서 달성하고자 하는 교육목표는 다음과 같다.

① 자신의 특성, 소질과 적성, 능력 등을 이해하고, 이를 바탕으로 자신의 정체성을 확립하고 자신만의 독특한 진로를 탐색한다.
② 각종 검사, 상담을 통해 진로 정보를 탐색하고 자신의 진로를 계획한다.
③ 진로와 직업 선택의 중요성을 인식하고, 자신의 적성과 소질에 맞는 진로를 탐색·설계한다.
④ 학업과 직업 세계를 이해하는 직업체험활동 기회를 통해 진로를 결정하고 준비한다.

Section 04

학급경영평가

1. 학급경영평가의 기능

평가는 평가대상의 가치를 체계적으로 조사하는 활동이다. 그래서 학급경영평가는 이제까지 해왔던 학급경영이 가치가 있었던 활동인지 그리고 가치가 있는 활동이었다면 어느 정도 가치가 있었는지를 알아보려는 활동이다. 또한 학급경영평가에는 학급경영이 성공하였으면 왜 성공하였는지, 실패하였으면 그 이유가 어디에 있는지를 분석하는 일도 포함한다. 다시 말해 학급경영평가는 학급운영의 성공여부를 판단하고, 그 원인을 분석하는 활동이다.

학급경영평가는 다음과 같은 기능들을 가지고 있는데, 이러한 기능들은 학급경영평가를 하는 이유가 된다.

① 학급경영평가는 학급경영활동의 성취도를 확인해 준다.
② 학급경영평가로 학급경영의 문제점을 진단할 수 있다.
③ 학급경영평가는 교사를 포함하여 학급구성원의 동기를 유발시킨다.
④ 학급경영평가는 학급경영의 개선을 위한 정보를 제공해 준다.
⑤ 학급경영평가는 학급경영의 책무성, 특히 학급경영에 참여한 사람들의 책임을 확인해 준다.
⑥ 학급경영평가는 위의 기능들을 포함해 학급경영에 대한 제반의사결정을 하는 데 도움을 준다.

2. 학급경영평가의 과정

평가를 계획하고 실시하고 평가결과를 해석하고 활용하는 데 있어서 평가과정에 대한 이해가 필요하다.

학급경영평가의 과정은 가치판단으로서 평가의 일반적 과정을 따른다. 평가의 일반적 과정은 ① 평가의 대상과 목적을 정하고, ② 준거와 기준을 설정하고, ③ 준거와 기준에 관련된 자료를 수집하고, ④ 준거자료를 기준에 비추어 사정하여, ⑤ 평가대상의 가치를 판정하는 단계로 이루어진다(박병량, 1988).

학급경영평가 대상은 학급경영 전체 활동을 포함한 학급경영체가 된다. 그러나 학급경영체를 체계적으로 평가하기 위해서 통상적으로 하위 구성요소로 나누어 평가한다. 학급경영체를 하위 구성요소로 나누는 데는 여러 가지 방식이 있을 수 있다. 예를 들면, 학급경영체를 사람(학생, 교사), 구조, 과정, 투입, 결과 등으로 나누어 평가대상으로 삼을 수 있다. 또한 학급경영을 여러 활동 영역, 예를 들어, 교과지도, 생활지도, 특별활동 등으로 구분하여 평가대상으로 삼을 수 있다.

학급경영평가의 목적은 평가하고자 하는 목적이다. 평가는 그 용도에 따라 진단을 위한 평가(진단평가), 진행상황을 파악하기 위한 평가(형성평가), 결과 확인을 위한 평가(총합평가)로 구분하기도 한다. 평가목적을 준거와 연관시켜서 효과성, 능률성, 만족 등을 각각 알아보는 평가로 구분할 수도 있다. 평가목적에 따라 평가방법이 달라지므로 평가의 목적을 분명히 한다.

평가의 준거와 기준을 설정하는 일은 평가에서 가장 핵심적인 부분이다. 평가의 준거(criteria)는 가치판단의 근거가 되는 개념으로서 평가대상이 함유한 속성 혹은 질(양적, 질적)이다. 그것은 대상이 가치를 인정받기 위해서 지니고 있어야 할 내용물로서 가치결정의 변인이다. 따라서 준거는 평가에서 가치를 확인하는 데 사용된다. 학급경영평가에서 사용되는 준거로는 효율성, 능률성, 적합성, 만족성, 질 등이 있다.

평가의 기준(standards)은 가치의 수준을 결정하는 척도이며, 평가준거로 확인된 속성 또는 질이 어느 수준인가를 사정하는 데 사용된다. 평가대상의 가치는 준거로 확인된 속성을 기준에 비교하여 사정함으로써 결정된다.

이런 비교기준에는 시간(과거, 현재, 미래), 유사한 대상, 전문가의 판단, 이상적 상태 혹은 목표 등이 있다. 전문가의 판단이나 이상적 상태 또는 목표는 절대적 기준이며, 시간비교와 유사집단과의 비교는 상대적 기준이 된다.

다시 말해 평가대상의 가치는 가치가 있다고 여겨지는 '무엇'이 '어느 수준'에 있게 될 때 결정되는데, '무엇'에 해당하는 것이 준거이고, '어느 수준'을 결정하는 척도가 기준이다. 따라서 준거와 기준은 평가에 있어서 가장 핵심적 요소이며, 그것들을 어떻게 설정하느냐에 따라 평가 결과도 달라지게 된다. 평가계획 시 준거와 기준은 미리 설정하여 두어야 한다.

자료수집단계에서는 이미 설정된 준거와 기준에 관련된 양적·질적 자료를 수집한다. 평가대상의 일반적 기술도 일차적 자료로 수집한다. 평가에 필요한 자료들은 주로 측정을 통해서 얻어진다. 수집된 자료들이 신뢰롭게 사용되기 위해서는 타당도, 신뢰도, 객관도가 높아야 한다.

평가과정의 마지막 단계는 평가대상의 가치를 판정하는 단계이다. 수집된 준거자료의 측정치를 기준척도에 비추어 사정하고, 최종적으로 평가대상이 '좋은가', '나쁜가' 혹은 '잘되어 있는가', '잘못되어 있는가'를 판단한다.

3. 학급경영평가의 내용

학급경영의 전활동을 체계적으로 평가하기 위하여 투입－과정－산출의 학급경영체제 모형을 사용하여 평가하는 것이 오늘날 경영평가의 일반적 접근방법이다. 이 접근방법에 따라 학급경영체제평가를 투입평가, 과정평가, 산출평가, 총합평가로 분류한다.

1) 투입평가

투입평가(input evaluation)에서는 학급경영활동에 투입된 요소들의 질과 양이 평가된다. 학급에 투입된 요소로는 교사(학력, 경력, 경영능력 등), 학생(선수학습능력, 학습태도, 가정환경 등), 학급의 시설과 설비, 경비, 교육과정, 시간과 노력(교사와 학생), 학부모의 지원 등이 포함된다. 이들 요소들은 절대평가나 혹은 상대평가에 의하여 그 질과 양이 평가된다.

2) 과정평가

과정평가(process evaluation)에서는 학급경영계획을 실천하는 활동이 평가된다. 즉, 영역별 활동이 평가되고 분석된다. 여기에는 학급경영안 작성, 학급의 물리적 환경정비, 학급집단지도, 학습지도, 특별활동지도, 생활지도, 학급사무관리, 지역사회와의 관계 등에 대한 평가가 포함된다. 각 영역별 과정은 개별적으로 세분화되어 평가된다.

이들에 대한 평가질문으로는 '각종 지도방안은 이론적인 타당성이 있는가?', '각종 지도방안은 유기적인 연관성을 지니고 있는가?', '각종 지도방안은 계획대로 운영되는가?', '각종 지도방안을 실행하는데 학급분위기는 적합하였는가?', '각종 지도방안을 실행하는 과정에서 외부적 영향은 없었는가?', '각종 지도방안을 실시할 수 있는 기술적·행정적 조건을 학급 또는 학교는 갖추고 있었는가?' 등을 열거할 수 있다. 이러한 평가질문을 통해서 학급경영과정의 평가방안을 구체적으로 작성하여 실시한다.

3) 산출평가

산출평가(output evaluation)는 학급의 산출, 곧 목표가 어느 정도 달성되었는가를 판단하여 학급경영의 효과를 측정하는 평가이다. 산출평가에서는 전통적으로 학생의 행동변화(지적, 정의적, 신체발달면)를 측정하여 학급의 목표달성도를 판단한다. 그 밖에 학년진급 및 중퇴율, 문제학생수 등이 학급경영의 산출지표로 사용될 수 있을 것이다.

4) 종합평가

종합평가는 투입평가, 과정평가, 산출평가의 결과를 결합하거나 종합하여 학급경영을 총괄적으로 평가하는 것이다. 여기에서는 앞에서 열거한 여러 가지 준거, 예를 들어, 노력, 효과성, 만족성, 적합성, 능률성, 질, 결과, 과정 등을 복합적으로 사용하여 학급경영의 전반을 종합적으로 평가한다.

학급경영평가의 궁극적 목적은 학급경영체제를 개선하여 발전시키는 데 있다. 학급교사는 학급경영의 투입, 과정, 산출 및 총괄적 결과에 대한 다각적인 평가와 분석을 통해서 학급경영체제를 발전시키는 데 노력해야 할 것이다.

4. 평가자료의 수집방법

평가에 필요한 자료를 수집하는데는 질문지, 검사, 관찰, 면담 등 여러 가지 측정도구 또는 방법이 사용된다. 여러 방법 중에서 평가의 목적과 내용에 적합한 방법을 선택한다. 어떠한 평가방법을 사용하든 간에 평가결과가 신뢰롭고 타당하기 위해서는 자료수집 도구가 갖추어야 할 조건을 잘 갖추고 있어야 한다.

이 조건을 간단히 설명하면 다음과 같다.

① 타당도: 타당도(validity)란 측정도구가 측정하고자 하는 속성 또는 현상을 얼마나 충실하게 측정하고 있느냐 하는 정도를 나타내는 말이다. 즉, 측정도구가 본래 측정하려고 의도한 것을 진실되게 측정할수록 그 도구는 타당성이 높다고 말한다.

② 신뢰도: 신뢰도(reliability)란 측정도구가 측정하고자 하는 내용을 얼마나 정밀하게 측정하고 있느냐 하는 정도를 말한다. 측정의 오차가 적으면 적을수록 그만큼의 신뢰도는 높다고 말한다.

③ 객관도: 객관도(objectivity)란 검사의 결과를 채점할 때 여러 채점자들이

어느 정도 일치된 판단을 하느냐의 정도라고 정의할 수 있다.

④ 실용도: 실용도(usability)란 측정도구를 사용하는데 있어서 얼마나 시간, 노력, 경비 등을 적게 들이고 쓸 수 있느냐를 말한다.

평가에 필요한 자료의 수집은 타당하고, 신뢰롭고, 객관적이고 실용적으로 이루어져야 한다.

1) 자료수집방법의 종류

평가자료의 수집방법에는 듣고 말하기를 이용하는 방법, 관찰, 검사와 질문지를 사용하는 방법들이 있다.

(1) 듣고 말하기를 이용한 방법

우선 듣고 말하기를 통하여 평가자료를 수집하는 방법이 있다. 학습은 교사와 학생 간에 듣고 말하기를 통해 이루어진다. 그래서 듣고 말하기는 정보를 수집하는 방법이 된다. 듣고 말하기 방법에는 비형식 토의, 개인면담, 집단토의 등이 있다(Harris & Bell, 1994).

(2) 관 찰

관찰(observation)은 매우 보편적인 자료수집방법이다. 교사는 학생을 가르치면서 계속 교실을 관찰하고 자신의 수업에 대한 정보를 얻는다. 관찰을 통해 유용한 정보를 얻기 위해서는 관찰의 대상이 분명해야 하고, 관찰이 계획적으로 이루어져야 하며, 관찰 결과가 요령있게 기록되어야 한다.

(3) 검 사

검사(tests)는 개인이 지니고 있는 특성을 측정할 목적으로 응답자로 하여금 반응하도록 하는 일련의 질문 또는 과업을 말한다. 지필검사란 말 그대로 연필과 종이를 사용한 검사로서 응답자가 대답을 적는 방식의 검사이다. 지필검사에는 질문지, 표준화된 검사, 개인 자작검사 등이 있다.

필요한 지식, 능력, 기술 등을 가지고 있는가를 알아보는 검사이다. 진단검사(diagnosis tests)는 학습자가 학습에서 갖는 구체적 장점과 단점을 알아보는 검사이다.

형성검사(formative tests)는 수업이 진행되는 도중에 수업개선을 위해 학생의 학습진전을 알아보기 위해 실시하는 검사이다. 쪽지검사와 퀴즈와 같은 간단한 검사로 실시한다. 총합검사(summative tests)는 교수-학습활동이 끝난 다음 수업목표의 성취도를 측정하는 검사이다.

이러한 검사들은 교사가 직접 만든 자작검사나 표준화검사를 사용하여 실시한다. 교사가 학력검사를 만들 때는 사전에 수업목표와 연관하여 검사내용을 분명하고 구체적으로 진술하는 것이 중요한다. 이 경우 앞에서 설명한 학생평가의 준거내용들은 도움이 된다. 검사문항은 질문지와 유사하게 선택형과 개방형으로 구분된다. 선택형은 주어진 답지에서 정답을 선택하는 형식이며, 개방형은 응답자로 하여금 정답을 쓰게 하는 형식이다. 선택형은 채점이 용이하고 학습내용을 폭넓게 고루 출제할 수 있는 장점이 있으나 단순한 암기력 측정에 빠지는 단점이 있다.

개방형은 채점의 객관성과 신뢰성을 확보하는데 어려움이 있으나 사고력을 측정하는 데 효과적이다. 학급에서 교육용으로 사용되는 검사는 표준화검사보다는 준거지향형의 교사 자작검사가 더욱 필요하고 효과적이다.

참고문헌

강영삼 · 신중식(1985). 교육행정 및 교육경영. 서울: 교육출판사.
강영삼 등(1995). 장학론. 서울: 하우.
공은배 · 천세영(1990). 한국의 교육비 수준 연구. 한국교육개발원.
공은배 · 한만길 · 이혜영(1984). 학교학급의 적정규모. 서울: 한국교육개발원.
곽영우(1994). 교육행정 및 교육경영. 서울: 교육과학사.
교육대학 교직과 교재편찬위원회 편(1970). 학교행정. 서울: 교육출판사.
교육법전편찬위원회(2004). 교육법전. 서울: 교학사.
권기욱· 조남두· 유현숙· 오영재· 조남근· 최창섭· 신현석(1995). 교육행정학개론. 경기: 양서원.
권기욱 등(1995). 교육행정학개론. 경기: 양서원.
권기욱(1996). 학급경영론. 서울: 원미사.
김봉수(1982). 학교와 학급경영. 서울: 형설출판사.
김봉수(1983). 학교와 학급경영. 서울: 형설출판사.
김봉수(1988). 학교와 학급경영. 서울: 형설출판사.
김선종(1988). 교원의 수급정책. 한국교사교육(제5호).
김세기(1984). 현대학교경영. 서울: 정민사.
김신복 등(1996). 교육정책론. 서울: 한국교육행정학회.
김영돈(1971). 학교경영의 이론과 실제. 서울: 의문사.
김영돈(1979). 학급경영론. 서울: 교육과학사.
김영식 · 최희선(1988). 교육제도 발전론. 서울: 성원사.
김영식 등(1982). 교육제도의 이념적 현상. 서울: 교육과학사.
김영철 등(1987). 학교시설의 현대화. 서울: 한국교육개발원.
김영철(1975). 교원 및 시설 추정을 위한 접근방법. 지역교육계획: 한국교육개발원.
김영철(1983). 교육투자의 경제적 효과. 한국교육. 한국교육개발원.
김윤태(1986). 교육행정 · 경영신론: 교육행정 및 교육경영. 서울: 배영사.
김윤태(1988). 교육행정 · 경영신론. 서울: 배영사.

김윤태(1994). 교육행정·경영신론. 서울: 배영사.
김윤태(2001). 교육행정·경영의 이해. 서울: 동문사.
김윤태(2003). 교육행정경영의 이해. 서울: 동문사.
김윤태(2004). 교육행정·경영의 이해. 서울: 동문사.
김정한 등(1997). 교육행정론. 서울: 형설출판사.
김정한 등(2004). 교육행정 및 경영의 이해. 서울: 형설출판사.
김종철·이종재(1994). 교육행정의 이론과 실제. 서울: 교육과학사.
김종철(1982). 교육행정의 이론과 실제. 서울: 교육과학사.
김종철(1985). 교육행정신강. 서울: 세영사.
김창걸(1985). 교육행정학. 서울: 박문각.
김형립 등(1983). 교원 현직교육의 쇄신방안. 서울: 서강대학교.
김홍기(1988). 인사행정론. 서울: 대왕사.
남정걸 등(1996). 교육조직론. 서울: 하우.
남정걸(1986). 학교시설에 관한 연구. 서울: 대한교육연합회.
남정걸(1991). 교육행정 및 교육경영. 서울: 교육과학사.
남정걸(1992). 교육행정 및 교육경영. 서울: 교육과학사.
남한식(1991). 학교와 학급경영총론. 서울: 형설출판사.
노종희(1990). 학교조직풍토의 개념화 및 측정에 관한 연구. 교육학연구.
노종희(1992). 교육행정학-이론과 연구-. 서울: 문음사.
대한교육연합회(1973). 교원자격제도에 관한 연구. 정책연구 제16집.
목영해(1991). 포스트모더니즘과 교육적 인간상. 교육학연구, Vol. 29(1).
문낙진(1994). 학교·학급경영의 이론과 실제. 서울: 형설출판사.
박동서(1978). 인사행정론. 서울: 법문사.
박동서(1984). 한국행정론. 서울: 법문사.
박병량·주철안(1999). 학교·학급경영. 서울: 학지사.
박병량(1997). 학급경영. 서울: 학지사.
박성식(1998). 교육행정관리론. 서울: 학지사.
박수연 등(2000). 교육조직론. 서울: 교육과학사.
배종근·정태범 편(1986). 교육행정·교육경영. 서울: 정민사.
배종근·정태범(1991). 교육행정. 서울: 정민사.
배종근(1983). 교육자원의 배분기준과 방법. 교육투자의 경제적 효과. 서울: 한국교육개발원.
백완기(1984). 행정학. 서울: 박영사.

백현기(1963). 교육재정. 서울: 을유문화사.
백현기(1964). 신고 교육행정. 서울: 을유문화사.
백현기(1964). 장학론. 서울: 을유문화사.
서정화 등(2003). 교육인사행정론. 서울: 도서출판 하우.
서정화 편(1985). 교육행정제도의 발전. 서울: 한국교육개발원.
서정화(1994). 교육인사행정. 서울: 세영사.
신유근(1983). 인사관리. 서울: 경문사.
신중식·강영삼(1985). 교육행정학 및 교육경영. 서울: 교육출판사.
신중식·강영삼(1985). 교육행정학 및 교육경영. 서울: 교육출판사.
신현석(1994). 교육행정학의 주류패러다임과 포스트모더니즘적 반성. 교육행정학 연구, Vol. 12(3).
안해균(1984). 현대행정학: 행정학의 기본개념과 원리. 서울: 다산출판사.
안해균(1985). 현대행정학. 서울: 다산출판사.
오석홍(1980). 조직이론. 서울: 박영사.
오석홍(1983). 인사행정론. 서울: 박영사.
오진석 등(1988). 학교자체평가 안내서. 서울: 한국교육개발원.
왕기항(1997). 교육조직론. 서울: 집문당.
유균상(2003). 학교평가의 방향. 한국교육개발원 연구자료 RM.
윤정일·곽영우·김윤태·김재범·김태완·최청일(1995). 교육재정론. 서울: 하우.
윤정일·박종렬(1977). 교육재정의 현황과 문제: 교육비 분석연구. 서울: 한국교육개발원.
윤정일·송기창·조동섭·김병주(1998). 교육행정학원론(개정판). 서울: 학지사.
윤정일·송기창·조동섭·김병주(2000). 교육행정학원론. 서울: 학지사.
윤정일 등(1990). 신간 현대교육행정학. 서울: 교육출판사.
윤정일 등(1994). 교육행정학원론. 서울: 세경사.
윤정일 등(1994). 교육행정학원론. 서울: 학지사.
윤정일 등(1995). 교육재정론. 서울: 도서출판 하우.
윤정일 등(1997). 한국의 교육정책. 서울: 교육과학사.
윤정일 등(1998). 교육행정학원론(개정판). 서울: 학지사.
윤정일 등(2005). 교육행정학원론. 서울: 학지사.
윤정일 편저(1985). 한국의 교육재정. 서울: 한국교육개발원.
윤정일(1995). 교육행정학원론. 서울: 학지사.
이군현(1992). 교육행정학. 서울: 과학과 예술, 학술총서 10.

이군현(2004). 교육행정 및 경영-조직이론적 접근-. 서울: 형설출판사.
이돈희 등(1981). 교육학 용어사전. 서울: 배영사.
이종재 등(1981). 한국인의 교육관. 서울: 한국교육개발원.
이종재(1984). 장학의 개념과 체제에 관한 소고. 교육행정학연구 제2권 제1호.
이찬교·이상필(1988). 교육행정. 서울: 한국방송통신대학.
이학종(1933). 조직행동론-이론과 실제연구-. 서울: 세경사.
이행형(1983). 교육행정과 의사소통이론. 추계학술연구발표회. 교육행정학 연구회.
이형행(1986). 신교육행정론. 서울: 문음사.
정수영(1982). 신인사관리론. 서울: 박영사.
정우현(1978). 현대교사론. 서울: 배영사.
정재철(1983). 교원의 양성과 현직교육교사론. 서울: 교육과학사.
정태범 등(1996). 학교·학급경영론. 서울: 하우.
정태범(1980). 각종 학교교육제도의 개선을 위한 과제. 교육제도발전의 방향탐색. 서울: 한국교육개발원.
정태범(1996). 장학론. 서울: 교육과학사.
정태범(2001). 학교경영계획론. 경기: 양서원.
조동섭(1996). 교육연구정보. 춘천: 강원도 교육연구원.
주삼환 등(2005). 교육행정 및 교육경영. 서울: 학지사.
주삼환(1983). 장학론. 서울: 갑을출판사.
주삼환(1996). 전환기의 교육행정. 서울: 성원사.
차병권(1987). 재정학개론. 서울: 박영사.
최종태(1981). 현대인사관리론. 서울: 박영사.
최희선(1990). 초·중등교원 종합대책. 교육정책자문회의.
최희선(1996). 학교·학급경영. 서울: 형설출판사.
최희선(2001). 학교·학급경영-이론과 실제-. 서울: 형설출판사.
한공우·황희철(1975). 교육과 경영. 서울: 진명문화사.
한국교육재정학회(2004). 학교재무관리이론과 실제. 서울: 하우.
한의영(1987). 신고 경영학원론. 서울: 법문사.
홍성찬(1995). 법학개론. 서울: 박영사.
교육인적자원부(2006). 홈페이지 www.moe.go.kr
서울특별시 외 각 시·도 교육청(2006) 홈페이지.

高野桂一(1980). 學校經營 の 科學. 東京: 明治圖書.

三輪定宣(1997). 教育人事行政學. 東京: 八千代出版.

伊藤和衛(1952). 教育財政學. 東京: 杉山書店.

Abbortt Max G.(1969). Hierarchical impediments to innovation in educational organizations. in Carver F. D. and T. J. Sergiovanni (edso.), *Organizations and Human behavior.*(N. Y.: McGraw-Holl.)

Acheson, Keith & Gall, M. D.(1980). *Techniques in Clinical Supervision of Teachers: Preservice and Inservice Applications.* New York: Longman.

Ackoff, R. A.(1970). *A Concept of Corporate Planning.* New York: Wiley.

Alderfer, Clayton P.(1972). *Existence, Relatedness, and Growth.* New York: Free Press.

Argyris C.(1994). “Good Communication That Blocks Learning”, *Harvard Business Review.* July-August.

Arthur B. Moehlman(1951). *School Administration.* New York: Houghton Mifflin Co.

Atkinson, G. B. J.(1983). *The Economics of Education.* British Libary Cataloguing in Publication Data.

Barnard C. I.(1938). *The Function of the Executive cambridge.* Mass: Harvard University Press.

Bass, B. M. and Avolio, B. J.(1994). *Improving Organizational Effectiveness through Transformational Leadership.* Thousand Oaks, C. A.: Sage Publications.

Beach, Don M. and Reinhartz, Judy(2000). *Supervisory Leadership: Focus on instruction.* Boston, M. A.: Allyn and Bacon.

Bennis W.(1989). *Why Leader Can’t Lead: The Unconscious Conspiracy Continues.* San Francisco: Jossy-Bass Publishers.

Benson, Charles S.(1978). *The Economics of Public Education.* Boston: Houghton Miffin Company.

Blake, R. and Mouton, J. S.(1985). *The New Managerial Grid III: The Key to Leadership Excellence.* Houston: Gulf Publishing.

Blanchard, Kenneth H. and Hersey Paul(Feb. 1976). “Diagnosing Educational Leadership Problems: A Situational Approach.” *Educational Leadership*, 33, No. 5.

Blau, Peter M. & Scott, W. Richard(1962). *Formal Organizations: A Comparative Approach.* Sanfrancisco: Chandler.

Bobbitt J. Franklin.(1913). "Some General Principles of Management Applied to the Problems of City-School System." S. Chester Parker(ed.), *The Supervision of City Schools*, The Twelfth Yearbook of the National Society for the study of Education. Part 1. Chicago: University of Chicago Press.

Bockman, Valerie M.(1971). *The Herzberg Controversy*. Personnel Psychology, 24.

Bridges, E. M.(1967). *A Model for Shared Decision Making in the School Friendship.* Englewood Cliffs, N. J.: Prentice-Hall.

Buckner, A. L.(1970). *Network-Based Management Procedures.* OPERATION PEP: A State Wide Project to prepare Educational Planners for California.

Campbell, John P. et al(1970). *Managerial Behavior, Performance, and Effectiveness.* New York: McGraw-Hill.

Campell, R. F. et al.(1996). *Introduction to Educational Administration.* (Bostion: Allyn and Bacon).

Carlson, Richard O.(1964). "Environmental Constraints and Organizational Consequences: The Public School and Its Clients," in *Behavioral Science and Educational Administration*, ed, by Griffiths, Daniel E. The Sixty-third Yearbook of the NSSE., Part Ⅱ. Chicago: Univ. of Chicago Press.

Carr, A. A.(1995). "Performance Technologist Preparation: The Role of Leadership Theory", *Performance Improvement Quarterly, 8.*

Castetter, W. B.(1986). *The Personnel Function in Educational Administration*, 4th ed. New York: Macmill.

Cohen, David M., March, James G, and Olsen, J. P.(1972). "A Garbage Can Model of Organization Choice." *Administrative Science Quarterly*, Vol. 17, No. 1.

Covey, S. K.(1989). *The 7 Habits of Highly Effective People.* New York: Simon & Schuster.

Cubberley, Ellwood P.(1905). *School Funds and Their Apportionment.* New York: Columbia University.

Denison, Edward F.(1962). *Sources of Economic Growth in the U. S.:* Committee for Economic Development.

Dewey, John.(1961). *Democracy and Education.* New York: The Macmillan Publishing Co.

Dimock, Marshall E., et al.(1958). *Public Administration.* New York: Rinehart & Co.

Drucker, P. F.(1954). *The Practice of Management.* New York: Hatpr & Row.

Drucker, P.(1966). *The Effective Executive.* New York: Harper & Row.

Elleson, Ann(1982). *Human Relations.* 2nd ed. Englewood Cliffs. New Jersey: Prentice-Hall, Inc.

Ernest, Dale(1952). Planning and Developing the Company Organization Structure, Research Report No. 20. New York: American Management Association.

Etzioni, A. Organizational Control Structure. *In Handbook of Organizations.* J. G. march(ed.), Chicago: Rand McNally. 1965.

Etzioni, Amitai(1991). A Comparative Analysis of Complex Organization. New York: The Free Press.

Feldman, Martha S., and March, James G.(1981). "Information in Organizations As Signal and symbol", *Administrative Science Quarterly, Vol. 26.*

Fidler, Fred E.(1967). *A Theory of Leadership Effectiveness.* New York: McGraw-Hill Book Company.

Firestone, William A. and Herriott, Robert E.(1982). "Two Images of Schools as Organizations : An Explication and Illustrative Empirical Test." *Educational Administration Quarterly.*

Follett, M. P.(1920). *The New State.* London: Longmans, Green & Co.

Gary Johns(1983). *Organizational Behavior: Understanding Life at Work.* Gleniew, I. L.: Scott, Foresman.

Getzels, J. W.(1958). "Administration as a social press." *Administrative Theory in Education.* Edited by Andrew W. Halpin. Chicago: Midwest Administration Center, University of Chicago.

Gibson, James L., John M. Ivancevich, and James J. Donnelly, Jr(1976). *Organizations: Behavior, Structure, and Processes.* Dallas, T. X.: Business Publications.

Glenny, L.(1971). *Coordinating Higher Education for the 1970's*, Berkeley, California: Center for Research and Development in Higher Education,

University of California.

Grandori, Anne(1984). *A Prescriptive Contingency View of Organizational Decision Making.* Administrative Science Quarterly, 29.

Gregg, R. T.(1957). *The Administrative Process. in Administrative Behavior in Education*, ed. R. F. Campbell and R. T. Gregg. New York Harper & Brothers.

Griffith, D. E.(1959). *Administration Theory.* New York: Appleton- century-crofts Inc.

Griffiths, D. E.(1959). *Administrative Theory.* New York: Appleton- Century Crofts.

Griffiths, Daniel E.(1956). *Human Relations in School Administration.* New York: Appleton-Century-Crofts.

Harris, Ben N.(1975). *Supervisory behavior in Education*, 2nd ed. Englewood Cliffs. N. J.: Prentice-Hall.

Hemphill(1950). J. K. and Coons, A. E., *Leader Behavior Description.* Columbus: Personnel Research Board, Ohio State University.

Henderson, P. D.(1969). "*Political and Budgetary Constraint: Some Characteristics and Implications.*" *in Public Economics*, ed. by J. Margolis and H. Guitton.

Hersey, Paul and Blanchard, Kenneth(1988). *Management of Organizational Behavior.* 5th ed. Englewood Cliffs. N. J.: Prentice-Hall.

Herzberg, Frederick & Mausner, Bernard and Snyderman, Barbara(1959). *The Motivation to Work.* New York: John Wiley.

Hoy W. and Miskel C.(1987). *Educational Administration.* New York: Random House.

Hoy, W. K. & Miskel, C. G.(1982). *Educational Administration: Theory, Research, and Practice*(2nd ed.). New York: Random House.

Hoy, Wayne K. and Miskel, Cecil G.(1978). *Educational Administration: Theory, Research, and Practice.* New York: Random House.

Hoy, Wayne K. and Miskel, Cecil G.(1982). *Educational Administration: Theory, Research and Practice*, 2nd ed. New York: Random House.

Hoy, Wayne K. and Miskel, Cecil G.(1987). *Educational Adminstration: Theory, Research, and Practice.* New York: Random House.

Johanna Kasin Lemlech(1979). *Classroom Management.* New York: Harper & Row.

Jones, Thomas H.(1985). *Introduction to School Finance: Technique and Social*

Policy. New York: Macmillan Publishing Company.

Jordan, K. Frobis and Cambron-McCabe, Helda H.(1981). *Perspectives in State School Support Programs.* Cambridge: Ballinger.

Katz, D. N. and Kahn, Robert L.(1978). *The Social Psychology of Organizations*, 2nd ed. New York: Wiley.

Katz, Daniel and Kahn, Robert(1978). *The Social Psychology of Organizations*. 2nd ed. New York: John Wiley & Sons.

Kaufman, Rogers A.(1972). *Educational System Planning. Englewood Cliffs.* New Jersey: Perntice-Hall.

Kaufman, Roser A.(1970). Systems Approaches to Education: Discussion and Attempted Integration. *in Social and Technological Change: Implications for Education.* ed. by P. K. Piele and T. L. Eidell(University of Dregon).

Lewin, Kurt. Lippitt, Ronald and White, Ralph K.(1939). "Patterns of Aggressive Behavior in Experimentally Created Social Climate." *Journal of Social Psychology*.

Lindblom, Charies E.(1959). "The Science of Mudding Through", *Public Administrative Review. 29*.

Lipham, J. and Donald C. Francke(1966). "Nonverbal Behavior of Adnimistrators", *Educational Administration Quarterly*.

Lipham, James M.(1964). "Leadership and Administration, Daniel E. Griffiths ed., Behavioral Science and Educational Administration", *The Sixty-third Year Book of the National Society for the Study of Education*, Part II. Chicago: University of Chicago Press.

Lyman W.(Jan. 1960). "Eight Y's of School Planning", *The American School Board Journal*, Vol. 140, No. 1.

March, James G. and Olsen, Johan P.(1976). *Ambiguity and Choice Organization.* Bergen, Norway: Universitetsforlaget.

Maslow, Abraham H.(1970). *Motivation and Personality*, rev. ed. New York: Harper & Row.

Mayo, Elton.(1933). *The Human Problems of an Industrial Civilization*. New York: Macmillan Co.: and Roethlisberger F. J. and Dickson William J.(1939). *Management and the Worker.* Cambridge: Harvard Univ. Press.

McCleary, Lloyd E. and Hencley Stephen P.(1973). *Secondary School Administration.* New York: Dodd Mead.

McGuire, W. J.(1969). "The Nature of Attitudes and Attitude Change." In G. Lindzey & E. Aronson(ed.) *Handbook of Social Psychology, Vol. 3.* Mass: Addison-Wesley.

Meyer, John W. and Rowan Brian(1983). "The Structure of Educational Organizations" in Meyer, John W. and Scott, W. Richard, *Organizational Environments*. California: Sage Publications, Inc.

Moehlman, A. B.(1951). *School administration: It's development, principles and function in the United States*, 2nd ed. Boston: Moughton Mifflin.

Moehlman, Arthur B.(1951). *School Administration.* Boston: Houghton Mifflin Co.

Mort, Paul R.(1924). *The Measurement of Educationanl Need.* New York: Columbia University.

Newman, William H., Summer, Charles E. & Warren, E. Kirby(1976). *The Process of Management: Concepts, Behavior, and Practice*, 3rd ed. Englewood Cliffs, N. J.: Prentice-Hall, Inc.

Nigro, F. A. and Nigro, L. G.(1976). *The New Public Personnel Administration*. F. E.: Peacock Publishers. Inc.

Oliver, P. F.(1996). *Supervision for Todays School*. New York: Thomasy Com.

Ordiorne, G. S.(1965). *Management by objective*. New York: Pitman Pblidhing Co.

Owens Robert. G.(1970). *Organizational Behavior in School*. Englwood Sliffs, N. J.: Prentice-Hall.

Owens, Robert G.(1987). *Organizational Behavior in Education*, Englewood Cliffs, N. J.: Prentice-Hall.

Parsons, Talcott(1960). *Structure and Process in Modern Society*. New York: The Free Press.

Pigors P. and Myers C. A.(1969). *Personnel Administration, A Point of View and Metbod*, 9th ed. New York: McGraw-Hill.

Porter, L. W. and Karlence H. Roberts(1976). "Communication in Organization," in Marvin D. Dunnette(ed.), *Handbook of Industrial and Organizational Psychology*. Chicago: Rand Mcnally.

Reeder, Ward G.(1941). The Fundamentals of Public School Administration. New

York: Macmillan.

Robbins, Stephen P.(1993). *Organizational Behavior: Concepts, Controversies, and Applications*. Englewood Cliffs, N. J.: Prentice Hall.

Rogers, D., & Geske, T.(1982). *Financing Education.* University of Illinois Press.

Ronnie, Davis, J., and Morrall Ⅲ, John F.(1974). *Evaluatiog Educational Investment.* Lexington Mass: D. C. heath and Company.

Roverts, D. F.(1971). "The Nature of Human Communication Effects." in W. Schramm & D. F. Roberts(ed.), *Process and Effects of Mass Communication.* Urbana: University of Illnois Press.

Scott, W. R.(1987). *Organizations: Rational, Natural, and Open System.* Englewood Cliffs, N. J.: Prentice-Hall.

Sergiovanni, Thomas J. and Carver, Fred D.(1973). *The School Executive: A Theory of Adminstration.* New York: Dodd, Mead & Company.

Shaw, M. E.(1964). "Communication Networks", *In Advance in Experimental Social Psychology, Vol. 28.*

Silver, Paula G.(1983). *Educational Administration: Theoretical Perspectives on Practice and Research.* New York: Harper & Row, Publishers.

Simon Herbert.(1957). *The Administrative Behavior*, 2nd ed. New York: The Free Press.

Simon, Hebert A.(1957). *Administrative Behavior*, 2nd ed. New York: Macmillan.

Simon, Hebert A.(1960). *The New Science of Management Decision.* New York: Harper and Row.

Simon, Herbert(1974) A., *Administrative Behavior*, 2rd ed. New York: Macmillan.

Smith, B. O. and Stanley. W. D.(1978). *Fundamentals of Curriculum Develoment.* New York: World Book.

Spaulding, F. E.(1913). "Improving School Systems through Scientific Management." Proceeding of the Dept, of Superintendence, *National Education Association.* Washington, D. C.: NEA.

Steers, Richard M. and Porter, Lyman W.(1979). *Motivation and Work Behavior*, 2nd ed. New York: McGraw-Hill.

Stogdill, Ralph M.(1974). *Handbook of Leadership: A Survey of Theory and Research.* New York: Free Press.

Strayer, George D., and Haig, Robert Murray(1923). *The Financing of Education in the United States of New York.* New York: Macmillan, Inc.

Syder, Fred A.(1970). and Duane R. Peterson. *Dynamics of Elementary school Administration.* Boston: Houghton Mifflin Company.

Tannenbaum, R., weschler, I. R. and Massarik, F.(1961). *Leadership and Organization.* New York: McGraw-Hill.

Taylor Frederic Winslow.(1911). *The principle of Scientific Management.* New York: Harper & Row.

Taylor, Donald W.(1965). "Decision Making and Problem Solving", in James. March ed., *Handbook of Organization.* Chicago: Rand McNally.

Taylor, Frederic W.(1947). *The Principles of Scientific Management.* Scientific Management. N. Y.: Harper.

Tiffin, J. and McCormick, E. J.(1965). *Industrial Psychology.* Englewood Cliffs, New Jersey: Prentice-Hall.

UNESCO(1982). "Regional Office for Education in Asia and the Pacific, Basic Training Programme." *in Educational Planning and Management*, Book IV. Bangkok.

Vroom, V. M. and Arthur G. Jago.(1978). "On the Validity of the Vroom Yetton Model", *Journal of Applied Psychology.*

Vroom, Victor H.(1964). *Work and Motivation.* New York: Wiley.

W. Bennis(1976). *The Planning of Change.* New York: Holt, Rinehart and Winston.

Ward, James Gordon(Spring 1987). An Inquiry into the Normative Foundations of American Public School Finance. *Journal of Education Finance.* Vo1. 12. No. 4.

Waynek, Hoy 외(2000). 송화섭 역. 서울: 학문사.

Weber, Max(1947). *The Theory of Social and Economic Organization,* Translated by Henderson, A. M. and Persons, T. New York: Free Press.

Weber, Max.(1947). *Theory of Social and Economic Organization*, ed. & trans. M. Henderson and T. Parsons. New York: Free Press.

Weick, Karl E.(1976). "Educational Organizations as Loosely Coupled Systems." *Administrative Science Quarterly.*

Welch, F.(1974). Relationships between Income and schooling. *review of research in education 2.*

White, L. D.(1955). *Introduction to the Study of Public Administration.* New York: Macmillan Co.

White, Robert W.(1959). *Motivation Reconsidered: The Concept of Competence.* Psychological Review, Vol. 66, No. 5.

Wiles, John & Bondi, Joseph(1980). *Supervision: A Guide to Practice.* Columbus, Ohio: Charles E. Merrill Publishing Co.

Yoder, Dale(1959). *Personnel Management and Indurial Relations*, 4th ed. N. J.: Prentice-Hall.

Yulk, G. A.(1994). *Leadership in Organization*(3rd ed.). Englewood Cliffs. N. J.: Prentice-Hall.

찾아보기

ㄱ

ㄴ

ㄷ

ㅁ

찾아보기

ㅈ

C

D

E

F

H

I

J

L

M

저자약력

손영환(孫永煥)

- 교육학 박사(교육행정)
- 대동대학교 교수
- 대동대학교 교무처장 역임
- 한국지방교육행정학회 이사 역임
- 부산광역시 인적자원개발 운영위원 역임
- 부산광역시교육청 자문교수 역임

<주요논문>

- 유치원 교육비의 동태적분석
- 초등교원의 비용-수익 분석

신수균(辛洙鈞)

- 교육학 박사(교육행정)
- 국립창원대학교 겸임부교수
- 양산제일고등학교 교장

<주요논문>

- 사학의 시장경제체제 전환 가능성 분석
- 중등 사학운영 개선방안에 관한 연구
- 사학의 시장체제 전환가능성 모색

개정판 **교육행정 및 교육경영**

제2판 1쇄 발행 / 2018년 2월 25일
제2판 2쇄 발행 / 2020년 3월 30일

공저자 / 손영환 · 신수균
발행인 / 이 중 수
발행처 / **동 문 사**

서울특별시 서대문구 홍제원 1길 12
(홍제동 137-8)
Tel : 02)736-3718(대), 736-3710, 3720
Fax : 02)736-3719
등록번호 : 제9-17호
가격 : 20,000원

ISBN : 978-89-8251-961-1(93370)
E-mail : dong736@naver.com
www.dongmunsa.com